# FISCHER LOGO

für den Spielraum im Kopf

Ein Kaleidoskop logischer Unterhaltung,
rätselhafter Spiele
und verständlich verfaßter Wissenschaft

*Über dieses Buch* Wie viele Sandkörner würden tatsächlich das Universum füllen? Welches ist die größte bekannte Primzahl? Und warum sind nicht mehr bekannt? Was ist ›natürlich‹ an den natürlichen Zahlen? Was bedeutet $3\uparrow\uparrow\uparrow 3$?
Was Sie schon immer über Zahlen wissen wollten, aber niemals zu fragen wagten – dieses Buch weiß die Antworten. Mit einem ausführlichen Glossar, Literaturhinweisen und einem Index lesefreundlich ausgestattet, ist dieses einzigartige Lexikon für Spezialisten ein unentbehrliches Kompendium und für Laien ein gewitzter Führer durch eine unbekannte und geheimnisvolle Welt.

*Über den Autor* David Wells wurde 1940 in England geboren. Er studierte in Cambridge Mathematik, beschäftigte sich mit Computern und arbeitet heute mit Mathematiklehrern. Während des Studiums wurde Wells britischer Juniorenmeister im Schach. Er erfand Spiele, verfaßte mathematische Rätsel und betreute die Knobelrubrik in der Zeitschrift *Games und Puzzles*. Mehrere Jahre gab er *The Problem Solver* heraus, ein mathematisches Journal für Probleme. Er schrieb mehrere Bücher zu diesem Thema. Gegenwärtig arbeitet er an einer vergleichenden psychologischen Studie über die russische und die westliche Bevölkerung.

David Wells

# Das Lexikon der Zahlen

## Nachrichten von $\sqrt{17}$ bis $3\uparrow\uparrow\uparrow 3$

Aus dem Englischen
von Dr. Klaus Volkert

Fischer
Taschenbuch
Verlag

Deutsche Erstausgabe
Veröffentlicht im Fischer Taschenbuch Verlag GmbH,
Frankfurt am Main, Juli 1990

Die englische Originalausgabe erschien 1986 unter dem Titel
›The Penguin Dictionary of Curious and Interesting Numbers‹
bei Penguin Books, Middlesex, England

Umschlaggestaltung: Manfred Walch, Frankfurt am Main
Gesamtherstellung: Clausen & Bosse, Leck
Printed in Germany
ISBN 3-596-10135-2

# Inhalt

# Einleitung

Seit Beginn der Zivilisation haben Zahlen eine faszinierende Wirkung auf die Menschen ausgeübt. Pythagoras entdeckte, daß die Harmonien in der Musik von den Verhältnissen kleiner natürlicher Zahlen abhängen, und schloß daraus, daß alles im Universum Zahl sei. Archimedes versprach dem Tyrannen Gelon, die Anzahl der Sandkörner zu berechnen, die das Universum füllen. Er hielt sein Versprechen.

Zweitausend Jahre später schrieb Carl Friedrich Gauß, daß in der Arithmetik die elegantesten Sätze per Zufall gefunden würden – als Resultat eines mehr oder weniger erwarteten Glücksfalles. Deren Beweise aber seien so tief in Dunkelheit gehüllt, daß sie sich selbst der scharfsinnigsten Untersuchung entzögen.

Leopold Kronecker behauptete, die natürlichen Zahlen habe der liebe Gott gemacht, alles andere sei Menschenwerk.

Kein anderer Zweig der Mathematik ist so beliebt bei den Amateurmathematikern wie die Zahlentheorie, denn nirgends sonst findet man direkt unter der Oberfläche so leicht Edelsteine (wobei heute Taschenrechner und Computer zu Hilfe kommen). Kein anderes Gebiet der Mathematik hat so viele große Mathematiker in seinen Bann geschlagen und enttäuscht oder aber zu ihren größten Triumphen geführt.

Das vorliegende Buch ist ein elementares Lexikon. Es bietet eine Fülle von Fakten in einer einfachen Sprache, wobei komplizierte Formeln und Symbole vermieden werden. Im Glossar werden einige Grundbegriffe erklärt. Viele andere Begriffe werden dort, wo sie erstmals eingeführt werden, erläutert. Namen, die in runden Klammern eingeschlossen sind, verweisen auf den Entdecker des entsprechenden Sachverhaltes, in manchen Fällen auf den ersten uns bekannten Überlieferer.

Die Tabellen am Ende des Buches sollen denjenigen Lesern zugute kommen, die nicht warten wollen, bis sie selbst die entsprechenden Strukturen und Eigenschaften entdeckt haben. Selbstverständlich können Computer und Taschenrechner umfassendere Tabellen produzieren. Tatsächlich sind sie unverzichtbare Hilfsmittel für den modernen Freund von Zahlenrätseln – es sei denn, er ist ein kalkulatorisches Genie.

Ein Reiz der Mathematik liegt darin, daß gute Mathematik niemals stirbt. Sie mag aus dem Mittelpunkt des Interesses verschwinden, wird aber niemals durch spätere Entdeckungen entwertet.

Die Physik des Aristoteles war primitiv und rudimentär; die Mathematik

des Archimedes dagegen erscheint auch heute noch in vollem Glanz. Ich habe die Entdecker der wichtigsten Eigenschaften und Ideen genannt, soweit diese bekannt sind.
Eine chronologisch geordnete Tabelle gibt eine Orientierungshilfe zu diesen historischen Persönlichkeiten.
Es ist unmöglich, zu allen angeführten Eigenschaften eine Quelle zu benennen. Dieses Buch will kein historisches Nachschlagewerk sein. Die Auswahl geschah nach bestem Wissen und Gewissen.
Im Unterschied zu einem Wortlexikon ist es im vorliegenden Buch nicht immer klar, wo eine bestimmte Eigenschaft aufgeführt werden sollte. Drückt die Gleichung $5^2 = 3^2 + 4^2$ eine Eigenschaft der Zahl 5 oder eine der Zahl 25 aus? Im allgemeinen findet man die Eintragung unter der kleineren Zahl – es sei denn, es ist einfacher, die größere Zahl zu berechnen. Deshalb schlägt man z. B. Eigenschaften von $144^5$ unter 144 nach.
Hat man allgemeinere Fragen, schlägt man am besten im Index nach.
Ich habe Hunderte von Büchern und Zeitschriften nach merkwürdigen und interessanten Eigenschaften von Zahlen durchsucht. Sollte der Leser eine bestimmte Eigenschaft vermissen, so könnte es sein, daß für diese kein Platz mehr war. Vielleicht handelte es sich auch um schiere Unwissenheit meinerseits. Berichtigungen und Vorschläge für zusätzliche Einträge sind willkommen, obwohl ich nicht versprechen kann, daß ich jeden Brief persönlich beantworten werde. Sollte neues Material in zukünftigen Auflagen Verwendung finden, so werde ich die Quellen selbstverständlich nennen.

D. W.
Juli 1985

Im Nachdruck von 1987 wurden keine neuen Einträge berücksichtigt. Allerdings wurden einige Korrekturen gegenüber der Ausgabe von 1986 vorgenommen und Zweideutigkeiten sowie unglückliche Formulierungen beseitigt. Für Hinweise und Anregungen möchte ich danken: J. Bryant, G. D. Carpenter, Stephen J. Harber, Chris Hawkins, David C. Maxwell, Roy S. Moore, Ean Wood und James R. Wood. David Willey danke ich für seine historischen Hinweise zu den Konstruktionsversuchen von regulären 17-, 257- und 65537-Ecken. Tony Gardiner hat den Text kritisch durchgesehen.

D. W.
Juli 1987

# Chronologisch geordnete Liste der für die Zahlentheorie wichtigsten Mathematiker und Philosophen

| | |
|---|---|
| Ahmes | ca. 1650 v. Chr. |
| Pythagoras von Samos | ca. 540 v. Chr. |
| Hippokrates von Chios | ca. 440 v. Chr. |
| Platon | ca. 430–ca. 349 v. Chr. |
| Hippias von Elis | ca. 425 v. Chr. |
| Theaitet | ca. 417–ca. 369 v. Chr. |
| Archytas von Tarent | ca. 400 v. Chr. |
| Xenokrates | 396–314 v. Chr. |
| Theodorus von Kyrene | ca. 390 v. Chr. |
| Aristoteles | 384–322 v. Chr. |
| Menaichmus | ca. 350 v. Chr. |
| Euklid von Alexandria | ca. 300 v. Chr. |
| Archimedes | ca. 287–212 v. Chr. |
| Nikomedes | ca. 240 v. Chr. |
| Eratosthenes | ca. 230 v. Chr. |
| Diokles | ca. 180 v. Chr. |
| Hipparchus | ca. 180–ca. 125 v. Chr. |
| Heron von Alexandria | ca. 75 n. Chr. |
| Claudius Ptolämeus | ca. 85–ca. 165 n. Chr. |
| Nikomachus von Geresa | ca. 100 n. Chr. |
| Theon von Smyrna | ca. 125 n. Chr. |
| Diophant | 1. oder 3. Jahrhundert n. Chr. |
| Pappus | ca. 320 n. Chr. |
| Jamblichus | ca. 325 n. Chr. |
| Proklus | 410–485 n. Chr. |
| Tsu Ch'ung-Chi | 430–501 n. Chr. |
| Brahmagupta | ca. 628 n. Chr. |
| Al-Kwarizmi | ca. 825 n. Chr. |
| Thabit ibn Qurra | 836–901 n. Chr. |
| Mahavira | ca. 850 n. Chr. |
| Bhaskara | 1114–ca. 1185 n. Chr. |
| Leonardo von Pisa, genannt Fibonacci al-Banna | ca. 1170–nach 1240 n. Chr. |

| | |
|---|---|
| Ibn | 1256–1321 n. Chr. |
| Chu Shih-chieh | ca. 1303 n. Chr. |
| Pacioli, Fra Luca | ca. 1445–1517 n. Chr. |
| Leonardo da Vinci | 1452–1519 n. Chr. |
| Dürer, Albrecht | 1471–1528 n. Chr. |
| Stifel, Michael | 1486/7–1567 n. Chr. |
| Tartaglia, Nicolà | ca. 1500–1557 n. Chr. |
| Cardano, Girolamo | 1501–1576 n. Chr. |
| Recorde, Robert | ca. 1510–1558 n. Chr. |
| Ferrari, Ludovico | 1522–1565 n. Chr. |
| Viète, François | 1540–1603 n. Chr. |
| Ceulen, Ludolph van | 1540–1610 n. Chr. |
| Stevin, Simon | 1548–1620 n. Chr. |
| Napier, John | 1550–1617 n. Chr. |
| Cataldi, Pietro Antonio | 1552–1626 n. Chr. |
| Briggs, Henri | 1561–1630 n. Chr. |
| Kepler, Johannes | 1571–1630 n. Chr. |
| Oughtred, William | ca. 1574–1660 n. Chr. |
| Bachet de Méziriac, Claude-Gaspard | 1581–1638 n. Chr. |
| Mersenne, Marin | 1588–1648 n. Chr. |
| Girard, Albert | ca. 1590–ca. 1633 n. Chr. |
| Desargues, Girard | 1591–1661 n. Chr. |
| Descartes, René | 1591–1650 n. Chr. |
| Fermat, Pierre de | 1601–1665 n. Chr. |
| Brouncker, Lord William | ca. 1630–1684 n. Chr. |
| Pascal, Blaise | 1623–1662 n. Chr. |
| Huygens, Christiaan | 1628–1695 n. Chr. |
| Newton, Isaac | 1642–1727 n. Chr. |
| Leibniz, Gottfried Wilhelm | 1646–1716 n. Chr. |
| Bernoulli, Johann | 1667–1748 n. Chr. |
| Machin, John | 1680–1751 n. Chr. |
| Bernoulli, Nikolaus | 1687–1759 n. Chr. |
| Goldbach, Christian | 1690–1764 n. Chr. |
| Stirling, James | 1692–1770 n. Chr. |
| Euler, Leonhard | 1707–1783 n. Chr. |
| Buffon, Count George | 1707–1788 n. Chr. |
| Lambert, Johann Heinrich | 1728–1777 n. Chr. |
| Lagrange, Joseph Louis | 1736–1813 n. Chr. |
| Wilson, John | 1741–1793 n. Chr. |
| Wessel, Caspar | 1745–1818 n. Chr. |
| Laplace, Pierre Simon de | 1749–1827 n. Chr. |

| | |
|---|---|
| Legendre, Adrien Marie | 1752–1833 n. Chr. |
| Nieuwland, Pieter | 1764–1794 n. Chr. |
| Ruffini, Paolo | 1765–1822 n. Chr. |
| Argand, Jean Robert | 1768–1822 n. Chr. |
| Gauß, Carl Friedrich | 1777–1855 n. Chr. |
| Brianchon, Charles | ca. 1783–1864 n. Chr. |
| Binet, Jacques-Philippe-Marie | 1786–1856 n. Chr. |
| Möbius, August Ferdinand | 1790–1868 n. Chr. |
| Babbage, Charles | 1792–1871 n. Chr. |
| Lamé, Gabriel | 1795–1870 n. Chr. |
| Steiner, Jakob | 1796–1863 n. Chr. |
| de Morgan, Augustus | 1806–1871 n. Chr. |
| Liouville, Joseph | 1809–1882 n. Chr. |
| Shanks, William | 1812–1882 n. Chr. |
| Catalan, Eugène Charles | 1814–1894 n. Chr. |
| Hermite, Charles | 1822–1901 n. Chr. |
| Riemann, Bernhard | 1826–1866 n. Chr. |
| Venn, John | 1834–1923 n. Chr. |
| Lucas, Eduard | 1842–1891 n. Chr. |
| Cantor, Georg | 1845–1918 n. Chr. |
| Lindemann, Ferdinand | 1852–1939 n. Chr. |
| Hilbert, David | 1862–1943 n. Chr. |
| Lehmer, David Henry | 1867–1938 n. Chr. |
| Hardy, Godfrey Harold | 1877–1947 n. Chr. |
| Ramanujan, Srinivasa | 1887–1920 n. Chr. |

# Lexikalischer Teil

# −1 und i

*Negative und komplexe Zahlen*

Im zarten Alter von vier Jahren bemerkte Pal Erdös zu seiner Mutter: ›Wenn du von 100 die Zahl 250 abziehst, erhältst du 150 unter null.‹ Zu diesem Zeitpunkt konnte Erdös bereits drei- und vierstellige Zahlen miteinander im Kopf multiplizieren; von negativen Zahlen hatte er allerdings noch nichts gehört. ›Das war eine unabhängige Entdeckung von mir‹, erinnert sich Erdös.*

Erdös wurde später ein großer Mathematiker. Aber auch ein überraschend großer Anteil von durchschnittlich begabten Schulkindern beantwortet die Frage »Wie könnte man die Folge 8 7 6 5 4 3 2 1 0 fortsetzen?« »Durch 1 unter null!« oder mit »Durch minus 1, minus 2, ...«

In unserer heutigen Gesellschaft ersticken die Kinder geradezu in Zahlen. Ihnen begegnen ganze Zahlen, Brüche, Dezimalzahlen, Näherungswerte, Schätzwerte, rekordverdächtig große und verschwindend kleine Zahlen. Das »Guinness-Buch der Rekorde« ist das Zahlenwerk des zwanzigsten Jahrhunderts schlechthin. Es enthält auch die größte Zahl, die man in diesem Lexikon finden kann.

Vor einigen Jahrhunderten waren die Zahlen kleiner, seltener und einfacher. Nur bei besonderen Gelegenheiten mußte man über einige Tausend hinauszählen. Die *Myriade* der Griechen, die eine besonders große Zahl bedeutete, war in Wirklichkeit nichts anderes als 10000. Für die Griechen war das die Größe eines ansehnlichen Heeres, für uns heute ist das eine schwache Zuschauerzahl bei einem Fußballspiel.

Die Brüche endeten früher meist bei einem Zwölftel. Die Kaufleute vermieden kleinere Brüche, indem sie ihre Maßeinheiten in kleinere Untereinheiten zerlegten, die kleineren in noch kleinere und so weiter.

Die Vorstellung von Zahlen, die sich in beiden Richtungen bis ins Unendliche fortsetzten, findet sich in der Antike nur in der Vorstellungswelt der Theologen und der größten Astronomen und Mathematiker. Ein solcher war beispielsweise Archimedes, der den Kreis mit unendlich vielen Polygonen ausschöpfte und die Anzahl der Sandkörner bestimmte, die erforderlich sind, um das Universum auszufüllen. Für fast alle anderen Menschen begannen die Zahlen mit der 1 und setzten sich dann in strikt zunehmender Folge in einer Richtung fort. Die Zahlenreihe endete dort, wo das Fingerzählsystem oder das Rechenbrett der Kaufleute endete.

* John Tierney: »*Pal Erdös is in Town. His brain is open*«, in: *Science*, Okt. 1984.

(Die Null, die eine fremdartige und brillante Erfindung der Inder ist, wurde zu Zählzwecken nicht gebraucht. Die Griechen verfügten nicht über einen Begriff der Null.)

Diese Zahlen waren solide und hatten Substanz. Für Pythagoras und seine Nachfolger waren Zahlen immer Anzahlen von Dingen. Eine Zahl wie 16 durch ein quadratisches Muster von Punkten darzustellen, war für sie fortgeschrittene und abstrakte Mathematik.

Auch für die Griechen nach Pythagoras waren die Zahlen noch Längen von Strecken, Inhalte von Flächen oder Volumina von Körpern. Wie sollte eine Kugel mit dem Rauminhalt $-10$ aussehen?

Auf welche Weise hätten die Griechen den Zahlen kleiner null einen Sinn geben können?

Die frühen Mathematiker gerieten gelegentlich ins Reich der negativen Zahlen, das ihnen unbegreiflich blieb. Deshalb versuchten sie, es zu umgehen, oder gaben vor, die negativen Zahlen gäbe es gar nicht, sie seien reine Illusion.

Diophant von Alexandria war ein Pionier der Zahlentheorie. Ungeachtet dieser Tatsache dachte er dennoch streng in geometrischen Vorstellungen. Er löste viele Gleichungen, die gemäß unseren Vorstellungen eine positive und eine negative Lösung haben. Dabei akzeptierte er die positive und verwarf die negative Lösung. Er ›wußte‹, daß es auch negative Lösungen gibt, aber sie hatten keinen Sinn für ihn.

Besaß eine Gleichung keine positive Lösung, verwarf er sie. Der Ausdruck $x + 10 = 5$ war für ihn keine richtige Gleichung.

Vielleicht war es ein Unglück für einen Zahlentheoretiker, in Griechenland geboren worden zu sein. Die Inder nämlich identifizierten die Mathematik nicht mit der Geometrie.

Hindumathematiker waren es, die als erste negative Zahlen anerkannten, beide Wurzeln einer positiven Zahl verwandten und die positive und negative Zahlen miteinander multiplizierten. Allerdings blieben auch sie mißtrauisch.

Bhaskara schrieb zu der negativen Wurzel einer Gleichung: »Den zweiten Wert sollte man im vorliegenden Falle nicht nehmen, da er unangebracht ist. Die Menschen heißen negative Wurzeln nicht gut.« Andererseits hatten die Chinesen zu jener Zeit bereits entdeckt, daß man auch negative Zahlen zum Zählen verwenden kann. Etwa ab dem zwölften Jahrhundert v. Chr. bedienten sie sich roter Rechenstäbchen, um positive Größen darzustellen, und schwarzer Stäbchen, um negative zu repräsentieren. Die Chinesen rechneten andererseits nicht mit den negativen Lösungen von Gleichungen.

Wie jeder Mathematiklehrer zugeben wird, trennt ein Abgrund den einfachen Akt des Rückwärtszählens von der Idee, daß man mit negativen Zahlen in genau derselben Weise (mit einigen Vorbehalten) operieren kann wie mit positiven. Wie viele Generationen von Schülern sind nicht weitergekommen als bis zu dem magischen Merkvers ›Minus mal minus macht plus‹...

Handwerker brauchen keine negativen Zahlen, wollen sie entlang einer Linie rückwärts messen. Sie drehen einfach den Zollstock herum oder halten den Zollstock fest und gehen auf die andere Seite des Gegenstandes. Kaufleute und Bankangestellte können mit Krediten und Schulden jonglieren, ohne jemals eine Vorstellung von der Subtraktion einer negativen Zahl von einer anderen zu entwickeln. Die Absichten dieser Leute sind in für sie ehrenhafter Weise praktisch und konkret. Tatsächlich haben sie sogar einen praktischen Beitrag zur mathematischen Notation geleistet. Unsere vertrauten Plus- und Minuszeichen wurden erstmals in deutschen Handelshäusern verwendet, um anzudeuten, daß ein Behälter über oder unter seinem Sollgewicht lag.*

Die Zahlentheoretiker haben ganz andere Probleme. Ihnen begegnen negative Zahlen ganz ohne Verkleidung, das heißt abstrakt. Die Zahl, die man zu 10 addieren muß, um 5 zu erhalten, ist doch gewiß eine Zahl – oder nicht?!

Die Mathematiker der Renaissance waren genauso mißtrauisch wie Diophant und Bhaskara. Michael Stifel nannte die Zahlen, die kleiner als null sind, »absurd« und »fiktiv«. Diese Zahlen entstanden für ihn, wenn man von Null Zahlen abzog. Descartes und Pascal stimmten Stifel zu. Eines der schwierigsten bekannten Probleme zu Beginn der Renaissance war die Auflösung von Gleichungen, denn sie verlangte oft die Verwendung negativer Zahlen. Einige Mathematiker akzeptierten das und machten dabei einen gewaltigen Schritt nach vorne, Cardano war einer von ihnen.

Die Lösungen quadratischer Gleichungen waren seit den Griechen bekannt. Die Renaissancemathematiker unterschieden drei Typen von quadratischen Gleichungen. Beispiele hierfür sind $x^2 = 5x + 6$, $x^2 + 5x = 6$ und $x^2 + 6 = 5x$. Man beachte, daß in diesen Gleichungen keine negativen Koeffizienten auftreten!

Kubische Gleichungen waren ungleich schwieriger.

In seinem Buch »Ars magna« behandelte Cardano mehr als ein Dutzend verschiedener Formen der kubischen Gleichung. Er löste sie mit Hilfe einer Idee Tartaglias; dennoch akzeptierte er negative Zahlen und versuchte sogar aus ihnen Quadratwurzeln zu ziehen. Die erste Quadratwur-

* Martin Gardner: »*Mathematical Games*«, in: *Scientific American*, Juni 1977.

zel aus einer negativen Zahl, nämlich $\sqrt{81-144}$, findet sich in der »Stereometrica« des Heron von Alexandria. Eine andere Quadratwurzel aus einer negativen Zahl, nämlich $\sqrt{1849-2016}$, begegnete Diophant als mögliche Lösung einer quadratischen Gleichung. Die Mathematiker jener Zeit nahmen diese Ausdrücke nicht ernst – wie ihre europäischen Kollegen des fünfzehnten Jahrhunderts.

Cardano stellte folgende Aufgabe: 10 soll so geteilt werden, daß das Produkt der beiden Teile gleich 40 ist. Zuerst stellte er fest, dies sei offensichtlich unmöglich. Dennoch löste er dann die quadratische Gleichung und fand die Lösungen $5+\sqrt{-15}$ und $5-\sqrt{-15}$. Er schloß seine Überlegungen mit dem Hinweis an den Leser, die so gefundenen Größen seien wahrhaft »sophistisch«. Er fuhr fort, mit ihnen zu rechnen wäre »ebenso subtil wie nutzlos«. Quadratwurzeln aus negativen Zahlen! Wenn man schon negative Zahlen als falsch, absurd und fiktiv bezeichnete, wundert es nicht, daß man ihre Quadratwurzeln ›imaginär‹ nannte. Auch heute noch gehört die Theorie der komplexen Zahlen zu jenen Hindernissen, die die ›elementare‹ Mathematik von der ›höheren‹ trennen. Der berühmteste Beweis, der von Pal Erdös stammt, ist derjenige für den Primzahlsatz. Dieser besagt, daß der Ausdruck

$$\frac{\pi(x)\log x}{x}$$

für $x$ gegen Unendlich gegen eins geht, wobei $\pi(x)$ die Anzahl der Primzahlen bedeutet, die kleiner oder gleich $x$ sind. Dieser Satz wurde erstmals 1896 unter Verwendung von Hilfsmitteln aus der komplexen Analysis (die im Deutschen meist als Funktionstheorie bezeichnet wird) bewiesen. Dabei bedeutet ›komplex‹ nicht ›schwierig‹ (obwohl der fragliche Beweis dies war), sondern ›unter Verwendung von komplexen Zahlen‹. Erdös veröffentlichte 1949 einen Beweis, der völlig ohne komplexe Zahlen auskam. Einen derartigen Beweis nennt man ›elementar‹ – wobei ›elementar‹ wiederum nicht ›einfach‹, sondern ›ohne Verwendung von komplexen Zahlen‹ bedeutet.

John Wallis akzeptierte negative Zahlen. Über komplexe Zahlen schrieb er jedoch: »Diese imaginären Größen (wie man sie gemeinhin zu bezeichnen pflegt) ergeben sich aus den Wurzeln negativer Zahlen (wenn solche auftreten). Sie gelten als Anzeichen dafür, daß die gestellte Aufgabe nicht lösbar ist.« Wallis äußert sich zu den komplexen Zahlen ähnlich wie Bhaskara zu den negativen. Die Mathematiker hatten ihre Gründe für ihr Mißtrauen: Negative Zahlen, insbesondere die $-1$, haben Eigenschaften, die positiven Zahlen nicht zukommen. Antoine Artaud, ein Freund von Blaise Pascal, argumentierte so: Wenn negative Zahlen tatsächlich existieren, dann muß $-1/1$ gleich $1/-1$ sein. Daraus scheint zu folgen, daß das Verhältnis einer kleineren zu einer größeren Zahl gleich ist demjenigen von eben dieser größeren Zahl zu eben dieser kleineren Zahl. Die meisten Gebildeten werden heute diese Überlegung nach einem Moment des Nachdenkens verwerfen. Doch damals wurde dieses Paradoxon ausführlich diskutiert.

Komplexe Zahlen waren sogar noch teuflischer. Ist $\sqrt{-1}$ größer oder kleiner als 10? Weder noch, wie Euler erkannte. Für komplexe Zahlen bricht die gewöhnliche Anordnung im Sinne von größer und kleiner zusammen. Sie muß auf neue Art und Weise rekonstruiert werden, und zwar so, daß Arnaulds Paradoxon aufgelöst wird. Zum Glück funktionieren negative und komplexe Zahlen ebensogut wie die roten und schwarzen Rechenstäbchen der Chinesen und die + und − Zeichen der Kaufleute. Die Mathematiker waren gezwungen, die negativen und komplexen Zahlen zu akzeptieren, lange bevor sie die Rätsel, die diese Zahlenarten ihnen stellten, lösen konnten. Euler verwandte $\sqrt{-1}$ unerschrocken in unendlichen Reihen und veröffentlichte seine berühmte Formel $e^{i\pi} = -1$. Euler war es auch, der das Symbol i für $\sqrt{-1}$ einführte. Wessel, Argand und Gauß entdeckten um 1800 unabhängig voneinander, wie man komplexe Zahlen graphisch darstellen kann. Als Gauß den Terminus ›komplexe Zahl‹ einführte und man begann, komplexe Zahlen als Paare reeller Zahlen darzustellen, war der moderne Begriff der komplexen Zahlen fast vollständig erreicht.

*Literatur:* F. Cajori: »*A History of Mathematical Notations*«. 2 Bände, Open Court, 1977 (Nachdruck); G. Cardano: »Ars Magna« (1545) und Augustus de Morgan: *A Budget of Paradoxes* (1872).

## 0

*Null*

Eine mysteriöse Zahl. Sie tauchte als nicht ausgefüllter Raum auf dem Rechenbrett auf, verwandelte sich dann in die geschriebene Notiz, daß dieser nicht ausgefüllte Raum vorhanden sei, um so die mittelalterlichen Mathematiker zu verwirren (die nicht in der Lage waren zu entscheiden, ob dies nun eine Zahl sei oder nicht), und erreichte in der modernen Mathematik, in der Zahlen nur noch durch ihre Eigenschaften definiert werden, höchstes Ansehen, da die Eigenschaften von Null mindestens genauso klar und substantiell sind wie diejenigen aller anderen Zahlen.

Die Babylonier verwandten im zweiten Jahrtausend vor Christus in ihren mathematischen und astronomischen Werken ein System, in dem der

Wert einer Ziffer von der Stelle abhing, an der sie sich befand. Zwei kleine Haken deuteten an, wenn eine Stelle innerhalb einer Zahl unbesetzt war: Auf diese Weise unterschied man 207 von 27. 270 wurde allerdings nur durch den Kontext von 27 unterschieden. Ob das babylonische System auf Nachbarvölker übergegangen ist, ist unbekannt.

Unser System, in dem die Null eine eigene Ziffer darstellt, stammt aus Indien. Die Null wurde dort seit dem zweiten Jahrhundert vor Christus verwendet, um eine Leerstelle zu bezeichnen. Als Ziffer findet sie sich in einem Buch von Bakhshali, das im dritten Jahrhundert veröffentlicht wurde. Der Sanskritname der Null war *sunya,* was leer, unausgefüllt bedeutet. (Diese Bedeutung hat *sunya* heute noch in einigen indischen Sprachen.) Die Araber übersetzten diesen Begriff mit *sifr;* hieraus entstand über das Lateinische *zephirum,* der europäische Name für Null (und zwar unterschiedlich in den Sprachen: *zéro, cifre, cifra,* im Englischen *zero* und *cipher*).

Im Jahre 773 tauchte am Hofe des Kalifen Al-Mansur in Bagdad ein Inder auf, der astronomische Schriften von Brahmagupta mit sich führte. Der große arabische Mathematiker Al-Kwarizmi, der unserem Algorithmus seinen Namen gab, las diese Schriften. Daraufhin schrieb er ein Lehrbuch der Arithmetik, in dem er die neuen indischen Ziffern erklärte. Dieses Buch erschien im Jahre 820 nach Christus. Am anderen Ende der muslimischen Welt, nämlich in Spanien, wurde dieses Buch im zwölften Jahrhundert durch Robert von Chester übersetzt. Diese Ausgabe ist die früheste bekannte Beschreibung der indischen Ziffern im Westen.

Es gibt mehrere Belege dafür, wie die arabischen – das heißt eigentlich indischen – Ziffern in den nächsten hundertfünfzig Jahren weitergegeben wurden. Um 1240 entstand sogar ein langes und schönes Gedicht, in dem sie gelehrt wurden. Aus zwei Gründen erfolgte ihre Verbreitung dennoch sehr langsam: Das System der Araber beschränkte sich nicht darauf, den alten römischen Zahlen eine nützliche Null hinzuzufügen. Vielmehr mußte man alle Ziffern von 1 bis 9 neu erlernen, und die 0 bildete ein Problem für sich: War Null eine Zahl? Oder eine Ziffer? Wenn Null für nichts stand, war dann die Null nicht nichts? Aber jedes Schulkind weiß, daß man eine Zahl mit 10 multipliziert, wenn man eine 0 an ihr Ende hängt! Unsere zehn Ziffern wurden oft in der Weise dargestellt, daß es neun gewöhnliche Ziffern gebe (1 bis 9) und außerdem noch die Ziffer 0: »Es gibt neun Symbole, die einen Wert haben ... und ein zusätzliches Symbol, 0 genannt, das für sich selbst genommen keinen Wert besitzt, aber den Wert anderer Symbole erhöht.« In einem Manuskript aus dem Kloster Salem aus dem zwölften Jahrhundert finden sich platonische Anklänge: »Jede Zahl entsteht aus der Einheit, und diese wie-

derum aus der Null. Darin liegt ein tiefes und geheiligtes Geheimnis.« Allerdings begann auch Platon mit der Einheit und wußte nichts von der Null. Händler und Buchhalter hatten andere Gründe, warum sie zögerten. Um die Fälschung von geschriebenen Berichten zu erschweren, wurden große Geldbeträge voll ausgeschrieben. Dabei boten die indischen Ziffern keinerlei Vorteil, obwohl sie für Rechnungen besser geeignet waren.
Einen entscheidenden Schritt nach vorne tat der erste große Mathematiker des christlichen Abendlandes: Leonardo von Pisa, der auch Fibonacci genannt wurde und in allen Lexika als Entdecker der Fibonacci-Folge genannt wird. In seinem berühmtesten Buch, dem »Liber abaci«, erzählt Leonardo einige Details aus seinem Leben. Leonardos Vater war Leiter der pisanischen Handelskolonie in Bugia (Algerien). Leonardo verbrachte mehrere Jahre in Afrika, wo er unter Leitung eines muslimischen Lehrers studierte. Er unternahm auch weite Reisen durch Griechenland, Ägypten und den Mittleren Osten. Zweifellos hatten schon vor Leonardo viele Händler bemerkt, daß ihre fremden Handelspartner ein andersartiges Ziffernsystem benutzten. Leonardo verglich die beiden Systeme, die er vorfand, miteinander und kam zu dem Schluß, daß das indische System, das er in Afrika erlernt hatte, in seinen Augen das bessere sei. 1202 und in einer veränderten Auflage 1228 veröffentlichte er sein Buch des Rechnens, sein »Liber abaci«, das bis auf wenige Ausnahmen ein Kompendium der gesamten damals bekannten Mathematik darstellt. In diesem Buch beschrieb er das indische System. Da er es als Sohn eines Kaufmanns kennengelernt hatte, beschrieb er vor allem die Vorteile des neuen Systems für das kaufmännische Rechnen, beispielsweise bei der Berechnung von Verhältnissen und Mischungen und der Umrechnung von verschiedenen Währungen. Der praktische Durchbruch kam für die Null und die indischen Ziffern mit der Verbreitung gedruckter Bücher und dem Aufstieg der bürgerlichen Klasse. Rechenbücher gehörten zu den ursprünglich populärsten Büchern. Der Umgang mit Zahlen wurde in jener Zeit immer wichtiger: Die neuen Ziffern lösten Rechenbretter und Rechenmeister ab.
Wir nehmen die Null als selbstverständlich hin; es fällt uns schwer zu begreifen, daß die Griechen keinen Begriff von Nichts oder von Leere als Zahl hatten. Doppelt merkwürdig erscheint uns, daß sie wie viele andere Kulturen dadurch nicht gehindert wurden, die Mathematik zu entwikkeln. Selbst wenn die Griechen Grenzwerte und sehr kleine Größen behandelt haben (worüber man streiten kann), hatten sie dennoch keinen Begriff von ›einer Größe, die gegen Null strebt‹. Es genügte, daß die fragliche Größe kleiner wurde als jede vorgegebene, das heißt, daß man sie beliebig verkleinern konnte.

Die Vertrautheit mit der Null stellte jedoch auch neue Rätsel. Brahmagupta bemerkte, daß »eine positive oder negative Zahl durch Null dividiert einen Bruch mit eben dieser Zahl als Zähler« ergibt. Mahavira schrieb in seinem »Kompendium des Rechnens«: »Multipliziert man eine Zahl mit Null, so erhält man Null. Die Ausgangszahl bleibt unverändert, wenn man sie durch Null dividiert, zu ihr Null addiert oder von ihr Null subtrahiert.« Die Tatsache, daß eine Zahl ungeändert bleibt, wenn man zu ihr Null addiert oder von ihr Null subtrahiert, stellte ein Geheimnis dar, vergleichbar der Weigerung der Pythagoräer, 1 als Zahl zu akzeptieren mit der Begründung, die 1 vergrößere andere Zahlen nicht, wenn man diese mit 1 multipliziere. Die beiden genannten Tatsachen sind heute Bestandteil der Definition des Begriffes ›Körper‹. Die gewöhnlichen Zahlen sind ein Beispiel für einen Körper. Ein Körper muß ein ›neutrales Element der Multiplikation‹ besitzen, das üblicherweise mit 1 bezeichnet wird und dessen charakteristische Eigenschaft sich so formulieren läßt: Ist $g$ ein Element des Körpers, so gilt $g \times 1 = 1 \times g = g$. Auch muß ein Körper ein ›neutrales Element der Addition‹ besitzen. Dieses wird üblicherweise durch 0 symbolisiert und hat als charakteristische Eigenschaft die Gleichung: $0 + g = g + 0 = g$. Durch 0 zu dividieren, ist verboten.

Ähnlich wie die Einheit erweist sich auch die Null in vielerlei Hinsicht als problematisch. Ein altes Problem stellt die Frage dar, was $0^0$ bedeutet. Weil $a^0$ immer gleich 1 ist, falls $a$ ungleich null ist, sollte aus Stetigkeitserwägungen heraus $a^0$ auch dann noch 1 sein, wenn $a$ gleich 0 ist.

Vorsicht! $0^a$ ist immer gleich 0, wenn $a$ ungleich 0 ist. Also sollte ebenfalls aus Stetigkeitserwägungen $0^a$ auch dann noch 0 sein, wenn $a$ gleich 0 ist. Die Werte von Funktionen wie 0! (0 Fakultät) werden per Konvention so festgelegt, daß sie möglichst sinnvoll und von maximalem Nutzen sind.

Das niedrige Ansehen der Null ist unter Umständen von großem Vorteil für den glücklichen Mathematiker. Als Lander und Parkin nach Summen von fünf fünften Potenzen suchten, die ihrerseits wieder eine fünfte Potenz ergeben, enthielt eine der von ihnen gefundenen Lösungen die Zahl $0^5$. Diese Lösung erwies sich als wertvoll, denn aus offensichtlichen Gründen zählen Potenzen von 0 in diesem Zusammenhang nicht als Lösung. Also hatten sie vier fünfte Potenzen gefunden, deren Summe gleich einer fünften Potenz war. Damit hatten sie eine Vermutung von Euler widerlegt.

**0,110 001 000 000 000 000 000 001 000 000 000 000 000 00 . . .**

Das ist eine Liouvillesche Zahl. Sie ergibt sich aus der Formel $10^{-1!} + 10^{-2!} + 10^{-3!} + 10^{-4!} + \ldots$

Liouville konnte 1844 beweisen, daß es tatsächlich transzendente Zahlen gibt, indem er Beispiele für derartige Zahlen konstruierte. Das einfachste dieser Beispiele ist die obige Zahl. Cantor bewies später, daß fast alle Zahlen transzendent sind.

**0,123 456 789 101 112 131 415 161 718 192 021 22 . . .**

Die Ziffern dieser Zahl sind nichts anderes als die natürlichen Zahlen, die einfach hintereinander geschrieben werden. Ebenso wie π und e und Liouvilles Zahlen ist auch diese Zahl transzendent. – Diese Zahl ist auch normal. Das bedeutet, daß jede Ziffer bei entsprechender Verlängerung der Zahl gleich wahrscheinlich auftritt (gleichgültig, ob man das Dezimalsystem oder irgendein anderes Stellenwertsystem verwendet). Ob π und e normal sind, ist nicht bekannt. Die Überprüfung der Quadratwurzeln der Zahlen zwischen 2 und 15 in den Stellenwertsystemen zu den Basen 2, 4, 8 und 16 legen die Vermutung nahe, daß auch diese Zahlen normal sind. Natürlich sind hier 4 und 9 aus der Betrachtung auszuschließen.

*Literatur:* Breyler, Metropolis und Neergaard: »*Mathematics of Computation*« (1970)

**0,207 879 576 350 761 908 546 955 . . .**

Das ist der Anfang der Dezimalbruchentwicklung von $i^i$ oder (was dasselbe ist) $e^{-\frac{\pi}{2}}$. Dabei bedeutet i die Quadratwurzel aus $-1$ : $i = \sqrt{-1}$. Daß die beiden angegebenen Ausdrücke gleich sind, folgt aus der Eulerschen Beziehung $e^{i\pi} = -1$.

**16/64**

Als Denis der Dummkopf diesen Bruch vereinfachte, indem er die beiden Sechsen strich, erhielt er ein richtiges Ergebnis, nämlich 1/4.

Genauso verhalten sich noch drei andere Brüche mit Zählern und Nennern, die kleiner als 100 sind:

19/95 = 1/5, 26/65 = 2/5 und 49/98 = 4/8.

Es sind auch Beispiele mit größeren Zahlen in Zähler und Nenner bekannt: 16666/66664 = 1/4. Das Thema kennt viele Variationen:

$$3544/7531 = 344/731 \qquad 143185/17018560 = 1435/170560$$

$$\frac{37^3 + 13^3}{37^3 + 24^3} = \frac{37 + 13}{37 + 24} \qquad \frac{3^4 + 25^4 + 38^4}{7^4 + 20^4 + 39^4} = \frac{3 + 25 + 38}{7 + 20 + 39}.$$

*Literatur:* Alfred Moessner: »Scripta Mathematica«, Bände 19 und 20.

## 0,301 029 995 663 981 ...

Das ist der Logarithmus von 2 zur Basis 10. Will man die Anzahl der Stellen einer Potenz von 2 berechnen, so multipliziert man den Exponenten mit log 2 und nimmt die kleinste natürliche Zahl, die größer als dieses Produkt ist.
So hat beispielsweise die 127. Mersenne-Zahl $2^{127} - 1$ genau 39 Stellen, weil $127 \times 0{,}30103 = 38{,}230\,81$ ist.

## 0,318 309 886 183 790 671 537 767 526 745 028 724 068 919 291 480

Das ist $\pi^{-1}$.

## 0,367 879 441 171 442 321 595 523 770 161 460 867 445 811 131 031

Das ist $e^{-1}$.
Wenn in dem Problem der fehlgeleiteten Briefe (vergleiche 44, Subfakultäten) die Anzahl der Briefe und Umschläge zunimmt, nähert sich die Wahrscheinlichkeit dafür, daß jeder Brief in einen falschen Umschlag gesteckt wird, sehr rasch diesem Grenzwert.
Das genannte Problem kann man auch folgendermaßen simulieren: Man mischt zwei Pakete von Spielkarten sehr gut. Dann dreht man jeweils die oberste Karte der beiden Stöße um. Die Wahrscheinlichkeit, daß man dabei kein zusammenpassendes Paar aufdeckt, ist, wenn jeder Stapel aus 52 Karten besteht, ungefähr $e^{-1}$.

**0,434 294 481 903 251 827 651 128 918 916 605 082 294 397 005 803 ...**

Das ist der Logarithmus von e zur Basis 10.

**0,5**

$\mathbf{\frac{1}{2}}$

Es gibt zwölf Möglichkeiten, mit allen Zahlen zwischen 1 und 9 einen Bruch zu bilden, dessen Wert gerade gleich 1/2 ist.
6729/13458 hat den kleinsten Zähler und den kleinsten Nenner, 9327/18654 die größten.
Dasselbe Problem läßt sich auch für andere Brüche lösen: 1/7 = 2637/18459.
Verdoppelt man Zähler und Nenner, so ergibt sich derselbe Bruch: 1/7 = 5274/36918.
Ein weiteres Beispiel ist: 4/5 = 9876/12345.

*Literatur:* Mitchel J. Friedman: »Scripta Mathematica«, Band 8.

Die Summe $\zeta(s) = 1 + \frac{1}{2^s} + \frac{1}{3^s} + \frac{1}{4^s} + \frac{1}{5^s} + \ldots$ läßt sich auch folgendermaßen als unendliches Produkt schreiben:

$$\zeta(s) = \frac{2^s}{2^s - 1} \times \frac{3^s}{3^s - 1} \times \frac{5^s}{5^s - 1} \times \frac{7^s}{7^s - 1} \times \frac{11^s}{11^s - 1} \cdot$$

Die Zähler durchlaufen dabei alle Primzahlen. Wegen dieses Zusammenhangs sind viele Probleme über die Verteilung von Primzahlen eng verknüpft mit dem Verhalten der Zetafunktion.
Riemann vermutete, daß die Nullstellen der Zetafunktion, betrachtet man diese als komplexwertige Funktion komplexer Argumente, alle den Realteil 1/2 hätten. Diese Annahme ist so bedeutend, daß von ihrer Wahrheit mittlerweile zahlreiche andere Beweise abhängen.
Die Riemannsche Vermutung gilt allgemein als das wichtigste ungelöste Problem in der Mathematik. Man weiß, daß die ersten 1,5 Milliarden Wurzeln von der vermuteten Form sind. Andererseits sind aber auch viele Situationen bekannt, in denen die Tendenzen, die für kleine Zahlen gelten, für große Zahlen irreführend sind.
Im Dezember 1984 wurde die Nachricht verbreitet, der in Paris arbeitende japanische Mathematiker Matzumoto habe die Riemannsche Ver-

mutung bewiesen. Es stellte sich aber heraus, daß sein Beweis fehlerhaft war. Die Vermutung blieb somit unbewiesen.

## 0,577 215 664 901 532 860 606 512 090 082 402 431 ...

Das ist $\gamma$, die Eulersche Konstante, die manchmal auch nach Mascheroni benannt wird. Euler hat 1781 die ersten 16 Stellen dieser Konstanten ausgerechnet und das Symbol $\gamma$ für sie eingeführt.
$\gamma$ ist der Grenzwert für $n$ gegen Unendlich der Folge

$$1 + 1/2 + 1/3 + 1/4 + 1/5 + \ldots + 1/n - \log n.$$

Es ist noch nicht einmal bekannt, ob $\gamma$ irrational ist oder nicht, ganz zu schweigen von seiner Transzendenz. Sollte $\gamma$ aber gleich einer rationalen Zahl $a/b$ sein, so weiß man, daß $b$ dann größer als $10^{10000}$ sein muß.

*Literatur:* R. P. Brent: *Mathematics of Computation*, Band 31, 1977.

## 0,607 927 101 ...

$$\frac{6}{\pi^2} = \left(\frac{1}{1^2} + \frac{1}{2^2} + \frac{1}{3^2} + \frac{1}{4^2} + \frac{1}{5^2} + \ldots\right)^{-1}$$

Wählt man zwei Zahlen zufällig aus, so gibt diese Formel die Wahrscheinlichkeit dafür an, daß die beiden gewählten Zahlen keinen gemeinsamen Faktor haben. Außerdem formuliert dieser Ausdruck die Wahrscheinlichkeit, daß eine zufällig gewählte Zahl nicht durch ein Quadrat teilbar ist.

## 2/3

Das ist der einzige Bruch, der bei den Ägyptern aus dem Rahmen fiel: Die Ägypter verwendeten mit Ausnahme von 2/3 nur Stammbrüche. Alle anderen Brüche wurden als Summen von Stammbrüchen ausgedrückt. Im Papyrus Rhind (ca. 1800 v. Chr.) findet sich folgende Aufgabe: Acht Brote sind unter zehn Menschen aufzuteilen. Die Antwort des Papyrus lautet: $2/3 + 1/30$.
Die Ägypter multiplizierten, indem sie fortgesetzt verdoppelten und anschließend addierten. Sie verwendeten hierzu Tabellen mit den Doppelten der Stammbrüche. Im Papyrus Rhind findet sich eine derartige Tabelle, die bis zum Doppelten von 1/101 geht:

$$2/7 = 1/4 + 1/28$$
$$2/11 = 1/6 + 1/66$$
$$2/97 = 1/56 + 1/679 + 1/776$$

Die ägyptische Art der Bruchrechnung ist eine reiche Quelle für unterhaltungsmathematische Probleme. So haben Erdös und Sierpinski die Vermutung aufgestellt, daß sich sowohl $4/n$ als auch $5/n$ für alle $n$ als Summe von höchstens drei Stammbrüchen ausdrücken lassen.

**0,693147180559945309417232121458176568075500134360**

log2 (zur Basis e) = 1 − 1/2 + 1/3 − 1/4 + 1/5 ...

**0,7404 ...**

$$\frac{\pi}{\sqrt{18}}$$

Wie eng kann man gleichgroße Kugeln zusammenpacken? Die naheliegendste Möglichkeit besteht darin, eine Lage von Kugeln in einer Ebene so anzuordnen, daß jede Kugel sechs andere Kugeln berührt. Dann ordnet man die nächste Lage so an, daß jede Kugel drei Kugeln in jeder Schicht (also insgesamt 12) berührt. Bis heute war kein Mathematiker imstande zu beweisen, daß diese naheliegende Möglichkeit tatsächlich zum Ziel führt. Würde man auf die angegebene Weise die dichteste Pakkung erreichen, so würde die obige Zahl deren Dichte angeben.
»Viele Mathematiker glauben und alle Physiker wissen, daß die Dichte nicht größer als $\frac{\pi}{\sqrt{18}}$ sein kann.« (Rogers)

**0,831907 ...**

$1/\zeta(3)$, mit $\zeta(3) = 1/1^3 + 1/2^3 + 1/3^3 + 1/4^3 + \dots$
Dieser Ausdruck gibt die Wahrscheinlichkeit dafür an, daß drei zufällig ausgewählte Zahlen keinen gemeinsamen Faktor besitzen.

## 0,9068 …

$$\frac{\pi}{2\sqrt{3}}$$

Packt man gleichgroße Kreise in ein sechseckiges Muster und bedeckt damit die Ebene, so gibt diese Zahl an, welchen Anteil der Fläche der Ebene die Kreise überdecken.

## 1

*Die Einheit*

Die Griechen betrachteten die Eins, die Einheit, überhaupt nicht als Zahl. Die Eins war vielmehr die Monade, aus der alle anderen Zahlen hervorgingen. Nach Euklid ist die »Zahl die aus Einheiten zusammengesetzte Menge«. Es war nicht unvernünftig, die Eins nicht als aus Eins zusammengesetzt anzusehen. Noch 1537 schrieb der Deutsche Kobel in seinem Rechenbuch: ›Hieraus verstehst du, daß die Eins keine Zahl ist. Sie ist vielmehr das erzeugende Prinzip, der Anfang und die Grundlage aller Zahlen.‹

Die besondere Wichtigkeit der Eins wird in unserer Sprache deutlich. Die Wörter ›eins‹, ›eines‹ und ›ein‹ sind etymologisch gleichwertig. Ähnliches gilt für ›Einheit‹, ›Vereinigung‹ und ›einheitlich‹. Es ist kein Zufall, daß alle diese Worte in der modernen Mathematik besonders wichtig sind.

Die Griechen waren der Meinung, eins sei sowohl gerade als auch ungerade. Die Begründung hierfür lautete: Addiert man eins zu einer anderen Zahl, so ergibt sich eine ungerade Zahl, und addiert man eins zu einer ungeraden Zahl, so entsteht eine gerade Zahl. Dieses Argument ist unzutreffend, da es für jede ungerade Zahl gilt. Richtig dagegen war ihre Feststellung, daß eins die einzige Zahl ist, die bei der Addition mehr ergibt als bei der Multiplikation, denn die Multiplikation mit eins läßt jede Zahl unverändert. Im Unterschied hierzu ergibt jede andere natürliche Zahl – bis auf die zwei – bei Multiplikation einen größeren Zuwachs als bei Addition.

Weil die Multiplikation mit eins alle Zahlen unverändert läßt, taucht die Eins fast nie als Koeffizient in Ausdrücken wie $x^2 + x + 4$ auf. Es ist nutzlos, $1x$ anstelle von $x$ zu schreiben.

Andererseits ist eins bei der Summation unendlicher Reihen von vitalem Interesse. Die Reihe $1+x+x^2+x^3+x^4+x^5+x^6+\ldots$ besitzt keine Summe, wenn $x$ größer als eins ist, weil dann jeder Term größer als eins ist. Ist $x=1$, so geht die Reihe über in $1+1+1+1+1+\ldots$ Sie besitzt dann immer noch keine Summe. Ist $x$ aber irgendeine Zahl kleiner als eins, so nähern sich die Teilsummen beliebig nahe dem Wert $1/(1-x)$, ohne ihn jemals zu überschreiten. Deshalb hat die unendliche Reihe dann eine endliche Summe.
Welche Auffassung hatten die Griechen von Brüchen? Vermutlich erkannten sie doch, daß sich die unteilbare Einheit in zwei, drei oder auch 59 Teile teilen ließ? Keineswegs! Sie stellten sich auf den Standpunkt, daß die Ausgangseinheit unverändert bleibe. Statt dessen wurde das Ergebnis der Teilung, also beispielsweise die 1/59, als neue Einheit gewählt. In der Tat bezeichnen wir auch heute noch einen Bruch, dessen Zähler eins ist, als Stammbruch.
Diese Interpretation harmonisierte mit der Praxis der Kaufleute und Handwerker rund um die Welt. Wieviel einfacher ist es doch, 2 Zentimeter anstatt 0,02 Meter zu betrachten, obwohl es sich mathematisch um dieselben Größen handelt! Psychologisch gesehen ist es viel einfacher, neue Maßeinheiten für große und kleine Größen einzuführen und auf diese Weise große und kleine Maßzahlen zu vermeiden.
Eins taucht in moderner Einkleidung in seiner Eigenschaft als erzeugendes Prinzip und als Grundlage aller anderen Zahlen in sehr vielen unendlichen Folgen auf. Selbstverständlich ist eins die erste Quadratzahl, aber es ist auch die erste Kubikzahl, die erste fünfte Potenz und so weiter. Eins ist die erste Potenz in jeglicher Hinsicht.
Eins ist auch die erste Dreieckszahl, die erste Fünfeckszahl, die erste Fibonacci-Zahl und die erste Catalan-Zahl. In seinem Handbuch (*»Handbook of Integer Series«*) führt N. J. A. Sloane 2372 Folgen auf, die von den Mathematikern untersucht worden sind. Mit nur wenig Aufwand erreicht er es, daß jede Folge in seinem Buch mit eins beginnt.
Auf wieviel Weisen kann man *n* Objekte anordnen? Der moderne Mathematiker beginnt mit einem Objekt, das sich auf genau eine Art und Weise ›anordnen‹ läßt. Die Griechen hätten sicherlich protestiert und eingewandt, daß die Folge mit zwei Objekten beginnen müsse, die sich auf zwei Arten anordnen lassen. Sie hätten behauptet, daß man ein Objekt allein überhaupt nicht anordnen kann.
Eins ist besonders wichtig, weil es keine Faktoren besitzt. Diese Beobachtung legt es nahe, die Eins zu den Primzahlen zu rechnen, weil dies mit deren Definition ›Eine Primzahl ist eine Zahl, die nur durch sich selbst und durch eins teilbar ist‹ zusammenpaßt. Aber auch hier wird die Eins

im allgemeinen als Ausnahme betrachtet. Ein Grund hierfür liegt in dem wichtigen Satz, daß sich jede Zahl in eindeutiger Weise als Produkt ihrer Primfaktoren schreiben läßt (sieht man einmal von unterschiedlichen Anordnungen der Faktoren ab). So ist beispielsweise $12 = 2 \times 2 \times 3$, und kein anderes Produkt von Primzahlen ist gleich 12. Der eben genannte Satz müßte anders formuliert werden, wenn 1 eine Primzahl wäre: Dann hätte man nämlich auch die Gleichungen $12 = 1 \times 2 \times 2 \times 3$ und $12 = 1 \times 1 \times 2 \times 2 \times 3$ und so weiter. Das ist ungeschickt. Deshalb wurde 1 aus der Liste der Primzahlen gestrichen.

Euler hatte für dieselbe Konsequenz einen anderen Grund. Er erkannte nämlich, daß sich die Teiler einer Primzahl $p$ immer zu $p+1$ summieren, also zu der Primzahl $p$ selbst plus eins. Natürlich bildet die Eins eine Ausnahme zu dieser Regel. Die einfachste Möglichkeit, mit dieser Ausnahme fertig zu werden, besteht darin zu leugnen, daß eins eine Primzahl ist.

Weil eins so klein ist, wie es nun mal ist, und weil eins keine Faktoren enthält, tritt eins in den meisten in diesem Lexikon genannten Eigenschaften nicht in Erscheinung. Will man beispielsweise eins als Summe zweier Quadrate schreiben, so muß man die Darstellung $1 = 1^2 + 0^2$ wählen (die trivial ist). In der gleichen Weise läßt sich eins als Summe dreier Quadrate oder auch als Summe von Kuben schreiben, was noch störender ist. Eins ist auch die kleinste Zahl, die sowohl eine Dreiecks- als auch eine Fünfeckszahl ist. Ebenfalls unangenehm! Also könnte man eins als die kleinste Zahl bezeichnen, die sowohl interessant als auch störend ist.

Dennoch tritt die Eins in diesem Lexikon in seltener, aber gewichtiger Weise auf. Gerade weil eins keine Faktoren besitzt, ist es nicht offensichtlich, ob Zahlen wie $2^5 - 1$ (das ist die fünfte Mersenne-Zahl) oder $2^{2^3} - 1$ (das ist die dritte Fermat-Zahl) Faktoren haben oder nicht.

Als Euklid beweisen wollte, daß die Anzahl der Primzahlen unbeschränkt ist, betrachtete er den Fall dreier Primzahlen als Beispiel. Nennen wir diese $A$, $B$ und $C$. Nun multipliziere man diese drei Zahlen miteinander und addiere eins: Ist $ABC + 1$ prim? Falls ja, so gäbe es eine Primzahl, die größer als $A$, $B$ und $C$. Ist $ABC + 1$ keine Primzahl, so besitzt es mindestens einen Primfaktor. Dieser muß von den Primzahlen $A$, $B$ und $C$ verschieden sein. Also gibt es mindestens noch eine Primzahl mehr. Euklids Argumentation wäre nicht schlüssig für Ausdrücke wie $ABC + 2$ oder $ABC + 3$. Nur mit eins ist das Argument korrekt.

Die schon Schulkindern geläufige Zahlengerade erstreckt sich mindestens von null bis unendlich. Die Abgründe, die sich zwischen den ganzen Zahlen auftun, werden aufgefüllt mit unendlich vielen Brüchen, irratio-

nalen Zahlen und transzendenten Zahlen (die noch zahlreicher sind als die anderen genannten Zahlenarten). Der Zahlenbegriff der Griechen war einfacher und für die Zwecke der modernen Mathematik ungeeignet. Dennoch gab es einen großen modernen Mathematiker, der als wirklich nur die natürlichen Zahlen, beginnend mit der Eins, gelten ließ. »Gott hat die natürlichen Zahlen gemacht«, behauptete der Mathematiker Leopold Kronecker im 19. Jahrhundert, »alles andere ist Menschenwerk.«
1 ist nicht die erste Eintragung in diesem Lexikon. Aber dennoch ist die Eins in gewisser Weise die Grundlage, auf der alle anderen Zahlen ruhen.

**1,060660 ...**

$$\frac{3\sqrt{2}}{4}$$

Auf Prinz Rupert geht das folgende Problem zurück: Gesucht ist der größte Würfel, der durch einen Würfel gegebener Größe paßt. Es ist also nach dem größten quadratischen Tunnel gefragt, den man durch einen Würfel bohren kann.
Peter Nieuwland hat als erster die Lösung gefunden. Theoretisch (das heißt, läßt man physikalische Einschränkungen wie beispielsweise die Reibung beiseite) paßt ein Würfel der Kantenlänge 1,060660 ... durch den Einheitswürfel (das ist der Würfel mit der Kantenlänge eins) hindurch. Die Symmetrieachse dieses Tunnels verläuft nicht parallel zur Diagonale des Ausgangswürfels. Vielmehr werden die Kanten des Einheitswürfels im Verhältnis 1 : 3 und 3 : 13 geteilt.
*Literatur:* D. J. E. Schrek: *»Prince Rupert's Problem«*, in: »Scripta Mathematica«, Band 16.

**1,082323 ...**

$$\frac{\pi^4}{90}$$

Das ist der Grenzwert der Teilsummen von $1/1^4 + 1/2^4 + 1/3^4 + 1/4^4 + \dots$

## 1,202056...

Der Grenzwert der Teilsummen von $1/1^3+1/2^3+1/3^3+1/4^3+\dots$ Es ist relativ einfach, die Reihe $1/r^n$ zu summieren, falls $n$ gerade ist. Euler hat alle Summen für $n$ gleich zwei bis $n$ gleich 26 berechnet. Alle Summen, die er fand, waren Vielfache von $\pi^n$.
Wesentlich schwieriger ist es, die Summen für ungerades $n$ zu ermitteln. Bekannt ist, daß 1,202... irrational ist; ob es auch transzendent ist, weiß man nicht.

## 1,259921049894873164 76...

$\sqrt[3]{2}$ (Kubikwurzel aus 2).

*Die Verdoppelung des Würfels (Das Delische Problem)*

Die drei bekanntesten Probleme der Antike sind die Würfelverdoppelung, die Winkeldreiteilung und die Quadratur des Kreises. Idealiter wollten die Griechen alle drei Aufgaben nur mit Hilfe von Zirkel und Lineal lösen.
Die Legende berichtet, daß die Athener eine Gesandtschaft zum Orakel von Delphi entsandten, die herausfinden sollte, wie sich die Athener vor einer Seuche retten könnten, die ihre Stadt verwüstete. Das Orakel teilte ihnen mit, sie müßten hierzu den Altar des Apollon verdoppeln. Dieser Altar war würfelförmig. Also bauten die Athener einen Altar, dessen Abmessungen alle doppelt so groß waren wie die des alten. Der neue Altar, dessen Volumen achtmal so groß war wie das des alten, stimmte die Götter nicht freundlich. Die Seuche wütete weiter.

Die Aufgabe, einen Würfel zu konstruieren, dessen Volumen doppelt so groß ist wie das eines gegebenen Würfels, ist äquivalent zu der Aufgabe, die Kubikwurzel aus 2 zu finden.
Die Griechen interpretierten solche Probleme geometrisch. Hippokrates von Chios bewies, daß diese Aufgaben äquivalent sind zur Auffindung zweier mittlerer Proportionalen zwischen $x$ und $2x$. Anders gesagt: Es geht darum, zwei Längen von Strecken $p$ und $q$ zu finden, für die die Gleichung $x/p=p/q=q/2x$ gilt.

Diese Aufgabe ist mit Zirkel und Lineal nicht lösbar. Das hat Descartes rund zweitausend Jahre später (1637) bewiesen. Archytas von Tarent löste das Problem der Würfelverdoppelung, indem er drei Rotationsflächen (einen Kegel, einen Zylinder und einen Torus, dessen innerer Durchmesser null war) zum Schnitt brachte. Menaichmus gilt als Entdecker der Kegelschnitte. Das sind Parabel, Hyperbel und Ellipse. Er soll sie gefunden haben, als er sich mit der Würfelverdoppelung beschäftigte. Er löste dieses Problem, indem er zwei Parabeln schnitt oder auch, indem er eine Parabel und eine Hyperbel zum Schnitt miteinander brachte.
Zwei andere Griechen, nämlich Nikomedes und Diokles, haben spezielle Kurven eingeführt, um dieses Problem zu lösen. Das waren die Konchoide und die Zissoide.

## 1,414213562373095048801688724209698078569 7...

*Wurzel aus 2*

Das ist die Quadratwurzel aus zwei und damit die Länge der Diagonalen im Einheitsquadrat.
Entweder Pythagoras selbst oder aber ein Mitglied seiner Schule entdeckte als erster, daß das Verhältnis von Quadratdiagonale zu Quadratseite nicht als Bruch zweier natürlicher Zahlen ausdrückbar ist. Das heißt, dieses Verhältnis ist irrational.
Diese Entdeckung hatte tiefgreifende Auswirkungen für die Pythagoräer, die angenommen hatten, daß sich jedes Phänomen in der Sprache der natürlichen Zahlen formulieren lasse. Theodorus, der Platons Mathematiklehrer gewesen ist, bewies später, daß die Quadratwurzeln der Zahlen 3 bis 17 sämtlich irrational sind (mit Ausnahme der Wurzeln aus 4, 9 und 16). Aus nicht ersichtlichen Gründen hörte er bei 17 auf. Es ist aber offensichtlich, daß er den allgemeinen Satz, daß die Quadratwurzel aus einer natürlichen Zahl entweder eine natürliche oder eine irrationale Zahl ist, nicht beweisen konnte.
Eine Folge bester Näherungen für Wurzel zwei ist 1/1, 3/2, 7/5, 17/12, 41/29, 99/70, 239/169, 577/408... Die Näherung 7/5 war den Pythagoräern geläufig. Die Babylonier verwendeten 17/12 als grobe Näherung für Wurzel zwei und $1 + 24/60 + 51/60^2 + 10/60^3$ (=1,414 215 5) als genauere Näherung.
Die Brüche der obigen Folge sind die besten Näherungen, wenn die Größe des Nenners vorgegeben ist. Sie hängen gemäß der folgenden ein-

fachen Regel zusammen: Ist $a/b$ ein Glied der Folge, so heißt das nächste $(a+2b)/(a+b)$. Die Glieder dieser Folge haben noch viele andere Eigenschaften. So besitzt beispielsweise jeder dieser Brüche sowohl einen ungeraden Zähler wie auch einen ungeraden Nenner. Zerlegt man den Zähler in die Summe zweier aufeinanderfolgender Zahlen, so ergibt sich:

$$\frac{41}{29} = \frac{20+21}{29}$$

Also ist $20^2 + 21^2 = 29^2$.

Diese Brüche sind auch Lösungen der Pellschen Gleichung $x^2 - 2y^2 = 1$:

$$7^2 - 2 \times 5^2 = -1$$
$$17^2 - 2 \times 12^2 = +1$$
$$41^2 - 2 \times 29^2 = -1$$

und so weiter.

Roland Sprague hat eine weitere sehr schöne Eigenschaft beschrieben. Hierzu muß man die Vielfachen von Wurzel zwei hinschreiben, wobei der Anteil hinter dem Komma zu ignorieren ist. Dann schreibt man eine zweite Folge darunter, deren Glieder alle diejenigen natürlichen Zahlen sind, die in der ersten Folge fehlen:

| | | | | | | | | | |
|---|---|---|---|---|---|---|---|---|---|
| 1 | 2 | 4 | 5 | 7 | 8 | 9 | 11 | 12 | ... |
| 3 | 6 | 10 | 13 | 17 | 20 | 23 | 27 | 30 | ... |

Die Differenz zweier Zahlen, die übereinander stehen, beträgt an der $n$-ten Stelle $2n$.

*Literatur:* Roland Sprague: »*Recreations in Mathematics*«, London, 1963.

## 1,444 667 861 ...

$e^{1/e}$

Diese Zahl ist die Lösung des Steinerschen Problems: Für welchen Wert von $x$ nimmt die Funktion $x^{1/x}$ ihr Maximum an?

Euler hat folgendes bewiesen: $x^{x^{x^{x^{\cdots}}}}$ besitzt einen Grenzwert, wenn die Höhe des Stapels gegen unendlich strebt, falls $x$ zwischen $e^{-e} = 0{,}065\,988 \ldots$ und dem obigen Wert $e^{1/e}$ liegt.

*Literatur:* H. Dörrie: »100 Great Problems of Elementary Mathematics«, New York, 1965.

**1,618033988749894848204586834365638117720309179805 76...**

*Der Goldene Schnitt*

Der Goldene Schnitt entspricht dem Zahlenwert

$$\frac{1+\sqrt{5}}{2}$$

Die Pythagoräer betrachteten das Pentagramm als Zeichen der Gesundheit. Im unten stehenden Pentagramm stehen die Strecken *AB* und *BC* im Verhältnis des Goldenen Schnittes zueinander. Ebenso bilden *AC* und *AB* sowie analoge Strecken Goldene Schnitte.

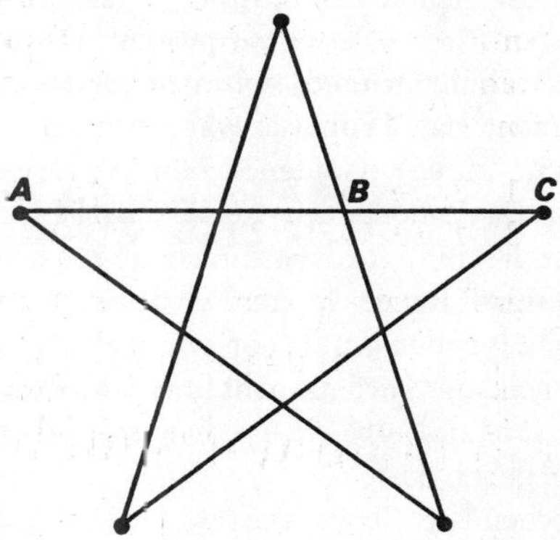


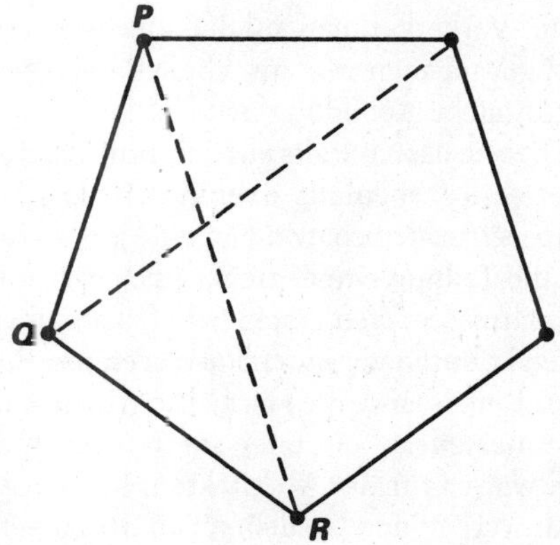

Euklid spricht in seinen »Elementen« vom Goldenen Schnitt als dem »äußersten und mittleren Verhältnis«. Er verwendet ihn bei der Konstruktion des regelmäßigen Fünfecks und zweier Platonischer Körper, nämlich des Dodekaeders, der aus zwölf Fünfecken besteht, und des hierzu dualen Ikosaeders. Die mystische Bedeutung, die die Griechen diesen wunderschönen Polyedern zuschrieben, übertrug sich natürlich auch auf den Goldenen Schnitt. Es gibt einige Anhaltspunkte dafür, daß der Goldene Schnitt auch bei den Ägyptern eine gewisse Bedeutung hatte. Der Papyrus Rhind spricht von einem »heiligen Verhältnis«. Bei der großen Pyramide von Gizeh ist das Verhältnis der Höhe einer Seitenfläche zur Hälfte ihrer Basis fast gleich 1,618. Die Griechen haben den Goldenen Schnitt mit Sicherheit auch in der Architektur verwendet. Allerdings sind hierüber keine Berichte erhalten geblieben. Von den Renaissance-Künstlern wurde der Goldene Schnitt systematisch eingesetzt. Sie sprechen vom »göttlichen Verhältnis«. Im Jahre 1509 veröffentlichte Fra Luca Pacioli sein Buch »De divina proportione«. Die Platonischen Körper, die dieses Buch illustrieren, stammen von Leonardo da Vinci, der mit Pacioli befreundet war. Leonardo war vermutlich der erste, der die Bezeichnung »Sectio aurea« (Goldener Schnitt) verwendete. Die Griechen besaßen überraschenderweise keine Kurzbezeichnung für diese Konstruktion. Pacioli schilderte dreizehn bemerkenswerte Eigenschaften des Goldenen Schnittes. Bei der letzten schrieb er, daß »die Liste um des Seelenheils willen hier enden muß«, denn dreizehn war die Zahl der beim Abendmahl Anwesenden. Auch die acht Standardoperationen der Arithmetik wurden von Fra Luca auf sieben reduziert, weil es sieben Gaben des Heiligen Geistes gegeben hat.

Die neunte, ›bestechendste‹ Eigenschaft ist, daß sich zwei Diagonalen im Fünfeck (siehe Abbildung Seite 35) gegenseitig im Verhältnis des Goldenen Schnittes teilen. Verknotet man auf die übliche Art und Weise einen Papierstreifen und glättet man ihn anschließend sorgfältig, so entsteht genau dieselbe Figur (siehe Abbildung Seite 37).

Kepler, der seine Theorie des Weltalls auf den fünf Platonischen Körpern aufbaute, begeisterte sich ebenfalls über den Goldenen Schnitt: »Die Geometrie enthält zwei große Schätze. Der eine ist der Satz des Pythagoras, der andere ist die Teilung einer Strecke im Verhältnis des äußersten und mittleren Verhältnisses: Den ersten Schatz kann man mit Gold aufwiegen, den zweiten könnten wir einen kostbaren Juwel nennen.« Wollten die Künstler der Renaissance die Fläche ihrer Leinwand in wohlgefällige Proportionen unterteilen, benutzten sie stets den Goldenen Schnitt. Genauso natürlich war es für die Architekten, bei der Analyse der Abmessungen von Bauwerken den Goldenen Schnitt zu verwenden. In der

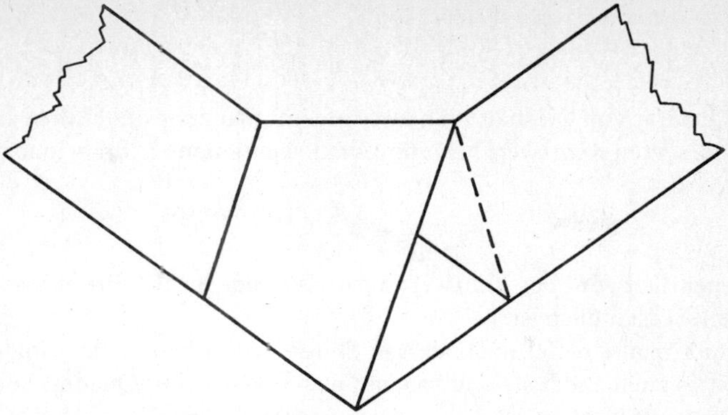

ersten italienischen Ausgabe von »De architectura« des Vitruv wird der Goldene Schnitt benutzt, um die Erhabenheit des Mailänder Doms zu untersuchen.
Der Psychologe Gustav Fechner hat den ästhetischen Aspekt des Goldenen Schnittes bei seinen Versuchen, die Ästhetik auf experimentelle Füße zu stellen, betont. Er vermaß unzählige Zeichen, Karten, Bücher, Tabakdosen, Schreibblätter und Fenster sowie andere Gegenstände in seinem Bestreben, die experimentelle Ästhetik ›von unten her‹ aufzubauen. Er schloß hieraus, daß das am meisten verwendete Rechteck Seiten hat, die im Verhältnis des Goldenen Schnittes zueinander stehen.
Auch der Architekt Le Corbusier war vom Glauben an die Wirksamkeit des Goldenen Schnittes besessen, als er *The Modular* entwarf. Er konstruierte zwei Scharen paralleler Geraden, wobei die einen Potenzen des Goldenen Schnittes, die anderen die Doppelten dieser Potenzen bildeten. Ein anderer Architekt machte auf den doppelten Einfluß der Renaissance und der Gotik in diesem Werk aufmerksam. Zahlreiche Zuschriften unterstützten Le Corbusiers These von der harmonisierenden Wirkung seiner Konstruktion.
Die Mathematiker verwenden heutzutage für den Goldenen Schnitt das Symbol $\tau$ (das ist der erste Buchstabe des griechischen Wortes *tome*, was schneiden bedeutet) oder aber $\varphi$. Dieses Zeichen wurde von dem amerikanischen Mathematiker Mark Barr zu Ehren des griechischen Bildhauers Phidias eingeführt.
Hat der größere Abschnitt auf einer Strecke die Länge $\varphi$ und ist die Länge des kleineren Teiles gleich eins, so gilt

$$\frac{\varphi + 1}{\varphi} = \frac{\varphi}{1}.$$

Das läßt sich auch schreiben als

$$\varphi^2 = \varphi + 1 \text{ oder als } \frac{1}{\varphi} = \varphi - 1.$$

Das Quadrat von $\varphi$ erhält man also, indem man zu $\varphi$ die Einheit hinzu addiert, seinen Kehrtwert bekommt man, wenn man die Einheit abzieht. Es ist also

$$\frac{1}{\varphi} = \frac{\sqrt{5} - 1}{2}.$$

(Gelegentlich wird der Kehrwert auch als Goldener Schnitt bezeichnet, was mißverständlich ist.)
Zeichnet man ein Rechteck, dessen Seiten im Verhältnis des Goldenen Schnittes zueinander stehen, so kann man dieses in ein Quadrat und ein Rechteck unterteilen, das dem Ausgangsrechteck ähnlich ist. Dieser Vorgang läßt sich unbeschränkt fortführen.

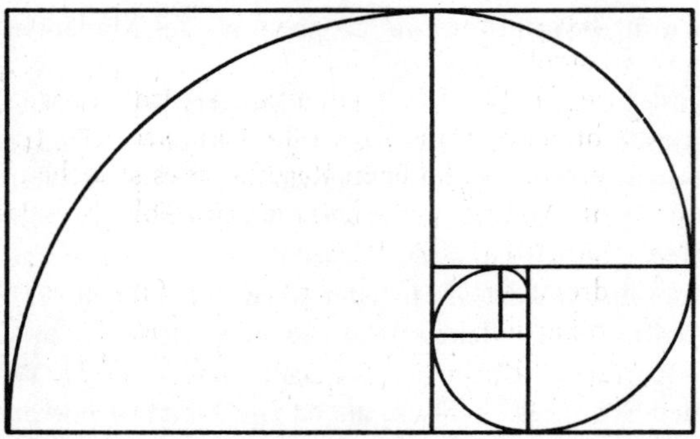

Durch die Ecken der sich ergebenden Folge von Rechtecken läßt sich eine logarithmische Spirale legen. Die obige Abbildung zeigt eine exzellente Annäherung an diese Spirale, die aus lauter Viertelkreisen besteht. Die Spirale strebt auf den Punkt zu, in dem sich die Diagonalen aller in der Abfolge vorkommenden Rechtecke schneiden.
Die logarithmische Spirale ist selbstähnlich, weshalb es nicht erstaunlich ist, daß sie in der Natur häufig auftritt, so zum Beispiel in der Anordnung der Sonnenblumenblüte, bei den Schalen von Schnecken und in der Anordnung der Blätter an einem Baum. Der Goldene Schnitt hängt eng mit der Fibonacci-Folge zusammen.
Ähnlich wie $\varphi^2$ lassen sich auch die höheren Potenzen von $\varphi$ sehr einfach mit Hilfe von $\varphi$ ausdrücken:

| $\varphi^2$ | $\varphi^3$ | $\varphi^4$ | $\varphi^5$ | $\varphi^6$ |
|---|---|---|---|---|
| $\varphi + 1$ | $2\varphi + 1$ | $3\varphi + 2$ | $5\varphi + 3$ | $8\varphi + 5$ |

Jede Potenz ist gleich der Summe der beiden unmittelbar vorangehenden Potenzen. Die Koeffizienten von $\varphi$ bilden deshalb eine Fibonacci-Folge. Dasselbe gilt für den zweiten Summanden in der Summendarstellung.
$\varphi$ besitzt noch viele andere Eigenschaften. So ist $\varphi$ beispielsweise gleich dem Wert des einfachsten Kettenbruches:

$$1+\cfrac{1}{1+\cfrac{1}{1+\cfrac{1}{1+\dots}}}$$

Das ist zugleich derjenige Kettenbruch, der am langsamsten gegen seinen Grenzwert konvergiert. Die zugehörigen Näherungsbrüche lauten 1/1, 2/1, 3/2, 5/3..., wobei sowohl die Zähler als auch die Nenner wieder Fibonacci-Folgen sind. Die beiden Näherungsbrüche, die man sich am einfachsten merken kann, sind 377/233 und 233/144. Zufälligerweise ist 355/113 eine exzellente Näherung für $\pi$.
Thomas O'Beirne hat auf eine weitere merkwürdige Eigenschaft aufmerksam gemacht. Hierzu muß man die natürlichzahligen Vielfachen von $\varphi$ und $\varphi^2$ berechnen und beim Resultat alles streichen, was hinter dem Komma steht. Als Ergebnis erhält man eine Folge von Paaren: (0,0), (1,2), (3,5), (4,7), (6,10), (8,13), (9,15)...
Diese Folge hat drei interessante Eigenschaften: Erstens wächst die Differenz der beiden Partner von jedem Paar zum nächsten um genau eins an; zweitens ist die kleinere der beiden in einem Paar auftretenden Zahlen immer gleich der kleinsten natürlichen Zahl, die zuvor noch nicht in der Folge aufgetreten ist, und drittens tritt in dieser Folge jede natürliche Zahl genau einmal auf. Überdies sind alle diese Paare Gewinnkombinationen in Wythoffs Spiel.

*Literatur:* H. E. Huntley: »*The Divine Proportion. Historical Topics for the Classroom*«, Washington, 1969.

## 1,664934066 ...

$\frac{\pi^2}{6}$

Diese Zahl ist gleich der Summe der Reihe

$$1/1^2 + 1/2^2 + 1/3^2 + 1/4^2 + \dots$$

**1,732 050 807 568 877 293 527 446 341 505 872 366 942 ...**

Das ist die Quadratwurzel aus drei, die zweite Zahl (nach der Quadratwurzel aus zwei) also, von der Theodorus gezeigt hat, daß sie irrational ist.
Archimedes fand hierfür die Näherung $1371/780 < \sqrt{3} < 265/153$ (oder auch $26 - 1/52 < 15\sqrt{3} < 26 - 1/51$).
Diese Näherungen genügen den Gleichungen $1351^2 - 3 \times 780^2 = 1$ und $265^2 - 3 \times 153^2 = -2$, was die Auffassung stützt, Archimedes habe schon etwas von den Pellschen Gleichungen verstanden.

**1,772 453 850 905 516 027 298 167 483 341 145 182 797 ...**

$\sqrt{\pi} = \Gamma(1/2)$
Die Fakultät $n!$, die für alle natürlichen Zahlen sowie per Konvention auch für null definiert ist, läßt sich mit Hilfe eines Integrals auch für nicht natürlichzahlige Werte definieren. Diese Funktion wird mit $\Gamma(n + 1)$ bezeichnet. Es gilt: $\Gamma(1/2) = \sqrt{\pi}$.

**1,90 915**

Das ist annähernd der Wert der Konstante von Brun. Diese Konstante ist gleich der Summe $1/3 + 1/5 + 1/5 + 1/7 + 1/11 + 1/13 + 1/17 + 1/19 + 1/29 + 1/31 + \ldots$, wobei der Nenner alle Primzahlenzwillinge durchläuft. Gelegentlich wird auch der zweite Summand 1/5 weggelassen.
(Sie wurde auch schon so berechnet: $1 + 1/3 + 1/3 + 1/5 + 1/5 + 1/7 + \ldots$, was einen Mathematiker zu der schnellgefaßten und optimistischen Vermutung verführte, die Brunsche Konstante sei gleich $\pi$).
Es ist nicht bekannt, ob es unendlich viele Primzahlzwillinge gibt oder nicht. Dennoch weiß man, daß die oben angegebene Reihe konvergiert. Im Unterschied hierzu divergiert aber diejenige Reihe, die alle Kehrwerte von Primzahlen enthält.
Der Wert der Brun-Konstanten ist erstaunlich schwierig zu berechnen. Die beste bekannte Näherung ist $1{,}90195 \pm 10^{-5}$.

# 2

Die Zahl Zwei hat seit frühester Zeit eine Sonderrolle gespielt, in der Mathematik wie im menschlichen Leben.
Der Zahl Zwei kommt in vielen Sprachen, so zum Beispiel im Indoeuropäischen, Ägyptischen, Arabischen, Hebräischen, im Sanskrit und im Griechischen eine besondere Bedeutung zu. Für die Existenzbezeichnung von genau zwei Objekten kennen wir im Deutschen die Worte ›Doppel‹, ›Paar‹, ›beide‹ und andere mehr. ›Sonderbezeichnungen‹ dieser Art gibt es in den meisten Sprachen, aber nur wenige verfügen über analoge Bildungen für drei oder vier Objekte.
Die Griechen waren anfänglich unsicher, ob die Zwei überhaupt eine Zahl sei: die Zwei habe zwar einen Anfang und ein Ende, aber keine Mitte. Mathematischer war ihre Einsicht, daß $2+2=2 \times 2$ gilt oder daß allgemein das Produkt einer beliebigen Zahl mit zwei gleich der Summe dieser Zahl mit sich selbst ist. Weil sie glaubten, die Multiplikation müsse mehr als die Addition ergeben, war die Zwei in ihren Augen ein Sonderfall. Gleichgültig, ob man zwei als Zahl betrachtete oder nicht, galt diese als weiblich. Weiblich waren überhaupt alle geraden Zahlen, während die ungeraden Zahlen als männlich angesehen wurden. Die Unterteilung in zwei Fälle, die Dichotomie, ist psychologisch gesehen wichtig – und kommt in der Praxis öfter vor als jede andere Klassifikation. Die geläufigste Form der Symmetrie ist die zweiseitige Achsensymmetrie, von der Ordnung zwei. Unsere Körper weisen diese zweiseitige Achsensymmetrie auf. Wir unterscheiden links und rechts, oben und unten, vorn und hinten in ganz natürlich erscheinender Art und Weise. Tag und Nacht sind verschieden, es gibt zwei Geschlechter, wir kennen zwei Paare von Jahreszeiten. Die meisten Vergleiche sind dichotom: stärker oder schwächer, besser oder schlechter, jung oder alt und so weiter.
Die Zahl Zwei und die Dichotomie sind in der Mathematik ebenfalls von großer Bedeutung. Zwei ist die kleinste gerade Zahl. Die fundamentalen Operationen Addition, Subtraktion, Multiplikation und Division sind binäre Operationen, die zuerst einmal für je zwei natürliche Zahlen erklärt werden.
Durch die Subtraktion von Null wird jeder positiven Zahl eine negative zugeordnet. Die Null bildet die Grenze zwischen positiven und negativen Zahlen. In ähnlicher Weise ordnet die Division von Eins durch eine Zahl dieser Zahl ihren Kehrwert zu.
Zwei ist die erste und die einzige gerade Primzahl. Zwei ist die erste glückliche Zahl. Zwei teilt zehn und zehn ist die Basis unseres geläufigen

Stellenwertsystems. Deshalb ist eine Zahl genau dann durch zwei teilbar, wenn die Ziffer, die ihre Einer angibt, durch zwei teilbar ist. Durch $2^n$ ist eine Zahl teilbar, wenn diejenige Zahl, die von den $n$ letzten Ziffern dieser Zahl gebildet wird, durch $2^n$ teilbar ist. Potenzen von zwei treten in der Mathematik häufiger auf als die Potenzen irgendeiner anderen Zahl. Und: Eine natürliche Zahl ist dann und nur dann Summe einer Folge von unmittelbar aufeinander folgenden Zahlen, wenn sie keine Potenz von zwei ist. Zwei ist die erste defiziente Zahl. Alle Potenzen von Primzahlen sind defizient, ebenso alle Potenzen von zwei.

Euler behauptete, Descartes habe angenommen, daß bei allen einfachen Polyedern, wie beispielsweise Würfel und quadratische Pyramide, die Anzahl der Ecken plus die Anzahl der Flächen die Anzahl der Kanten um zwei übertreffe.

Die (große) Fermatische Vermutung lautet: Die Gleichung $x^n + y^n = z^n$ hat nur dann natürlichzahlige Lösungen, wenn $n = 2$ ist. Diese Lösungen bilden dann die Seitenlängen eines rechtwinkligen Dreiecks (sog. ›Pythagoräische Tripel‹). Es hat sich als außerordentlich schwierig erwiesen, Fermats Gleichung zu lösen. Schon mancher Mathematiker hat in einem glücklichen Moment bemerkt, daß $n^x + n^y = n^z$ viel einfacher zu lösen ist. Ist $n = 2$, so lautet die einzige Lösung dieser Gleichung: $2^1 + 2^1 = 2^2$.

Goldbach schließlich hat die Vermutung aufgestellt, jede gerade Zahl größer als zwei sei Summe zweier Primzahlen.

### *Das Dualsystem*

Das königlich-englische Maßsystem kennt viele Maßeinheiten (von denen einige noch immer in Gebrauch sind), die jeweils durch Verdoppelung auseinander hervorgehen. Vermutlich waren diese für praktische Zwecke sehr nützlich, obwohl nur wenige Kaufleute wußten, wie viele Gills in eine Tun gehen: 1 *Tun* = 2 *Pipes* = 4 *Hogsheads* = 8 *Barrels* = 16 *Kiderkins* = 32 *Firkins* (oder *Bushels*) = 64 *Demi-Bushels* = 128 *Pecks* = 256 *Gallons* = 512 *Pottles* = 1024 *Quarts* = 2048 *Pints* = 4096 *Chopins* = 8192 *Gills*. Diese Maßeinheiten lassen sich sehr einfach in Dualschreibweise, das heißt zur Basis zwei, ausdrücken.

Jede Zahl läßt sich eindeutig als Summe von Potenzen von zwei darstellen. So gilt beispielsweise: $87 = 64 + 16 + 4 + 2 + 1$; hierfür schreibt man kurz $87 = 1010111$. Jede 1 als Ziffer entspricht einer Potenz von zwei, die mitgezählt werden muß, und jede 0 entspricht einer Zweierpotenz, die nicht gezählt wird:

| | | | | | | |
|---|---|---|---|---|---|---|
| 64 | 32 | 16 | 8 | 4 | 2 | 1 |
| ja | nein | ja | nein | ja | ja | ja |
| 1 | 0 | 1 | 0 | 1 | 1 | 1 |

In Europa wurde das Dualsystem von Leibniz eingeführt. Es soll allerdings schon in einem chinesischen Buch aus der Zeit um 3000 v. Chr. enthalten sein. Leibniz verband mit 1 die Vorstellung Gott und mit 0 die Idee des Nichts. So fand er eine mystische Interpretation für die Tatsache, daß sich alle Zahlen aus 0 (Nichts) und 1 (Gott) zusammensetzen lassen. Man kann allerdings die immense Eleganz und Einfachheit des Dualsystems auch schätzen, ohne sich dieser mathematischen Theologie anzuschließen.

Schon 1725 führte Basile Bouchon perforierte Papierstreifen ein, um mechanische Webstühle zu steuern. Jeder Stelle auf dem Papierstreifen wird ein Zustand zugeordnet: gelocht oder ungelocht. Dieselbe Idee wurde im Pianola, einem mechanischen Klavier, das in vielen Haushalten des viktorianischen Zeitalters zu finden war und das ebenfalls durch einen Papierstreifen kontrolliert wurde, verwirklicht. Bei den Webstühlen ging man bald dazu über, gelochte Karten zur Steuerung zu verwenden. Diese kamen auch in Charles Babbages ›*Analytical engine*‹ zum Einsatz, die ein Vorläufer des modernen digitalen Computers darstellt. Auch Babbage verwandte, bevor Magnetbänder und -platten aufkamen, Lochkarten. Die Dualdarstellung ist beim Computer besonders vorteilhaft, weil diese sich am einfachsten aus Komponenten aufbauen läßt, die zwei Zustände zulassen: eingeschaltet oder ausgeschaltet, voll oder leer, besetzt oder unbesetzt. Dasselbe Prinzip macht aus dem Dualsystem ein ideales System für die Übermittlung von Nachrichten über Drähte. Dabei werden 0 und 1 durch die Zustände ›kein Strom‹ und ›Strom‹ wiedergegeben.

Schon lange, bevor mechanische Rechenmechanismen erfunden wurden, haben die Ägypter durch sukzessive Verdoppelung und anschließende Addition multipliziert. Wollte man beispielsweise mit sechs multiplizieren, so verdoppelte man zweimal und addierte die Resultate der beiden Verdoppelungen. Noch in jüngster Vergangenheit benützten russische Bauern eine raffiniertere Variante dieser Idee, die früher in ganz Europa geläufig war: Um 27 und 35 miteinander zu multiplizieren, schreibt man diese beiden Zahlen jeweils an die Spitze einer Spalte. Dann halbiert man die erste der beiden Zahlen so lange, bis man die 1 erreicht. Dabei werden alle Reste ignoriert. Entsprechend oft ist die zweite Zahl zu verdoppeln.

| | |
|---|---|
| 27 | 35 |
| 13 | 70 |
| 6 | 140 |
| 3 | 280 |
| 1 | 560 |
| | 945 |

Nun müssen in der zweiten Spalte alle Zahlen ausgestrichen werden, die neben einer geraden Zahl in der ersten Spalte stehen. Die Summe der verbleibenden Zahlen ist das gesuchte Resultat.
Eine der einfachsten Eigenschaften von Zahlen ist ihre Parität, das heißt, ob sie gerade oder ungerade sind. Also, ob sie durch zwei ohne oder mit Rest teilbar sind. Alle Primzahlen sind ungerade – mit der Zwei als einziger Ausnahme. Alle vollkommenen Zahlen, die man kennt, sind gerade.
Die Summe der Reihe

$$\frac{1}{1^n}+\frac{1}{2^n}+\frac{1}{3^n}+\frac{1}{4^n}+\ldots$$

ist viel einfacher zu berechnen, wenn $n$ ungerade ist.
Die einfachste Form der Symmetrie ist die zweiseitige: Macht man auf ein Blatt Papier einen Tintenfleck und faltet man es dann, so erhält man einen symmetrischen zweiten Fleck.

*Literatur:* F. G. Heath: »Origins of the Binary Code«, in: *Scientific American*, August 1972.

## 2,094551...

Das ist die reelle Lösung der Gleichung $x^3-2x-5=0$.
Diese Gleichung wurde von Wallis gelöst, um Newtons Verfahren zur numerischen Lösung von Gleichungen zu illustrieren. Seither diente sie dazu, zahlreiche Approximationsmethoden zu testen. Von ihrer reellen Nullstelle sind mittlerweile 4000 Stellen bekannt.

*Literatur:* F. Gruenberger: »*Computer Recreations*«, in: *Scientific American*, April 1984.

## 2,236067

$\sqrt{5}$

## 2,302585092994045684017991454684364207601...

Das ist der natürliche Logarithmus von zehn.

**2,506628**

$\sqrt{2\pi}$

Das ist der konstante Faktor in der Stirlingschen Formel, die näherungsweise den Wert von $n!$ angibt. Die obige Zahl ist gleich dem Grenzwert von

$$\frac{n! \times e^n}{n^n \times \sqrt{n}}$$

wenn $n$ gegen Unendlich geht.

**2,618033**

Das ist der Wert der Quadratwurzel aus dem Goldenen Schnitt φ. Zugleich handelt es sich um die einzige positive Zahl, für welche die Beziehung $\sqrt{n} = n - 1$ gilt.

**2,665144...**

$2^{\sqrt{2}}$

Im siebten der berühmten dreiundzwanzig Probleme, die Hilbert 1900 auf dem Internationalen Mathematikerkongreß vorgestellt hat, geht es darum festzustellen, ob bestimmte Zahlen irrational oder gar transzendent sind.

Als Beispiele führte Hilbert $2^{\sqrt{2}}$ und $e^{\pi}$ an. Später vertrat er die Ansicht, dieses siebte Problem sei schwieriger zu lösen als die Riemannsche und die Fermatsche Vermutung.

Dennoch wurde 1929 bewiesen, daß $e^{\pi}$ transzendent ist. Auch $2^{\sqrt{2}}$ ist transzendent, wie 1930 gezeigt werden konnte. Das verdeutlicht, wie schwierig es ist, zukünftige Fortschritte in der Mathematik vorherzusagen und die wirkliche Schwierigkeit eines Problems noch vor dessen Lösung zu bestimmen.

**2,718 281 828 459 045 235 360 287 471 352 662 497 757 247 093 699...**

Das ist die Zahl e, die als Basis der natürlichen Logarithmen dient. Die natürlichen Logarithmen werden gelegentlich auch als Napiersche Logarithmen bezeichnet, obwohl Napier noch nicht über den Begriff Basis verfügte und auch noch keine Ahnung von e hatte. Das Symbol e ist von Euler eingeführt worden, der auch bewiesen hat, daß e der Grenzwert von $(1+1/x)^x$ für $x$ gegen Unendlich ist. Newton hatte 1665 gezeigt, daß die Gleichung $e^x = 1 + x + x^2/2! + x^3/3! + \ldots$ gilt. Daraus ergibt sich: $e = 1 + 1 + 1/2! + 1/3! + 1/4! + \ldots$ Diese Reihe läßt sich gut zur Berechnung von e verwenden, weil ihre Summanden rasch abnehmen. Zufällig sind die ersten Dezimalstellen von e leicht zu behalten, und zwar mit folgender Anordnung: 2,7 1828 1828 45 90 45 . . .

Die beste Näherung für e mit einem Bruch, dessen Zähler und Nenner kleiner als tausend sind, ist $878/323 = 2{,}718\,26\ldots$

Ebenso wie $\pi$ ist auch e irrational, was von Lambert bewiesen worden ist; 1873 zeigte Hermite, daß e auch transzendent ist. e tritt in der wunderschönen, von Euler entdeckten Beziehung $e^{i\pi} = -1$ auf. Allgemein steht e im Zusammenhang mit den trigonometrischen Funktionen durch die Gleichung $e^{i\vartheta} = \cos\vartheta + i \sin\vartheta$. Weiter besitzt e die bemerkenswerte Eigenschaft, daß die Änderung von $e^x$ an der Stelle $t$ gleich $e^t$ ist. Hieraus folgt die große Bedeutung, die e für die Differential- und Integralrechnung zukommt und seine einzigartige Stellung als Basis der natürlichen Logarithmen.

## 3

Drei war für die Griechen die erste ungerade Zahl, da sie die Eins nicht als Zahl betrachteten. Für die Pythagoräer war drei die erste Zahl überhaupt, denn sie besitzt im Unterschied zu Eins und Zwei einen Anfang, eine Mitte und ein Ende. Sie meinten, Drei sei wie alle ungeraden Zahlen männlich. Die Drei ist auch nach Proklus die erste Zahl, da erst sie bei der Addition einen kleineren Zuwachs ergibt als bei der Multiplikation. Das heißt, daß $3 \times 3$ größer ist als $3 + 3$.

Die Einteilung in drei Klassen ist ungemein verbreitet. Viele Sprachen unterscheiden zwischen Positiv, Komparativ und Superlativ. Im Deutschen führt die Redeweise eins – zwei – drei nicht weiter.

Göttliche Trinitäten gab es in Griechenland, Ägypten und Babylonien. Auch im Christentum ist Gott eine Trinität. In der griechischen Mythologie gab es drei Schicksalsgöttinnen, drei Furien, drei Tugenden und dreimal drei Musen; Paris mußte zwischen drei Göttinnen wählen. Schwüre werden traditionsgemäß dreimal wiederholt. Im Neuen Testament verleugnet Petrus Christus dreimal. Die Welt wird traditionellerweise in drei Bereiche eingeteilt: die Unterwelt, die Erde und den Himmel. Unsere Erfahrungswelt ist dreidimensional. Einsteins vierte Dimension, die Zeit, ist mit den drei räumlichen Dimensionen in asymmetrischer Weise verbunden. Im Dreidimensionalen lassen sich nur drei Geraden zeichnen, die paarweise senkrecht aufeinander stehen.

Die Griechen betrachteten Längen, Quadrate von Längen, die sie als Flächen darstellten, und dritte Potenzen von Längen, die sie sich als Körper veranschaulichten. Höhere Potenzen verwarfen sie, weil sie ihnen als unnatürlich galten. Zahlen mit drei Faktoren wurden gelegentlich als Körper betrachtet, genauso wie Zahlen mit zwei Faktoren als Flächen interpretiert wurden, so zum Beispiel als Quadrate, Rechtecke oder auch als Polygonalzahlen. (Ein Kommentator Platons bezeichnete gerade Zahlen als gleichseitig, weil sich diese in gleichgroße Teile teilen lassen. Die ungeraden Zahlen nannte er entsprechend ungleichseitig.) Die Griechen verbanden die Drei auch mit dem Dreieck, das drei Ecken und drei Kanten besitzt und in der Geometrie der Griechen wie auch in der unsrigen die geläufigste Figur ist. Die Dreiteilung des Winkels war eines der drei klassischen Probleme der Antike (die beiden anderen waren die Quadratur des Kreises und die Verdoppelung des Würfels). Das Dreiteilungsproblem besteht darin, einen vorgegebenen Winkel nur mit Hilfe von Zirkel und Lineal in drei gleich große Teile zu zerlegen. Wie die Verdoppelung des Würfels führt auch die Winkeldreiteilung auf eine Gleichung dritten Grades, die es zu lösen gilt. Descartes zeigte, daß man derartige Gleichungen lösen kann, indem man eine Parabel und einen Kreis zum Schnitt bringt. Allerdings lassen sich diese Schnittpunkte nicht mit Zirkel und Lineal konstruieren. Das Dreiteilungsproblem läßt sich auch durch spezielle Kurven lösen. Pappus verwendete eine Hyperbel, Hippias erfand die Quadratrix, mit deren Hilfe man einen Winkel in jedem gewünschten Verhältnis teilen kann. Die von Nikomedes eingeführte Konchoide konnte sowohl den Winkel dreiteilen als auch den Würfel verdoppeln.

Euler bewies, daß im Dreieck der Schwerpunkt, der Mittelpunkt des Umkreises und der Höhenschnittpunkt auf einer Geraden liegen und daß ersterer die Verbindungsstrecke der beiden letzteren im Verhältnis 1 : 2 teilt.

Durch drei Punkte, die nicht auf einer Geraden liegen, läßt sich immer ein Kreis legen.

Es gibt drei Parkettierungen der Ebene mit regelmäßigen Vielecken: Man kann hierzu das gleichseitige Dreieck, das Quadrat oder das von den Bienenwaben her wohlbekannte regelmäßige Sechseck verwenden. Drei ist nach der unvermeidlichen Eins die zweite Dreieckszahl. Gauß hat bewiesen, daß jede natürliche Zahl Summe von höchstens drei Dreieckszahlen

ist. Die achtzehnte Eintragung in seinem Tagebuch, die vom 10. Juli 1796 stammt, liest sich so: »EYPHKA! num = $\Delta + \Delta + \Delta$.« Gauß war damals neunzehn Jahre alt.
Alle Zahlen, die nicht von der Form $4^n(8m+7)$ sind, lassen sich als Summe dreier Quadratzahlen darstellen. Drei teilt alle Zahlen, die um genau eins kleiner sind als eine Potenz von zehn. Folglich ist eine Zahl dann und nur dann durch drei teilbar, wenn die aus ihren Ziffern gebildete Summe – ihre Quersumme – durch drei teilbar ist. Drei ist die zweite Primzahl und die erste ungerade Primzahl. Sie ist auch die erste Primzahl, die von der Form $4n+3$ ist. Weiter ist drei die erste Mersennesche Primzahl, denn es gilt: $3 = 2^2 - 1$. Sie ist auch die erste Fermatsche Primzahl: $3 = 2^{2^0} + 1$. Jede genügend große ungerade Zahl ist gleich der Summe von höchstens drei Primzahlen (Winogradow, 1937). Sie ist die erste Zahl, die zu einem Primzahlzwilling gehört – nämlich 3 und 5. Die nächsten Primzahlzwillinge sind (5, 7), (11, 13), (17, 19), (29, 31), (41, 43), ... Man weiß bis heute nicht, ob es unendlich viele Primzahlzwillinge gibt oder nicht. Drei taucht auch als erste Zahl in einer arithmetischen Progression dreier Primzahlen auf: 3 – 5 – 7.
$3 = 1! + 2!$
Fermats Vermutung läßt für $n = 3$ keine Lösungen zu, wie Euler bewiesen hat: $x^3 + y^3 = z^3$ ist nicht lösbar mit natürlichen Zahlen $x$, $y$ und $z$.
Das kleinste magische Quadrat hat die Kantenlänge drei.

## 3,14159 26535 89793 23846 26433 83279 50288 41972 . . .

$\pi$

$\pi$ ist die berühmteste und bemerkenswerteste Zahl überhaupt. $\pi$ ist definiert als das Verhältnis von Kreisumfang zu Kreisdurchmesser oder auch als Fläche des Einheitskreises.
$\pi$ ist die einzige irrationale und transzendente Zahl, die in der Natur vorkommt – wenn auch nur durch die groben Näherungen für Kreise, die in unserem Alltag auftreten.
Im alten Testament steht in Könige I, daß $\pi$ den Wert drei habe. Die Babylonier nahmen 3000 v. Chr. an, $\pi$ sei entweder gleich drei oder gleich $3\frac{1}{8}$. Der ägyptische Schreiber Ahmes stellte im *Papyrus Rhind* (etwa 1500 v. Chr.) fest, daß die Fläche eines Kreises gleich sei dem Quadrat, dessen Kantenlänge 8/9 des Kreisdurchmessers betrage.
Das ergibt für den $\pi$ den Wert (16/9) zum Quadrat oder 3,16049 ...

Solche kruden Näherungen genügten für die Ansprüche primitiver Handwerker und Ingenieure. Für die Griechen aber, die ersten richtigen Mathematiker, hatte $\pi$ eine tiefere Bedeutung. Sie waren von der Aufgabe, ›den Kreis zu quadrieren‹, fasziniert: eine geometrische Konstruktion zu finden, die nur Zirkel und Lineal benutzt und die aus einem Kreis ein exakt flächengleiches Quadrat macht. Archimedes stellte fest (indem er die Fläche regelmäßiger 96-Ecke berechnete), daß $\pi$ zwischen 3 10/71 = 3,14085... und 3 10/70 = 3,142857... liege. Er fand sogar noch genauere Näherungswerte für $\pi$. Der zuletzt angegebene Näherungswert ist gleich $3\frac{1}{7}$, ein Wert, den Generationen von Schülern auswendig lernen mußten. Dieser Bruch ist auch die beste Näherung für $\pi$, wenn man in Zähler und Nenner Zahlen kleiner als Hundert verwenden will. In Dualdarstellung sieht $\pi$ so aus: 11,001 001 000 011 111 1011... Dieser Wert läßt sich zu dem periodischen Dualbruch 11,001 001 001... aufrunden. Das ist aber gerade die Dualdarstellung von $3\frac{1}{7}$.

Der griechische Astronom Ptolemäus verwendete 377/120 (=3,1416...). Die nächste entscheidende Verbesserung wurde in China gefunden. Dort stellten Tsu Ch'ung-Chi und sein Sohn fest, daß $\pi$ zwischen 3,141 592 6 und 3,141 592 7 liegt. Auch sie erwähnten den Näherungswert 355/113. Das ist die beste Näherung mit einem Bruch, die kleiner als 10 993/33 102 ist. Tsus Ergebnis wurde erst von Al-Kashi im 15. Jahrhundert übertroffen, der die ersten sechzehn Dezimalstellen von $\pi$ richtig angab. In jener Zeit lagen die europäischen Mathematiker weit hinter ihren arabischen Kollegen zurück. (So fand beispielsweise Fibonacci nur drei korrekte Dezimalstellen.) Im 16. Jahrhundert holten jedoch die europäischen Mathematiker auf. Der erfolgreichste und besessenste unter ihnen war Ludolph van Ceulen, der einen Großteil seines Lebens damit verbrachte, $\pi$ zu berechnen. Zuerst bestimmte er die ersten 20 Dezimalstellen korrekt, dann die ersten 32 und schließlich die ersten 35. Er lebte nicht lange genug, um seine Entdeckungen veröffentlichen zu können; auf seinem Grabstein in einer Kirche in Leiden wurde sein Ergebnis eingemeißelt. Eine unvergängliche Würdigung wurde ihm mit der Bezeichnung ›Ludolphsche Zahl‹ zuteil, die in Deutschland geläufig ist für die Zahl $\pi$. Etwa zur gleichen Zeit entdeckte Adriaen Metius die sehr genaue Näherung 355/113 von Tsu. Das geschah durch reinen Zufall, denn Adriaen nahm die beiden von seinem Vater berechneten Näherungswerte 377/120 und 333/106 und bildete einfach das arithmetische Mittel von Zähler und Nenner. Das liefert garantiert eine Zahl, die zwischen den beiden Ausgangszahlen liegt – was aber im allgemeinen auch schon alles ist. Ludolph bediente sich im Grunde genommen derselben Methoden wie Archimedes. In dem Maße allerdings, wie sich die Trigonometrie weiterentwickelte, wurden auch bessere Verfahren bekannt.

Mit Hilfe derselben geometrischen Operationen, mit denen Ludolph vierzehn Stellen berechnet hatte, berechnete Snell vierunddreißig. Huygens gelang es, acht Stellen von π nur mit Hilfe des regelmäßigen Sechsecks zu bestimmen. Weitere Fortschritte stellten sich schnell ein, als die Mathematiker lernten, mit unendlichen Reihen, Grenzwerten und der Differential- und Integralrechnung umzugehen. Keine der Berechnungen von Ludolph und seinen Nachfolgern hatte irgendeine Regelmäßigkeit in der Dezimalbruchentwicklung von π zutage gefördert. François Viète, der Vater der modernen Algebra, stellte 1592 erstmals eine geschlossene Formel für π vor:

$$\frac{\pi}{2} = \frac{1}{\sqrt{\tfrac{1}{2}}\,\sqrt{\tfrac{1}{2}+\tfrac{1}{2}\sqrt{\tfrac{1}{2}}}\,\sqrt{\tfrac{1}{2}+\tfrac{1}{2}\sqrt{\tfrac{1}{2}+\tfrac{1}{2}\sqrt{\tfrac{1}{2}}}}\cdots}$$

Das war wenigstens eine Struktur! John Wallis folgte später mit:

$$\frac{\pi}{2} = \frac{2}{1} \times \frac{2}{3} \times \frac{4}{3} \times \frac{4}{5} \times \frac{6}{5} \times \frac{6}{7} \times \ldots$$

Isaac Newton fand 1666 sechzehn Stellen von π, wobei er nur die ersten zweiundzwanzig Summanden der Reihe

$$\pi = \frac{3\sqrt{3}}{4} + 24\left(\frac{1}{12} - \frac{1}{5 \times 2^5} - \frac{1}{28 \times 2^7} - \frac{1}{72 \times 2^9} - \ldots\right)$$

verwendete. 1673 fand Leibniz die Gleichheit

$$\frac{\pi}{4} = 1 - \frac{1}{3} + \frac{1}{5} - \frac{1}{7} + \frac{1}{9} - \ldots$$

Die Leibniz-Reihe ist vor allem wegen ihrer Einfachheit bemerkenswert. Für die Berechnung von π ist sie allerdings hoffnungslos ineffizient. Man müßte nämlich einige hundert Summanden berechnen, wollte man mit ihrer Hilfe auch nur wenige Stellen von π bestimmen. Mit einem genialen Handstreich gelang es John Machin 1706, diese Reihe durch eine recht ähnliche zu ersetzen, die die effektive Berechnung von hundert Dezimalstellen erlaubte – was weit jenseits dessen lag, was Ludolph van Ceulen erreicht hatte. Euler, der als erster den griechischen Buchstaben π in seiner modernen Bedeutung verwendet hat, entdeckte die äußerst bemerkenswerte Beziehung zwischen π, e (der Basis der natürlichen Logarithmen), i (der Quadratwurzel aus −1), eins und null: $e^{i\pi} + 1 = 0$.

Johann Heinrich Lambert machte einen weiteren bedeutenden Schritt nach vorne, als er bewies, daß π irrational ist. Er berechnete auch mit Hilfe von Kettenbrüchen die besten rationalen Näherungen für π zwischen 193 993 / 33 102 und 101 951 448 609 914 6 / 324 521 540 032 945.

Zu jener Zeit war $\pi$ schon lange nicht mehr nur das Verhältnis von Kreisumfang zu -durchmesser. Dennoch hatte die Aufgabe, möglichst viele Dezimalstellen von $\pi$ zu berechnen, nicht ganz ihren Reiz verloren. Tatsächlich wurden Daten über Berechnungen veröffentlicht. Eine der schnellsten Berechnungen, die zweihundert Stellen ergab, wurde von Johann Dase (1824–1861) in weniger als zwei Monaten durchgeführt. Dase war schon als Kind als Rechengenie bekannt. Auf Empfehlung von Gauß wurde er angestellt, um Tafeln der Logarithmus- und der Hyperbelfunktionen zu berechnen. Im Jahre 1853 veröffentlichte William Shanks seine Berechnung von 707 Dezimalstellen der Zahl $\pi$. Er verwandte hierzu dieselbe Formel wie Machin. Im Laufe seiner Berechnungen bestimmte er einige Logarithmen bis auf 137 Dezimalstellen genau und errechnete den exakten Wert von $2^{721}$. Ein viktorianischer Kommentator meinte hierzu: »Diese ungeheuren Ketten von Berechnungen beweisen nicht nur die Fähigkeiten dieses oder jenes Rechners hinsichtlich Ausdauer und Genauigkeit; sie zeigen vielmehr, daß die rechnerische Geschicklichkeit und der Mut in der Gesellschaft zunehmen.« Augustus de Morgan meinte, etwas anderes in Shanks' Arbeit entdecken zu können. Die Ziffer 7 trat nämlich auffallend viel weniger auf als alle anderen Ziffern, nämlich nur 44 mal im Vergleich zum statistisch zu erwartenden Mittelwert 61. De Morgan rechnete aus, daß die Wahrscheinlichkeit für eine derartige Verteilung 1 zu 45 ist.
Entweder de Morgan oder aber Shanks mußte sich geirrt haben. Mit Hilfe eines Tischrechners wies Ferguson 1945 nach, daß Shanks einen Fehler gemacht hat. Dessen Rechnungen waren ab der 528. Stelle falsch. Glücklicherweise war Shanks da schon lange tot. Natürlich sind elektronische Computer menschlichen Rechnern weit überlegen. Schon im Jahre 1949 berechnete ENIAC in 90 Stunden 2037 Stellen der Zahl $\pi$ – ohne einen Fehler zu machen. 1967 berechnete eine französische CDC 6600 sogar 500 000 Stellen. Ein japanisches Team um Yoshiaki Tamura und Tasumasa Kannada ermittelte 1983 die ersten 16 777 216 ($=2^{24}$) Stellen der Kreiszahl.
Was ist das Ziel all dieser Berechnungen? Merkwürdigerweise geht es gerade um solche Irregularitäten, wie sie de Morgan herausfinden wollte. Allgemein wird angenommen, daß $\pi$ normal sei, daß es also keinerlei System in der Dezimalbruchentwicklung von $\pi$ gäbe. Obwohl diese Zahl ja durch einen wohlbestimmten Prozeß zustande kommt, soll sie vollkommen willkürlich sein. Die fragliche Dezimalbruchentwicklung sieht in der Tat auf den ersten Blick willkürlich aus – mit Ausnahme einer Serie von sechs aufeinanderfolgenden Neunen zwischen den Stellen 762 und 767. Martin Gardner hat noch eine andere Auffälligkeit er-

klärt, die wesentlich früher auftritt. Was folgt, sind die Stellen sechs bis dreißig, wobei etwas Raum eingeschoben wurde, um das fragliche Muster deutlicher hervorzuheben: ... 26 5389 793238 46 26 43 383279 ...
Etwas weiter hinten in der Dezimalbruchentwicklung finden sich für die Stellen 359, 360 und 361 die Ziffern 3 – 6 – 0. Genauso liegt 3 – 1 – 5 um die 315. Stelle herum. Solche Muster sind allerdings durchaus zu erwarten, selbst wenn $\pi$ tatsächlich vollkommen willkürlich ist. Dann sollte in der Tat jedes nur mögliche Muster irgendwann einmal auftreten. So müßte beispielsweise die Sequenz 123456789 irgendwann erscheinen. Tut sie das? Soweit bekannt, nein. Das ist aber nicht erstaunlich, denn was sind schon 16 000 000 Stellen im Vergleich zu der unendlichen Folge von Ziffern, die noch kommen...

Nebenbei bemerkt haben die ersten sechzehn Millionen Stellen von $\pi$ alle Tests auf Willkürlichkeit, die man mit ihnen bisher angestellt hat, bestanden.

Was ist mittlerweile aus dem griechischen Vorhaben, den Kreis zu quadrieren, geworden? Mehrere Griechen meinten, sie hätten die Aufgabe gelöst, obwohl ihre Lösungen bestenfalls gute Näherungen waren. Aufgrund ihrer Erwartungen gelangten die Mathematiker zu der Auffassung, dieses Problem sei entweder außerordentlich schwierig oder aber unlösbar. Allerdings hatte die Meinung der Fachleute wenig Einfluß auf den Eifer zahlreicher Kreisquadrierer, die zwar die Problemstellung, nicht aber deren Schwierigkeiten verstanden. Einige dieser Kreisquadrierer leisteten auf anderen Gebieten durchaus Bedeutendes.

Nikolaus von Kues (1401–1464) war Kardinal und zudem ein bedeutender Gelehrter. Er betrachtete 3,1423 als den exakten Wert der Kreiszahl. Seinen Fehler machte er allerdings teilweise wieder wett, indem er eine außerordentlich gute trigonometrische Näherung angab, die später von Snellius verwendet wurde. Ein anderer angesehener Wissenschaftler war Joseph Scaliger. Er ist ein brillanter Philologe mit mathematischen Ambitionen gewesen, der auch versuchte, den Kreis zu quadrieren. Seine Versuche wurden von Viète widerlegt. Noch kurioser ist der Fall des englischen Philosophen Thomas Hobbes (1588–1679), der die neuesten Entwicklungen der damaligen Mathematik in Paris bei Mersenne kennengelernt hatte. Hobbes Ansätze zur Kreisquadratur wurden von John Wallis widerlegt, den Hobbes daraufhin heftig angriff. Die beiden bekriegten sich fünfundzwanzig Jahre lang erbittert, was vor allem dem wissenschaftlichen Prestige von Hobbes abträglich war. Um 1700 herum behauptet Jacob Marcelis, er hätte den Kreis quadriert. Der exakte Wert, den er für $\pi$ gefunden hatte, war:

$$3\frac{1008\,449\,087\,377\,541\,679\,894\,282\,184\,894}{6997\,183\,637\,540\,819\,440\,035\,239\,271\,702}$$

Dieser Wert zeigt, daß er Shanks' Begeisterung für harte Arbeit teilte, wenngleich auch nicht mit derselben Berechtigung wie jener.
Ein Versuch, den Kreis zu quadrieren, hätte beinahe Einzug ins Gesetzbuch gehalten. Das Gesetzesvorhaben Nummer 246, das dem Repräsentantenhaus des Staates Indiana 1897 vorgelegt wurde, beruhte auf den Versuchen zur Kreisquadratur des Physikers (nicht Mathematikers) Edwin J. Goodwin. Dieser hatte sein Gesetzesvorhaben überschrieben als »ein Gesetz, das eine neue mathematische Wahrheit einführt«. Obwohl die Vorlage reichlich absurd und obskur war, passierte sie die erste Lesung. Vor der zweiten Lesung wurde es auf Initiative von C. A. Waldo, seines Zeichens Professor der Mathematik, der die Vorlage zufällig gelesen hatte, abgesetzt. Die zweite Lesung hat bis auf den heutigen Tag nicht stattgefunden... Das pathologische Selbstvertrauen, das viele Kreisquadrierer entwickeln, ist so groß, daß sich diese Gattung zweifellos bis in alle Ewigkeit erhalten wird. Für die Mathematiker wurde das Problem der Kreisquadratur im Jahre 1882 durch Lindemann erledigt. Dieser bewies, daß $\pi$ transzendent ist, also nicht Wurzel einer algebraischen Gleichung mit rationalen Koeffizienten und endlich vielen Termen. Das geschah mehr als achtzig Jahre, nachdem Legendre die Irrationalität von $\pi$ und $\pi^2$ bewiesen hatte und anschließend vermutete, daß $\pi$ transzendent sei. Diese Vermutung wurde auch von den andauernden Mißerfolgen bei den Quadraturversuchen nahegelegt. Und weil jede Zahl, die sich mit Zirkel und Lineal konstruieren läßt, einer algebraischen Gleichung genügt, kann eine derartige Konstruktion niemals zur Quadratur des Kreises führen. Der Beweis von Lindemann stützte sich auf die von Euler entdeckte Beziehung $e^{i\pi} = -1$.
Der Biologe George Buffon, der auch Newtons Schriften zur Differential- und Integralrechnung ins Französische übersetzt hat, zeigte den folgenden Sachverhalt: Fällt eine Nadel aus einer gewissen Höhe auf eine durch äquidistante parallele Geraden aufgeteilte Ebene und entspricht die Länge der Nadel exakt dem Abstand der Parallelen, so beträgt die Wahrscheinlichkeit, daß die Nadel eine Gerade kreuzt, genau $2/\pi$. – Wieso taucht $\pi$ hier auf? Das ist deshalb der Fall, weil dieses Problem mit Winkeln zu tun hat, die wiederum mit trigonometrischen Verhältnissen im Zusammenhang stehen, in denen ihrerseits $\pi$ auftritt. Mehrere Forscher haben Experimente durchgeführt, um die Schlußfolgerungen von Buffon zu testen. De Morgan berichtete von einem seiner Schüler, der 600 Versuche unternahm und den Wert 3,137 herausbekam.
In den Summen zahlreicher unendlicher Reihen tritt $\pi$ auf. Diese Reihen werden nicht weniger schön, wenn man sie vollkommen versteht. Die nachfolgenden Beispiele sind ebenso überraschend wie anmutig:

$$\frac{\pi\sqrt{2}}{4} = 1 + \frac{1}{3} - \frac{1}{5} - \frac{1}{7} + \frac{1}{9} + \frac{1}{11} - \frac{1}{13} - \frac{1}{15} + \ldots$$

$$\frac{\pi - 3}{4} = \frac{1}{2 \times 3 \times 4} - \frac{1}{4 \times 5 \times 6} + \frac{1}{6 \times 7 \times 8} - \ldots$$

Ein wichtigeres Resultat ist das folgende:

$$\frac{\pi^2}{6} = 1 + \frac{1}{2^2} + \frac{1}{3^2} + \frac{1}{4^2} + \ldots$$

Betrachtet man nur ungerade Zahlen, so erhält man:

$$\frac{\pi^2}{8} = 1 + \frac{1}{3^2} + \frac{1}{5^2} + \frac{1}{7^2} + \frac{1}{9^2} + \ldots$$

Euler hat als erster die Summe der geraden Potenzen (bis hinauf zur sechsundzwanzigsten Potenz) der Kehrwerte der natürlichen Zahlen berechnet:

$$\frac{1}{1^{26}} + \frac{1}{2^{26}} + \frac{1}{3^{26}} + \ldots = \frac{2^{24} \times 76977927 \times \pi^{26}}{27!}$$

$\pi^2/6$ ist auch gleich dem nachfolgenden unendlichen Produkt, wobei im Zähler und Nenner nur Primzahlen auftreten. Auch diese Beziehung wurde von Euler entdeckt.

$$\frac{2^2}{2^2 - 1} \times \frac{3^2}{3^2 - 1} \times \frac{5^2}{5^2 - 1} \times \frac{7^2}{7^2 - 1} \times \frac{11^2}{11^2 - 1} \times \ldots$$

Das indische Genie Srinnivasa Ramanujan hat einige besonders bemerkenswerte unendliche Summen und Approximationen gefunden, die mit $\pi$ zu tun haben. Mit Hilfe geometrischer Überlegungen fand er:

$$\left(9^2 + \frac{19^2}{22}\right)^{\frac{1}{4}} = 3{,}14159265262\ldots$$

Von Ramanujan stammen auch die Näherungen

$$\frac{63}{25}(17 + 15\sqrt{5})/(7 + 15\sqrt{5})$$

und

$$2\pi\sqrt{2} = \frac{99^2}{1103}$$

Letztere sind außerordentlich genau; sie stimmen auf neun beziehungsweise acht Stellen mit dem richtigen Wert überein.

Die neuesten Methoden zur Berechnung von $\pi$ beruhen auf den Untersuchungen, die Gauß zum arithmetischen und geometrischen Mittel zweier Zahlen anstellte. Diese Methoden wurden von Tamura und Kannada angewandt, als sie die ersten sechzehn Millionen Stellen der Kreis-

zahl berechneten. Ihr Algorithmus verwendet keine unendlichen Folgen oder Reihen, sondern beruht auf einer Schleife. Bei jedem Durchlauf durch diese Schleife verdoppelt sich annähernd die Anzahl der korrekten Stellen. Durchläuft man die Schleife neunzehnmal, so erhält man für π einen Wert, der auf rund eine Million Stellen genau ist.
Eine einfache Schleife zur Berechnung von π sieht so aus:

$$\begin{aligned} \rightarrow Y &:= A \\ A &:= \frac{A+B}{2} \\ B &:= \sqrt{B \times Y} \\ C &:= C - X(A-Y)^2 \\ X &:= 2X \\ \leftarrow \text{Drucke } & \frac{(A+B)^2}{4C} \end{aligned}$$

Die Startwerte sind $A = X = 1$, $B = 1/\sqrt{2}$ und $C = 1/4$.
Die Schritte sind nacheinander bis

$$\frac{(A+B)^2}{4C}$$

zu durchlaufen. Dieser Wert liefert die erste Näherung für π. Dann geht man in Pfeilrichtung zum ersten Schritt zurück und beginnt erneut mit der Schleife. Das Wertzuweisungszeichen := bedeutet, daß dem Ausdruck auf der linken Seite der auf der rechten Seite stehende Wert zugewiesen wird. Die erste Anweisung ist also zu lesen als »*Y* wird der Wert *A* zugewiesen«. Das Wertzuweisungszeichen ist somit kein Gleichheitszeichen.
In der folgenden Tabelle sind die Werte für π aufgeführt, die man in den drei ersten Durchläufen erhält. Der dritte Wert ist schon auf fünf Nachkommastellen genau!

| Schleife | Näherungswert für π |
|---|---|
| 1 | 2,9142135 |
| 2 | 3,1405797 |
| 3 | 3,1415928 |

Benutzt wurde hierbei lediglich ein Taschenrechner.

**3,162277660168379331998893544432718533719 ...**

$\sqrt{10}$

## 3,321 928 ...

$\log_2 10$
Will man feststellen, wie viele Stellen eine Zehnerpotenz im Dualsystem besitzt, so multipliziert man den Exponenten dieser Potenz mit der oben angegebenen Zahl und rundet auf die nächstgrößere natürliche Zahl auf.
Beispiel: $10^3 = 1000$. 3,321 928... × 3 ist ungefähr 9,96, also hat 1000 (im Dezimalsystem) im Dualsystem zehn Stellen. In der Tat gilt $1000_{10} = 111\,110\,1000_2$.

## 4

Vier ist die erste zusammengesetzte Zahl, die zweite Quadratzahl und das erste Quadrat einer Primzahl.
Die Pythagoräer nannten Zahlen, die durch vier teilbar sind, gerade-gerade. Aus diesem Grunde verband man mit vier und mit acht die Vorstellungen von Gerechtigkeit und Harmonie. Die Pythagoräer brachten die vier auch mit der Tetraktys in Zusammenhang: jenes Punktmuster entsteht, wenn man die vier ersten Zahlen (dargestellt durch Punkte) in ein Dreiecksmuster bringt. Die Griechen postulierten vier Elemente, nämlich Erde, Luft, Feuer und Wasser, die sie durch den Würfel, das Oktaeder, das Tetraeder und durch das Ikosaeder versinnbildlichten. Der fünfte noch verbleibende Platonische Körper wurde mit der Fixsternsphäre in Zusammenhang gebracht, später dann mit der ›Quinta essentia‹ (Quintessenz) der mittelalterlichen Alchimisten. Das Temperament einer Person wurde durch die Mischung von vier Körpersäften festgelegt. Weil sie jeweils als zwei Paare auftreten, gibt es vier Himmelsrichtungen, vier Enden der Welt und vier Winde. Im Alten Testament gibt es im Paradies vier Flüsse – nämlich für jede Himmelsrichtung einen –, die auch die vier Evangelien des Neuen Testaments andeuten. Das Quadrivium Platons unterteilte die Mathematik (im allgemeinen Sinn von höherer Erkenntnis) in die Bereiche des Diskreten und des Kontinuierlichen. Das vollkommen Diskrete war die Arithmetik, das relativ Diskrete die Musik. Die Geometrie bildete das stabile Kontinuierliche, während die Astronomie das sich bewegende Kontinuierliche war. Die anmutigsten Intervalle in der Musik hängen mit den Zahlen Eins bis Vier zusammen. Die Griechen verbanden mit der Vier auch die Vorstellung von Körpern (obwohl sie auch die Drei mit Volumina in Verbindung brachten). Sie folgten der natürlichen Abfolge ›eins für Punkt, zwei für Gerade, drei für Ebene und

vier für Körper‹. Der einfachste Platonische Körper, das Tetraeder, besitzt vier Ecken und vier Flächen. Die Flächen des Würfels sind Quadrate, während diejenigen des zum Würfel dualen Körpers, das ist das Oktaeder, so gestaltet sind, daß jeweils vier Flächen an einer Ecke zusammenstoßen.

Eine ebene Figur, die zu zwei Achsen symmetrisch ist, wird in vier kongruente Teile zerlegt. Das liegt daran, daß $2^2 = 4$ gilt.

Das Raum-Zeit-Kontinuum von Einstein ist vierdimensional. Allerdings reichen diese vier Dimensionen den moderneren Theorien nicht mehr aus.

Durch vier beliebige Punkte der Ebenen, von denen keine drei auf einer Geraden liegen, läßt sich immer eine Hyperbel legen. »Jede natürliche Zahl ist die Summe von höchstens vier Quadratzahlen.« Vielleicht hat Diophant diesen berühmten Satz bereits aus Erfahrung gekannt. Bachet testete seine Aussage erfolgreich bis hin zu 120. Der Satz wurde auch von Fermat und Euler untersucht. Beide blieben jedoch mit ihren Beweisversuchen erfolglos; der Beweis gelang erst Lagrange im Jahre 1770.

Tatsächlich braucht man nur für ein Sechstel aller natürlichen Zahlen wirklich vier Quadrate. Diese Zahlen haben alle die Form $4^n(8m+7)$. Alle verbleibenden Zahlen sind Summe von höchstens drei Quadraten.

Ferrari war der erste, der Gleichungen vierten Grades löste. Sein Verfahren wurde von Cardano in der »Ars magna« veröffentlicht.

### *Das Vierfarbenproblem*

Mehr als ein Jahrhundert lang gehörte die Vierfarbenvermutung zu den großen ungelösten Problemen der Mathematik. Manche Mathematiker behaupten noch heute, dieses Problem sei bisher nicht zufriedenstellend gelöst.

Im Oktober 1852 färbte Francis Guthrie eine Karte Englands ein. Plötzlich fragte er sich, wie viele Farben man wohl bräuchte, wollte man eine beliebige Karte so einfärben, daß zwei benachbarte Länder immer unterschiedliche Farben erhielten. Guthrie vermutete, die Antwort müsse vier lauten. Seine Vermutung wurde 1878 veröffentlicht und löste eine merkwürdige, allerdings nicht untypische Kette von Ereignissen aus. Kempe glaubte 1879, die Vermutung bewiesen zu haben. Sein Beweis stellte sich aber nach elf Jahren als fehlerhaft heraus. 1880 wurde die Vermutung noch einmal bewiesen, aber auch dieser Beweis erwies sich als fehlerhaft. Dennoch waren diese Beweisversuche nützlich; sie vertieften das Ver-

ständnis der Mathematiker für dieses Problem. Tatsächlich wurde die Mehrzahl der wichtigen Begriffe der Graphentheorie im Zusammenhang mit Lösungsversuchen für die Vierfarbenvermutung entwickelt. Diese erwies sich allerdings als äußerst hartnäckig. Die Lösung wurde schließlich 1976 von Wolfgang Haken und Kenneth Appel gefunden. Sie zerlegten das Ausgangsproblem in mehrere Teilprobleme, die mit dem Computer bearbeitet werden konnten. Die Mathematiker stehen diesem Beweis wegen der umfangreichen mathematischen Überlegungen und der langen Rechenzeit skeptisch gegenüber. (Sie betrug 1200 Stunden.) Die einfache Tatsache, daß es einen Beweis gibt, den nur wenige Mathematiker nachprüfen werden können, ist eine neue Entwicklung in dieser Wissenschaft. Ein ähnlich gelagertes Beispiel ist die Klassifikation der endlichen einfachen Gruppen. Diese Klassifikation ist heute abgeschlossen, aber der Beweis hierfür füllt mehrere tausend Druckseiten in verschiedenen Fachzeitschriften und wurde über mehrere Jahre hinweg veröffentlicht. Das unterscheidet ihn vom herkömmlichen Beweis, der dazu dient, anderen eine Prüfung der fraglichen Behauptung zu ermöglichen.
4 ist insofern eine ungewöhnliche Zahl, als 4 nicht $(4-1)! = 3$ teilt. Vier ist die einzige zusammengesetzte Zahl $n$, die $(n-1)!$ nicht teilt. Das Brocardsche Problem lautet: Wann ist $n! + 1$ eine Quadratzahl? Es gilt jedenfalls: $4! + 1 = 5^2$.
Eine Zahl ist durch vier teilbar, wenn die Zahl, die aus den beiden letzten Ziffern der Ausgangszahl gebildet wird, durch vier teilbar ist. Man beginnt mit einer beliebigen natürlichen Zahl. Dann bildet man eine neue Zahl, indem man die Quadrate der Ziffern der Ausgangszahl zusammenzählt. Nun fährt man so fort. Dieses Verfahren endet entweder mit eins oder führt in eine Schleife, deren kleinste Zahl die Vier ist: 4 – 16 – 37 – 58 – 89 – 145 – 42 – 20 – 4 – ... Ist eine Zahl im Dezimalsystem ein Vielfaches ihrer Kehrzahl (das ist die von hinten gelesene Zahl), so ist der entsprechende Faktor entweder vier oder neun.
Vier ist die einzige Zahl, deren Zahlwort im Deutschen (und Englischen) genauso viele Buchstaben hat, wie die Zahl selbst angibt.

## 4,123105 ...

Das ist $\sqrt{17}$, die größte Wurzel, von der Theodorus bewiesen hat, daß sie irrational ist.

# 5

Die Pythagoräer verbanden mit der Fünf die Vorstellung der Hochzeit, denn fünf ist gleich der Summe der ersten gerade weiblichen Zahl Zwei und der ersten ungeraden männlichen Zahl Drei.
Fünf ist die Länge der Hypotenuse im kleinsten pythagoräischen Dreieck (das ist ein rechtwinkliges Dreieck, dessen Seitenlängen alle natürlichzahlig sind). Auch dieses Dreieck assoziierten die Pythagoräer mit Heirat. Der Satz des Pythagoras wurde deshalb gelegentlich auch als Hochzeitssatz bezeichnet. Die Seitenlängen drei und vier wurden mit männlich und weiblich in Verbindung gebracht und die fünf mit den Nachkommen. Das geheimnisvolle Pentagramm, das den Pythagoräern so wichtig war, ist bereits in Babylonien bekannt gewesen und wurde vermutlich von dort importiert. Das Pentagramm wurde mit dem Goldenen Schnitt und mit dem vierten Platonischen Körper, dem Dodekaeder in Zusammenhang gebracht. Dessen Flächen sind nämlich reguläre Fünfecke. Den fünften Platonischen Körper, das Ikosaeder, kannten die frühen Pythagoräer noch nicht.
Indem man Pentagramme immer wieder in ein Pentagramm einschachtelt, kann man relativ einfach beweisen, daß man von der Diagonale ohne Ende die entsprechende Seite wegnehmen kann. Vielleicht führte diese Beobachtung zu der These, es gebe inkommensurable Größen.

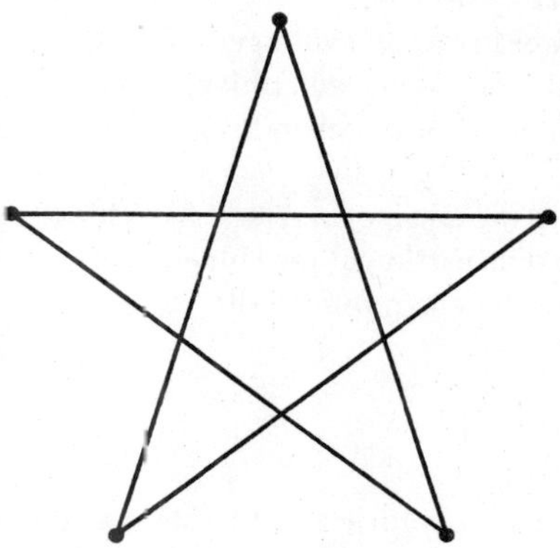

Nach Plutarch nannten die Pythagoräer die Fünf auch Natur, weil alle Potenzen von fünf wieder mit fünf enden. Die Pythagoräer wußten, daß diese Aussage sinngemäß auch auf die Sechs, aber sonst auf keine weitere Zahl zutrifft. Modern gesprochen sind fünf und sechs die kleinsten automorphen Zahlen.

Fünf ist die Summe zweier Quadratzahlen: $5 = 1^2 + 2^2$. Das gilt für die Länge jeder Hypotenuse in einem pythagoräischen Dreieck. Fünf ist auch eine Primzahl. Sie ist die erste Primzahl mit der Form $4n + 1$. Hieraus folgt, daß sich fünf auf genau eine Weise als Summe von zwei Quadraten darstellen läßt. Fünf ist die erste Primzahl, die die Gestalt $6n - 1$ hat. Alle Primzahlen, mit Ausnahme von zwei und drei, unterscheiden sich von sechs und ihren Vielfachen um plus oder minus eins.

Pappus zeigte, wie man durch fünf Punkte in der Ebene, von denen keine drei auf einer Geraden liegen, einen Kegelschnitt legen kann. Fünf ist die zweite Fermatsche Zahl und die zweite Fermatsche Primzahl: $5 = 2^2 + 1$. Bis heute sind nur fünf Fermatsche Primzahlen bekannt. Die fünfte Mersenne-Zahl $2^5 - 1 = 31$ ist eine Primzahl. Sie ist die dritte Mersenne-Zahl mit dieser Eigenschaft. Das führt uns zur dritten vollkommenen Zahl: 496.

$5! + 1$ ist eine Quadratzahl.

Jede Zahl läßt sich auf unendlich viele Weisen als Summe von fünf positiven oder negativen Kuben darstellen.

Gleichungen fünften Grades lassen sich im allgemeinen nicht durch Radikale lösen. Das wurde erstmals von Abel 1824 bewiesen.

Lamé zeigte, daß der Euklidische Algorithmus, mit dessen Hilfe man den größten gemeinsamen Teiler zweier Zahlen ermittelt, im Dezimalsystem höchstens fünfmal so viele Schritte benötigt, wie die kleinere Ausgangszahl Stellen besitzt.

Fünf gehört zu zwei Primzahlzwillingen, nämlich zu 3 und 5 sowie zu 5 und 7. Die Folge mit den kleinsten Zahlen, deren Glieder alle Primzahlen sind und die in einer arithmetischen Progression stehen, lautet: 5 – 11 – 17 – 23.

Fünf ist vermutlich die einzige ungerade erreichbare Zahl.

Das Volumen der Einheitskugel im Hyperraum nimmt bis zur Dimension Fünf zu; anschließend nimmt es ab.

### *Mit Fünfen zählen*

Fünf scheint sich als Basis für ein Zählsystem anzubieten, weil wir fünf Finger an jeder Hand besitzen. Dennoch gibt es nur eine Sprache, die ein auf der Fünf basierendes Zählsystem benutzt, nämlich Saraveca, eine südamerikanische Sprache. Allerdings kommt der Fünf auch in allen Zählsystemen, die auf der Zehn oder auf Zwanzig aufbauen, eine Sonderrolle zu. So werden beispielsweise in vielen zentralamerikanischen Sprachen die Zahlen Sechs bis Neun durch fünf plus eins, fünf plus zwei und so weiter ausgedrückt. Die Römer kannten die Zahlzeichen V = 5, L = 50 und D = 500. Bei ihnen schrieb sich 664 als DCLXIV. (Der Trick, daß man die I links vor die V schreibt, um die 4 darzustellen, oder links vor die X, um 9 zu repräsentieren, wurde von den Römern kaum verwendet. Dieser Trick macht die Zahlzeichen zwar kürzer, erschwert aber das Rechnen. Er wurde in Europa erst kurz nach der Erfindung des Buchdrucks populär.)

### *Teilbarkeit*

Weil fünf ebenso wie zwei ein Faktor von zehn ist, haben die Dezimalbruchentwicklungen von Brüchen wie 1/20, deren Nenner nur die Faktoren Zwei und Fünf enthalten, eine endliche Länge. Insbesondere sind sie nicht periodisch. Es gilt folgendes: Ist $n = 2^p 5^q$, so ist die Länge der Dezimalbruchentwicklung von $1/n$ gleich der größeren der beiden Zahlen $p$ und $q$. Ist $1/m$ ein periodischer Dezimalbruch und $1/n$ ein endlicher, so besitzt $1/mn$ einen nichtperiodischen Anteil, dessen Länge gleich der Länge von $1/n$ ist, und eine Periode, die genauso lang ist wie diejenige von $1/m$.

### *Die Platonischen Körper*

Es gibt fünf Platonische Körper: das Tetraeder, den Würfel, das Oktaeder, das Dodekaeder und das Ikosaeder. Diese Namen leiten sich mit Ausnahme des Würfels von den griechischen Zahlwörtern für die Anzahl der begrenzenden Flächen ab. Alle Platonischen Körper waren den Griechen bekannt. Theaitet, ein Schüler Platons, zeigte, wie man Dodekaeder und Ikosaeder einer Kugel einbeschreiben kann. Euklid hat, indem er die möglichen Anordnungen von regulären Polygonen um einen Eckpunkt herum untersuchte, bewiesen, daß es nur fünf Platonische Körper gibt. Kepler verwendete die Platonischen Körper in dem für ihn typischen Glauben an ihre mystischen Eigenschaften, um die Größenverhältnisse bei den Planetenbahnen zu erklären:
»Die Erdbahn ist das Maß aller Dinge; ihr beschreibe man einen Dodekaeder um. Der Kreis, der diesen Dodekaeder umfaßt, ist die Bahn des Mars. Beschreibt man um die Marsbahn herum ein Tetraeder, so ist dessen Umkreis gleich der Bahn des Jupiters. Umgibt man diese mit einem Würfel und nimmt man dessen Umkreis, erhält man die Bahn des Saturn. Nun beschreibe man der Erdbahn ein Ikosaeder ein. Dessen Um-

kreis ist die Bahn der Venus. Beschreibt man der Bahn der Venus ein Oktaeder ein und nimmt man dessen Umkreis, bekommt man die Bahn des Merkurs. So findet man den wahren Grund dafür, daß es genau fünf Planeten gibt.«
Die Vorstellung eines Polyeders läßt sich auf mehr als drei Dimensionen erweitern. Analog läßt sich ein Polyeder als dreidimensionales Polygon auffassen.

### *Die Fibonacci-Zahlen*

Fünf ist die fünfte Fibonacci-Zahl.
In seinem Buch »Liber abaci« (1202) diskutierte Leonard von Pisa, genannt Fibonacci, das folgende Problem:
Ein Mann setzt ein Kaninchenpaar in einen Käfig. Wie viele Nachkommen ergeben sich nach einem Jahr, wenn jedes Paar von Kaninchen pro Monat ein neues Paar zeugt, das sich seinerseits im zweiten Monat fortzupflanzen beginnt? Wir wollen annehmen, Kaninchen seien unsterblich. Dann ergibt sich die Anzahl von Paaren nach jedem Monat aus der nachfolgenden Aufstellung (Leonhard ließ das erste Glied weg, weil er davon ausging, daß das erste Paar bereits im ersten Monat Nachkommen zeugt):

1 1 2 3 5 8 13 21 34 55 89 144 233 ...

Den Namen ›Fibonacci-Folge‹ erhielt diese Abfolge im Jahre 1877 durch Eduard Lucas. Er benutzte diese sowie eine andere Folge, die heute nach ihm benannt wird, um Primzahlen unter den Mersenne-Zahlen zu suchen. Es ist einer der merkwürdigsten Zufälle in der Mathematikgeschichte, daß das Problem der Vermehrung von Kaninchen zu einer derartig interessanten und faszinierenden Folge geführt hat. Die nächstliegendste und einfachste Eigenschaft der Fibonacci-Folge ist, daß in ihr jedes Glied gleich der Summe der beiden unmittelbar vorangegangenen Glieder ist. Also heißt der nächste Wert (siehe oben) $144 + 233 = 377$. Fibonacci war diese Tatsache sicherlich bekannt; er spricht allerdings nirgends über sie.
Kepler glaubte, fast alle Bäume und Büsche hätten Blüten mit fünf Blütenblättern und folglich auch Früchte mit fünf Abteilungen. Für ihn war es natürlich, diese Annahme mit dem Pentagramm und dem Goldenen Schnitt in Zusammenhang zu bringen. Er fährt dann fort:
»Sie [die Fibonacci-Folge] ist so angeordnet, daß zwei kleinere Folgenglieder zusammengezählt das größere Glied ergeben. Das geht ohne Ende so weiter, da diese Beziehung ununterbrochen weitergilt. Es ist unmög-

lich, ein Beispiel hierfür in geraden Zahlen zu geben. ... Die beiden kleinsten Zahlen seien 1 und 1, wobei man sich beide als verschieden voneinander vorstellen darf. Addiert man 1 und 1, so ist 2 das Ergebnis; hierzu 1 addiert, ergibt 3. Zählt man zu 3 die 2 hinzu, so ist das Ergebnis 5. 5 plus 3 ist 8... 5 verhält sich zu 8 ungefähr so wie 8 zu 13, und 8 zu 13 etwa so wie 13 zu 21.«

Obwohl diese Aussage kaum klarer sein kann, dauerte es dennoch bis 1753, bis der schottische Mathematiker Robert Simson erstmals explizit behauptete, daß die Verhältnisse aufeinanderfolgender Glieder gegen einen Grenzwert konvergieren. Dieser ist gerade gleich $\varphi$, dem Verhältnis des Goldenen Schnittes. Die ersten Verhältnisse sehen so aus: 1/1, 2/1, 3/2, 5/3, 8/5, 13/8, 21/13, 34/21, 55/34, 89/55, 144/89, 233/144, ... Aufeinanderfolgende Verhältnisse sind abwechselnd kleiner beziehungsweise größer als das Verhältnis des Goldenen Schnittes. Nach zwölf Gliedern beträgt die Übereinstimmung mit dem wahren Wert von $\varphi$ bereits vier Dezimalstellen. Im Bereich wesentlich größerer Indizes stimmt die Fibonacci-Folge sehr gut mit der geometrischen Folge $\varphi^n$ überein. (Das folgt allein aus der Tatsache, daß jedes Glied der Fibonacci-Folge gleich der Summe der beiden vorangehenden Glieder ist. Beginnt man mit zwei beliebigen Anfangswerten und konstruiert man mit diesen eine verallgemeinerte Fibonacci-Folge, so streben auch deren Verhältnisse gegen $\varphi$.)

Binet entdeckte 1843, daß die $n$-te Fibonacci-Zahl durch die Formel

$$F_n = \frac{(1+\sqrt{5})^n - (1-\sqrt{5})^n}{2^n \times \sqrt{5}}$$

gegeben wird. Es gibt noch eine andere Version dieser Formel, die für praktische Zwecke besser zu handhaben ist. Weil

$$\left(\frac{\sqrt{5}-1}{2}\right)^n$$

für $n = 1$ nur den Wert 0,618 ... hat und dann bald sehr klein wird, ist $F_n$ in Wirklichkeit nichts anderes als diejenige natürliche Zahl, die am nächsten bei

$$\frac{1}{\sqrt{5}}\left(\frac{1+\sqrt{5}}{2}\right)^n$$

liegt. So ist beispielsweise $F_8$ gleich dem ganzzahligen Anteil von 21,00952... – also gleich 21. Simson entdeckte auch die Identität $F_{n-1}F_{n+1} - F_n{}^2 = (-1)^n$. Diese liegt einem verblüffenden Trick zugrunde, den Sam Lloyd als erster vorgeführt hat: Auf Rechenpapier zeichne man ein Quadrat, dessen Seitenlänge gleich einer Fibonacci-Zahl mit geradem Index (also beispielsweise $F_8$) ist. Dann unterteile man das Quadrat in der abgebildeten Art und Weise. Die entstehenden Teile lassen sich wieder zu einem Rechteck zusammenfügen, dessen Flächeninhalt 65 beträgt. Woher ist die eine zusätzliche Einheit gekommen?

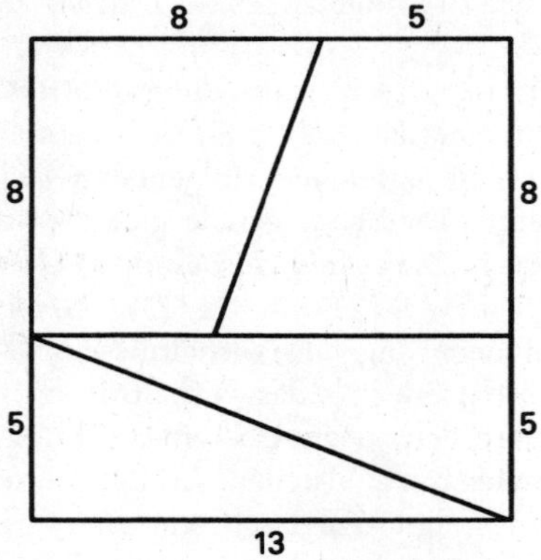


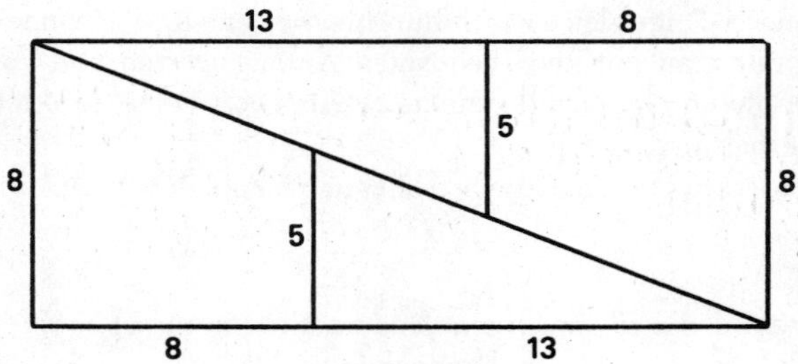


Von nirgends natürlich. Die Diagonale der zweiten Figur ist in Wirklichkeit ein langes schmales Parallelogramm mit dem Flächeninhalt eins. Die Diagonale erscheint nur deshalb als gerade Linie, weil die Steigungen der beiden Parallelogrammseiten – diese betragen 3/8 und 2/5 – gleich erscheinen. Hätten wir mit einer größeren Fibonacci-Zahl, beispielsweise mit 21, angefangen, so wäre die Täuschung noch überzeugender und perfekter ausgefallen.
Es gibt fast unendlich viele Identitäten mit Fibonacci-Zahlen.
Lucas hat eine Beziehung zwischen den Fibonacci-Zahlen und den Binomialkoeffizienten entdeckt:

$$F_{n+1} = \binom{n}{0} + \binom{n-1}{1} + \binom{n-2}{2} + \ldots$$

Ein Beispiel hierfür ist die Beziehung:

$$F_{12} = 144 = \binom{11}{0} + \binom{10}{1} + \binom{9}{2} + \binom{8}{3} + \binom{7}{4} + \binom{6}{5}$$

$$= 1 + 10 + 36 + 56 + 35 + 6$$

Ein ähnliches Resultat ist von Catalan gefunden worden:

$$2^{2-1} F_n = \binom{n}{1} + 5\binom{n}{3} + 5^2\binom{n}{5} + \ldots$$

Einfache Ausdrücke sind auch bekannt für die Summe der ersten $n$ Glieder sowie für die Summe der ersten $n$ geraden beziehungsweise ungeraden Glieder. Diese lauten:

$$F_1 + F_2 + F_3 + F_4 + \ldots F_n = F_{n+2} - 1$$

$$F_1 + F_3 + F_5 + F_7 + \ldots F_{2n-1} = F_{2n}$$

$$F_2 + F_4 + F_6 + F_8 + \ldots F_{2n} = F_{2n+1} - 1$$

Eine ähnliche Beziehung ist die folgende:

$F_1^2 + F_2^2 + F_3^2 + \ldots + F_n^2 = F_n \cdot F_{n+1}$

Diese läßt sich sehr schön durch eine Figur illustrieren, die weitgehend mit der auf Seite 38 übereinstimmt. Die Abmessungen des untenstehenden Rechtecks stehen im Verhältnis 55 : 34 zueinander, was eine recht gute Annäherung an den Goldenen Schnitt darstellt.

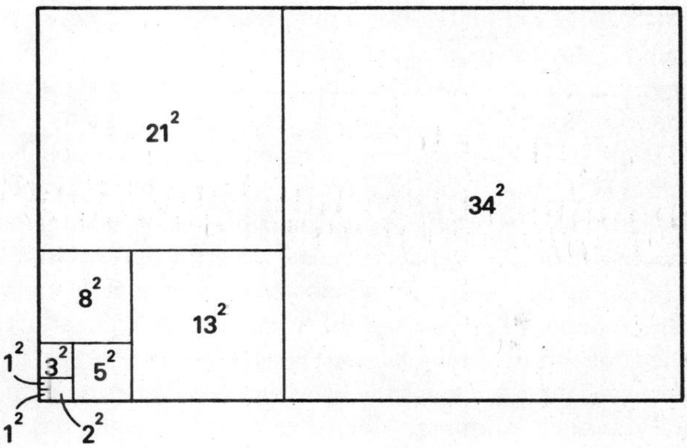


Es gibt zahlreiche andere Identitäten, die derjenigen von Simson ähneln. Beispiel hierfür sind:

$$F_{2^n} = F^2_{n+1} - F^2_{n-1}$$

und

$$F_{3^n} = F^3_{n+1} + F^3_n - F^3_{n-1}$$

Charles Raine gelang es in genialer Weise, die Fibonacci-Zahlen mit den pythagoräischen Tripeln zu verknüpfen. Hierzu nimmt man vier aufeinanderfolgende Fibonacci-Zahlen. Dann bilden das Produkt der beiden äußeren Glieder und das Doppelte des Produktes der beiden inneren Glieder zwei Terme eines pythagoräischen Tripels. Beispielsweise ergeben 3, 5, 8 und 13 die beiden Zahlen 39 und 80. Das zugehörige rechtwinklige Dreieck hat die Seitenlängen 39, 80 und 89. Die Länge der Hypotenuse 89 ist ebenfalls eine Fibonacci-Zahl! Deren Index ist gleich der Hälfte der Summe der Indizes der vier Ausgangszahlen. Schließlich ist die Fläche dieses rechtwinkligen Dreiecks gleich dem Produkt der vier ursprünglich gewählten Fibonacci-Zahlen, nämlich gleich 1560. (Nebenbei bemerkt ist es unmöglich, daß vier Glieder der Fibonacci-Folge in arithmetischer Progression stehen.) Die Summen der beiden Reihen

$$\frac{1}{1 \times 2} - \frac{1}{2 \times 3} + \frac{1}{3 \times 5} - \frac{1}{5 \times 8} \dots$$

und

$$\frac{1}{1 \times 3} + \frac{1}{3 \times 8} + \frac{1}{8 \times 21} + \frac{1}{21 \times 55} + \dots$$

sind beide gleich $\varphi^{-1}$ (Pincus Schue). Zwischen $n$ und $2n$ gibt es stets eine oder zwei Fibonacci-Zahlen. Es gibt immer vier oder fünf Fibonacci-Zahlen, die gleich viele Stellen besitzen (K. Subba Rao). Die Fibonacci-Zahlen weisen auch sehr elegante Teilbarkeitseigenschaften auf. Man betrachte zwei Zahlen $m$ und $n$. Dann gilt: Teilt $m$ die Zahl $n$, so teilt auch $F_n$ die Zahl $F_m$. Ist der größte gemeinsame Teiler von $p$ und $q$ gleich $r$, so ist $F_r$ der größte gemeinsame Teiler von $F_p$ und $F_q$. Hieraus folgt, daß zwei aufeinanderfolgende Fibonacci-Zahlen stets relativ prim sind.

Jede Primzahl teilt unendlich viele Glieder der Fibonacci-Folge. Ist $p = \pm 1 \bmod 5$, so ist $F_{p-1}$ durch $p$ teilbar; gilt aber $p = \pm 2 \bmod 5$, so ist $F_{p+1}$ durch $p$ teilbar. Ist $m$ eine natürliche Zahl, so gibt es unter den ersten $m$ Fibonacci-Zahlen nur genau eine, die durch $m$ teilbar ist. Wenn $F_n$ prim ist, muß auch $n$ selbst prim sein. Allerdings gibt es hiervon eine Ausnahme, nämlich $F_4 = 3$: die Zahl Drei ist eine Primzahl, vier aber nicht. Die Umkehrung dieser Aussage ist jedoch falsch.

Die Fibonacci-Zahlen hängen in überraschender Weise mit dem Wachstum von Pflanzen zusammen. Möglicherweise hat Kepler das schon gewußt:

»In der Ähnlichkeit dieser sich aus sich selbst heraus entwickelnden Folge bildet sich meiner Meinung nach die Fähigkeit zur Ausbreitung ab. Deshalb ist in Pflanzen das Kennzeichen dieser Fähigkeit, das Pentagramm nämlich, zu sehen. Alle weiteren Beweise, die man nach langem Grübeln hierfür anbringen kann, übergehe ich an dieser Stelle.«

An welche anderen Argumente hat Kepler gedacht? Er selbst macht hierzu keine Aussage. Im 19. Jahrhundert haben Schimper und Braun die Anordnung von Blättern um Stengel herum untersucht. Blätter wachsen in Spiralform, wobei der Winkel zwischen je zwei aufeinanderfolgenden Blättern konstant ist. Die am häufigsten auftretenden Winkel sind 180°, 120°, 144°, 135°, 138°27′, 137°8′, 137°38′, 137°27′, 137°31′, ... Es hat den Anschein, als strebe diese Folge einem Grenzwert zu.
Was dieser Grenzwert ist, wird klarer, wenn man diese Winkel auf den Vollkreis bezieht. Man erhält dann folgende Brüche: 1/2, 1/3, 2/5, 3/8, 5/13, 8/21, 13/34, 21/55 und 34/89. Das sind genau dieselben Brüche, die man erhält, wenn man in der Fibonacci-Folge immer ein Glied überspringt. Das kann man auch so ausdrücken: Die Zähler und Nenner dieser Brüche sind immer gleich der Summe der Zähler beziehungsweise Nenner der beiden vorangehenden Brüche. Diese Brüche streben dem Grenzwert $\varphi^{-2}$ zu, was einem Winkel von ungefähr 137°30′28″ entspricht. Dieser teilt den Umfang des Kreises im Verhältnis des Goldenen Schnittes. Die beiden kleinsten Brüche 1/2 und 1/3 findet man bei Gräsern; ansonsten treten sie aber kaum auf. 1/4 und 1/5, die häufiger in der Natur vorkommen, gehören auch zu einer anderen fibonacciartigen Folge. Die häufigste Anordnung von Blütenblättern, die man beispielsweise bei Rosen antrifft, folgt dem Schema 2/5 oder dem Schema 3/8. Größere Brüche finden sich in Tannenzapfen und bei Sonnenblumen, deren Blätter dichter angeordnet sind als diejenigen von Rosen. Die Anordnung bei Sonnenblumen ist äußerst regelmäßig. Sie folgt dem Muster von Spiralen oder Parastichien, von denen zwei häufiger auftreten als die anderen. Eine Ananas hat meistens 8 oder 13 Parastichien. Bei der Sonnenblume kommen Werte zwischen 21/34 und 89/144 vor. Selbst das Verhältnis 144/233 soll schon einmal bei einer gigantischen Pflanze dieser Art aufgetreten sein.
(Obwohl Pflanzen derselben Art und selbst derselben Familie gewöhnlich die gleichen Parastichienzahlen aufweisen, variieren doch vor allem die höheren Werte von Pflanze zu Pflanze. Wenn eine Pflanze wächst, kann sich sogar deren Phyllotaxis ändern. So kann die Pflanze anfänglich einen großen Wert wie 1/2 oder 1/3 aufweisen, um später zu kleineren Brüchen überzugehen.)
Warum wachsen Pflanzen in dieser Art und Weise? Die Botaniker, die von den Fibonacci-Zahlen weniger hingerissen sind als die Mathematiker, interessieren sich eher für andere Erklärungsmodelle. Allerdings herrscht unter ihnen hinsichtlich eines derartigen Modells noch keine Übereinstimmung. Eine plausible Erklärung, die sich auf die chemischen Wachstumsvorgänge berufen könnte, wäre, daß das Keimblatt in den

größten freien, ihm zur Verfügung stehenden Raum hineinwächst. Wofür auch immer sich die Botaniker entscheiden werden, die Mathematiker werden sich auch weiterhin an Beziehungen zwischen Kaninchen und den Pflanzen, die sie verzehren, erfreuen.
Die Fibonacci-Zahlen haben auch Anwendungen in der Höheren Mathematik. Der russische Mathematiker Matasyevic konnte mit Hilfe der Fibonacci-Zahlen das zehnte Hilbertsche Problem lösen. Es gibt keinen Algorithmus, der mit endlich vielen Schritten entscheidet, ob eine beliebig vorgegebene diophantische Gleichung Lösungen besitzt oder nicht. Matasyevic verwendete bei seiner Lösung die Zuwachsrate der Fibonacci-Folge.
In jüngster Zeit fanden die Fibonacci-Zahlen auch Anwendung in der Informatik. Dabei geht es um die Konstruktion von effizienten Algorithmen zur Konstruktion von Datenfeldern und um schnelle Suchalgorithmen.

*Literatur:* Johannes Kepler: *The Six-cornered Snowfake,* Oxford University Press.

## 5,256946404860...

Die Volumina der ›Einheitskugeln‹ von der Dimension Eins aufwärts sind:

| dim 1 | dim 2 | dim 3 | dim 4 | dim 5 | dim 6 | dim 7 | ... |
|---|---|---|---|---|---|---|---|
| 2 | 3,1 | 4,1 | 4,9 | 5,263 | 5,1 | ... | |

Das Volumen erreicht in der Dimension Fünf sein Maximum, um danach wieder abzunehmen. Läßt man aber zu, daß die Dimension reelle Zahlen als Werte annimmt, so wird das maximale Volumen in der ›Dimension‹ 5,256... abgenommen. Der Wert dieses Volumens ist 5,277768..., während dasjenige der Einheitskugel im fünfdimensionalen Raum nur 5,263789... beträgt (David Singmaster).

## 6

Sechs ist die zweite zusammengesetzte Zahl und die erste zusammengesetzte Zahl, die zwei verschiedene Faktoren besitzt. Deshalb ist sechs (sieht man einmal von der Eins ab) die erste Zahl, die nicht Potenz einer Primzahl ist.
Die Pythagoräer verbanden mit sechs die Vorstellungen Heirat und Gesundheit, weil sechs gleich dem Produkt einer geraden und einer ungera-

den Zahl ist, welche für weiblich und für männlich standen. Die Sechs war auch ein Symbol des Gleichgewichtes. Sie wurde in dieser Funktion durch zwei Dreiecke dargestellt, die mit ihren Grundseiten zusammenstoßen.

Sechs ist gleich dem Flächeninhalt des ersten pythagoräischen Dreiecks, dessen Seitenlängen 3, 4 und 5 betragen.

Sechs ist die erste vollkommene Zahl in dem Sinne Euklids. Ihre Faktoren sind 1, 2 und 3, deren Summe $1+2+3$ sechs ergibt.

Sechs ist die einzige vollkommene Zahl, die nicht Summe von aufeinanderfolgenden Kuben ist.

Augustinus schrieb: »Sechs ist eine vollkommene Zahl per se. Gott schuf alle Dinge innerhalb von sechs Tagen, weil dies eine vollkommene Zahl ist. Sechs würde eine vollkommene Zahl bleiben, selbst wenn die Arbeit dieser sechs Tage nicht existieren würde.«

Es gilt: $6=1\times2\times3$, weshalb sechs die dritte Fakultät ($6=3!$) und das zweite Primzahlprodukt ist.

Es gibt keine andere Zahl, die zugleich Summe und Produkt dreier aufeinanderfolgender Zahlen ist. 1, 2 und 3 sind auch die einzigen Zahlen, die die Eigenschaft haben, daß jede dieser Zahlen die Summe der beiden restlichen teilt. 6 ist gleich $\sqrt{(1^3+2^3+3^3)}$. Sechs ist auch die einzige Zahl, die gleich der Summe von genau drei ihrer Faktoren ist. Also läßt 1 sich darstellen als Summe dreier Stammbrüche, wovon 1/6 der kleinste ist: $1=1/2+1/3+1/6$.

$6^2$ endet auf 6. Die einzige Ziffer mit einer analogen Eigenschaft ist die 5.

Jede Primzahl größer als 5 hat die Form $6n\pm1$.

Jede Zahl, die von der Form $6n-1$ ist, besitzt zwei Faktoren, deren Summe durch 6 teilbar ist.

Sechs ist die dritte Dreieckszahl. Sie ist neben der Eins die einzige Dreieckszahl mit weniger als 660 Stellen, deren Quadrat (36) wieder eine Dreieckszahl ist.

Die folgende Eigenschaft wurde von Jamblichus entdeckt. Man nehme drei aufeinanderfolgende Zahlen, deren größte durch drei teilbar sein soll. Nun addiert man diese Zahlen und zählt die Ziffern des Ergebnisses zusammen (man bildet also dessen Quersumme). Dies macht man solange, bis eine einstellige Zahl erreicht wird. Diese Zahl ist sechs.

Der zweite und der dritte Platonische Körper, die beide zueinander dual sind, haben beide sechs Flächen und sechs Ecken. Es handelt sich dabei um den Würfel und um den Oktaeder. Der erste Platonische Körper, das Tetraeder, besitzt sechs Kanten.

Es gibt sechs reguläre Polytope. Das sind die vierdimensionalen Analoga zu den dreidimensionalen regulären Polyedern und zu den zweidimensionalen regulären Polygonen.
Ein Polytop besitzt Ecken, Kanten, Flächen und dazu noch Zellen. Zwei der fünf Polytope sind selbstdual, die anderen bilden duale Paare.

| | Anzahl von | | | |
|---|---|---|---|---|
| Name | Zellen | Flächen | Kanten | Ecken |
| Simplex | 5 | 10 | 10 | 5 |
| 8-Zeller | 8 | 24 | 32 | 16 |
| 16-Zeller | 16 | 32 | 24 | 8 |
| 24-Zeller | 24 | 96 | 96 | 24 |
| 120-Zeller | 120 | 720 | 1200 | 600 |
| 600-Zeller | 600 | 1200 | 720 | 120 |

Sechs gleichgroße Kreise können einen gleichgroßen Kreis in der Ebene berühren.
Eine der drei regulären Parkettierungen der Ebene benützt reguläre Sechsecke.
Pappus machte sich Gedanken über die praktische Intelligenz der Bienen, weil diese sechseckige Waben bauen. Er ging bei seinen Überlegungen davon aus, daß die Waben ohne Abstand aneinanderstoßen müssen, damit keine Verunreinigungen von außen eindringen können. Weiter müssen die Waben eine regelmäßige Gestalt haben, womit nur noch Dreiecke, Quadrate oder Sechsecke in Frage kommen. Die sechseckige Form der Waben bietet aber bei gleichem Materialverbrauch den besten Zusammenhalt. Pappus zeigte dann, daß unter allen regulären Polygonen dasjenige die größte Fläche besitzt, das die größte Anzahl an Ecken aufzuweisen hat. Der Kreis als Grenzfall der regulären Polygone hat somit eine maximale Fläche.
Pascal entdeckte im Alter von sechzehn Jahren die folgende Eigenschaft des Hexagramms: Nimmt man sechs Punkte auf einem Kegelschnitt und bezeichnet diese mit 1, 2, 3, 4, 5 und 6, so schneiden sich die Verbindungsstrecken $\overline{12}$ und $\overline{45}$, $\overline{34}$ und $\overline{61}$ sowie $\overline{56}$ und $\overline{23}$. Alle drei Schnittpunkte liegen auf einer Geraden. Brianchon fand den hierzu dualen Satz, indem er die sechs Punkte, von denen Pascal ausging, durch sechs Tangenten an den Kegelschnitt ersetzte. (Siehe Abb. S. 71)

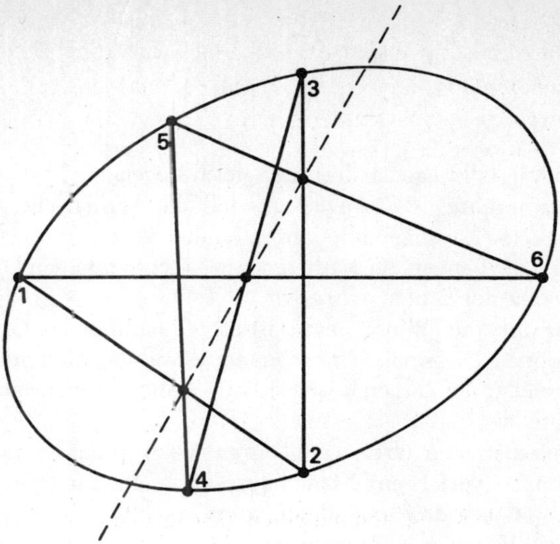


**6,283185...**

$2\pi$
Das ist der Wert des Verhältnisses von Kreisumfang zu -radius, zugleich der Wert des Vollwinkels im Bogenmaß.

**7**

Es gibt sieben Tage in der Woche. Diese Anzahl hängt mit den 14 beziehungsweise 28 Tagen eines Mondmonats zusammen. Sieben ist die vierte Primzahl und die erste Primzahl der Form $6n+1$. Sieben steht am Anfang einer arithmetischen Folge von sechs Primzahlen: 7, 37, 67, 97, 127, 157. 7 und 11 bilden das erste Paar von Primzahlen, das sich um genau vier voneinander unterscheidet. Sieben ist die dritte Mersenne-Zahl, $7=2^3-1$, und die zweite Mersennesche Primzahl. Sie führt deshalb zur zweiten vollkommenen Zahl. Sieben ist die erste Zahl, die nicht als Summe von höchstens drei Quadratzahlen darstellbar ist. Die Folge derartiger Zahlen geht so weiter: 15 23 28 31 39 47 55 60...
$7=3!+1$. Die Zahl $n!+1$ ist prim für $n=1$, 2, 3, 11, 27, 37, 41, 73, 77, 116, 154, 320, 340, 399, 427. Andere Werte, die kleiner als 546 sind, liefern keine Primzahlen.

Brocards Problem lautet: Wann ist $n! + 1$ ein Quadrat? Die einzigen bislang bekannten Lösungen sind 4, 5 und 7: $7! + 1 = 5041 = 71^2$.
Der Fermat-Quotient

$$\frac{2^{p-1}-1}{p}$$

ist ein Quadrat, falls $p$ gleich drei oder gleich sieben ist.
Lamé hat im Jahre 1840 bewiesen, daß die Fermatsche Gleichung $x^7 + y^7 = z^7$ keine Lösungen mit ganzen Zahlen besitzt.
Sind $a$ und $b$ die Längen der Katheten eines rechtwinkligen Dreiecks, so teilt sieben eine der Zahlen $a$, $b$, $a + b$, $a - b$.
Weil $7^2$ nur um eine Einheit kleiner ist als 50, nannten die Griechen die Sieben ›rationale Diagonale‹ eines Quadrates mit der Kantenlänge fünf.
Alle genügend große Zahlen lassen sich als Summe von sieben positiven Kuben darstellen.
Will man herausfinden, ob eine Zahl durch sieben teilbar ist, so kann man folgendermaßen verfahren: Man multipliziere die am weitesten links stehende Ziffer mit drei und addiere zum Ergebnis die nächstfolgende Ziffer. Diesen Vorgang wiederhole man so lange als möglich. Ist das Endergebnis durch sieben teilbar, so ist auch die Ausgangszahl durch sieben teilbar. (Man kann auch mit der am weitesten rechts stehenden Ziffer beginnen, diese mit fünf multiplizieren und dann die nächste Ziffer zur Linken addieren. Anschließend wiederholt man das Verfahren.)
Sieben Farben reichen aus, um jede Karte, die auf einen Torus aufgemalt ist, einzufärben. Überraschenderweise wußte man dies, noch bevor das Vierfarbenproblem für ebene Landkarten gelöst worden war.
Will man ein Rechteck in kleinere Rechtecke unterteilen, von denen keines in das Innere eines anderen hineinpaßt, sind sieben Rechtecke erforderlich. Das kleinste Rechteck, das sich in der angegebenen Art und Weise unterteilen läßt, hat die Abmessungen 13 auf 22.* Ebenfalls sieben Rechtecke sind erforderlich, wenn man ein Rechteck so in kleinere Rechtecke unterteilen will, daß diese alle nicht-kongruent sind, dabei aber denselben Flächeninhalt haben.
Ein stumpfer Winkel läßt sich nicht in weniger als sieben spitze Winkel unterteilen. Es gibt sieben verschiedene Symmetriemuster für Ornamente.
Das reguläre Siebeneck ist das reguläre Vieleck mit der kleinsten Eckenzahl, das nicht mehr mit Zirkel und Lineal konstruierbar ist. Sieben ist die kleinste Zahl, für die die Periode ihres Kehrwertes im Dezimalsystem maximale Länge besitzt:

* A. C. C. Yao und E. M. Reingold, *Journal of Recreational Mathematics*, Band 8.

1/7 = 0,142857142847...

*Das Problem von Sankt Ives*

Das folgende Lied ist im anglosächsischen Sprachraum sehr bekannt: *As I was going to St. Ives, I met a man with seven wives. Every wife had seven sacks, and every sack had seven cats, every cat had seven kittens. Kittens, cats, sacks and wives, how many were going to St. Ives?*
(Etwa: Auf dem Weg nach Sankt Ives traf ich einen Mann mit sieben Frauen. Jede Frau trug sieben Säcke, und in jedem Sack waren sieben Katzen. Jede Katze hatte sieben Junge. Junge, Katzen und Frauen – wie viele Lebewesen befanden sich auf dem Weg nach Sankt Ives?)
Das Problem Nummer 79 des *Papyrus Rhind*, der von Schreiber Ahmes verfaßt wurde und aus der Zeit um 1650 v. Chr. stammt, lautet so:

| | |
|---|---|
| Häuser | 7 |
| Katzen | 49 |
| Mäuse | 343 |
| Dinkel | 2401 |
| Hekte | 16807 |
| Summe | 19607 |

Die Ähnlichkeit ist bemerkenswert. Darüber hinaus läßt sich sogar noch eine Verbindungslinie aufzeigen, denn im »Liber abaci« des Leonardo von Pisa, genannt Fibonacci (1202–1228), findet sich dasselbe Problem. Pierce meinte hierzu, daß das Problem von Sankt Ives und das von Fibonacci auf dieselbe Quelle zurückgingen, weil Fibonacci dieselben Zahlen wie Ahmes verwende und dieselben Rechnungen durchführe wie er.
Es ist in der Tat verlockend anzunehmen, daß dieses Problem mehr als 3500 Jahre alt sei und daß es seither unverändert überliefert worden ist.*

**8**

Acht ist der zweite Kubus: $8 = 2^3$ – und der einzige Kubus, der um genau eins kleiner ist als eine Quadratzahl: $8 = 3^2 - 1$. Weiterhin ist acht die einzige Potenz, die sich um genau eins von einer anderen Primzahlpotenz

* Vergleiche R. J. Gillings, »*Mathematics in the Time of the Pharaohs*«, Massachusetts Institute of Technology Press, 1972, und das Zitat von Charles Pierce in Carolyn Eiseles »Liber abaci«, Scripta Mathematica, Band 17.

unterscheidet. Acht ist die sechste Fibonacci-Zahl und neben der Eins die einzige Kubikzahl, die in der Fibonacci-Folge auftritt. Acht gibt die Anzahl von Quadranten an, in die der dreidimensionale Raum durch drei Ebenen in allgemeiner Lage zerlegt wird.
Eine Oktave umfaßt acht Ganztonschritte.
Acht ist die erste Ziffer, wenn man die alphabetische Reihenfolge der deutschen Zahlwörter zugrunde legt.
Eine Zahl ist dann und nur dann durch acht teilbar, wenn die Zahl, die von den letzten drei Ziffern der Ausgangszahl gebildet wird, durch acht teilbar ist.

### *Magische Würfel*

Bei perfekten magischen Würfeln ergibt sich in allen Zeilen, Spalten und Diagonalen jeder Schicht und darüber hinaus noch in allen Raumdiagonalen, die durch den Mittelpunkt des Würfels gehen, dieselbe Summe. In den Dimensionen drei und vier (was $3 \times 3 \times 3$- beziehungsweise $4 \times 4 \times 4$-Würfel ergibt) gibt es keine perfekten magischen Würfel. Es ist nicht bekannt, ob es in den Dimensionen Fünf oder Sechs welche gibt.
Magische Würfel existieren allerdings in Dimension Acht. Der erste derartige Würfel wurde 1905 entdeckt. Eine Methode, mit der man magische Würfel im achtdimensionalen Raum konstruieren kann, wurde in den späten dreißiger Jahren gefunden. 1976 veröffentlichte Martin Gardner ein Beispiel, das von Richard Myers konstruiert worden war. Myers entdeckte, daß man eine Vielzahl derartiger Würfel konstruieren kann, wenn man drei Lateinische Würfel überlagert und eine oktale Notation verwendet. Myers war sechzehn Jahre alt, als er seine Entdeckung machte. Kurz nachdem Gardner Myers Beispiel mitgeteilt hatte, fanden Richard Schroeppel und Ernst Strauss unabhängig voneinander siebendimensionale Würfel.

*Literatur:* Martin Gardner, *Scientific American*, Januar 1976.

### *Das Oktalsystem*

Acht dient dem Oktalsystem als Basis. Der schwedische Philosoph Emmanuel Swedenborg hat ein Buch über das Oktalsystem geschrieben. Es hat vieles von der Einfachheit des Dualsystems. Alle in ihm auftretenden Ziffern sind Potenzen von zwei. Selbst für die Darstellung von Zahlen beachtlicher Größe braucht man keine Ziffernfolgen von absurder Länge.

Die Zahl 100 (im Dezimalsystem) wird im Oktalsystem zu 144, im Dualsystem zu 1100100. Es ist viel schwieriger, sich Dualdarstellungen von Zahlen zu merken als Oktalzahlen (was für praktische Zwecke ein großer Nachteil ist), weil erstere viel länger sind. Aus Oktalzahlen lassen sich die zugehörigen Dualzahlen sehr einfach herleiten, indem man die oktalen Ziffern durch ihre dualen Entsprechungen ersetzt. So wird beispielsweise aus 144 die Dualzahl 1 – 100 – 100, also 1100100. Allerdings sind die Argumente für die Einführung des Oktalsystems schwächer als die für das Duodezimalsystem. Dennoch wurde das Oktalsystem in großem Ausmaß in Computern verwendet. Seit der Einführung der 360er Reihe von IBM in den frühen sechziger Jahren, die das Hexagesimalsystem (Basis 16) verwenden, ist das Oktalsystem allerdings außer Gebrauch gekommen.

Ein Deltaeder ist ein Polyeder, dessen Seitenflächen alle dreieckig sind. Es gibt unendlich viele Deltaeder, denn auf jede Seitenfläche eines Deltaeders kann man eine dreieckige Pyramide aufsetzen. Allerdings existieren nur acht konvexe Deltaeder. Das reguläre Tetraeder, das Oktaeder und das Dodekaeder sind drei dieser Deltaeder. Zwei weitere konvexe Deltaeder erhält man, indem man entweder zwei Tetraeder an einer Seitenfläche aneinanderklebt oder zwei fünfeckige Pyramiden an ihrer Grundseite verklebt.

Das Oktaeder besitzt acht dreieckige Grundflächen, sechs Kanten und zwölf Ecken. Deshalb ist das Oktaeder dual zum Würfel, der acht Kanten, sechs Flächen und zwölf Ecken aufzuweisen hat. Verbindet man die sechs Mittelpunkte der Seitenflächen eines Würfels miteinander im Raume, erhält man einen Oktaeder. Umgekehrt führt die Verbindung der acht Mittelpunkte der Seitenflächen eines Oktaeders zu einem Würfel.

## 9

Neun ist die dritte Quadratzahl, weshalb neun auch Summe zweier Dreieckszahlen ist: $9 = 3 + 6$.

Im Ternärsystem (mit der Basis drei) ist neun gleich 100.

Neun ist die erste ungerade Primzahlpotenz und bildet zusammen mit acht das einzige bekannte Paar von Potenzen, die sich nur um eins unterscheiden. Neun ist die einzige Quadratzahl, die gleich der Summe zweier aufeinanderfolgender Kuben ist: $9 = 1^3 + 2^3$. Und neun ist die vierte glückliche Zahl (und nach der Eins die erste glückliche Quadratzahl).

$9 = 1! + 2! + 3!$

Neun ist die erste Kaprekar-Zahl: $9^2 = 81$ und $8 + 1 = 9$ (vergleiche 297)
Neun ist die vierte Subfakultät.
Es gibt neun reguläre Polyeder, nämlich die fünf Platonischen Körper und die vier Sternpolyeder von Kepler und Poinsot. Man braucht mindestens neun verschiedene Quadrate mit natürlichzahligen Seitenlängen, wenn man ein Rechteck so unterteilen will, daß lauter unterschiedliche Quadrate mit natürlichzahligen Seitenlängen entstehen. Das kleinste Rechteck, für das dies möglich ist, ist das 32- auf 33-Rechteck. Die zugehörigen Quadrate haben die Seitenlängen 1, 4, 7, 8, 9, 10, 14, 15 und 18.

*Der Feuerbachsche Kreis*

Im Jahre 1820 bewiesen Brianchon und Poinsot, daß die Höhenfußpunkte, die Seitenmitten und die Mittelpunkte der Höhenabschnitte zwischen den Ecken und dem Höhenschnittpunkt im Dreieck alle auf einem Kreis liegen.

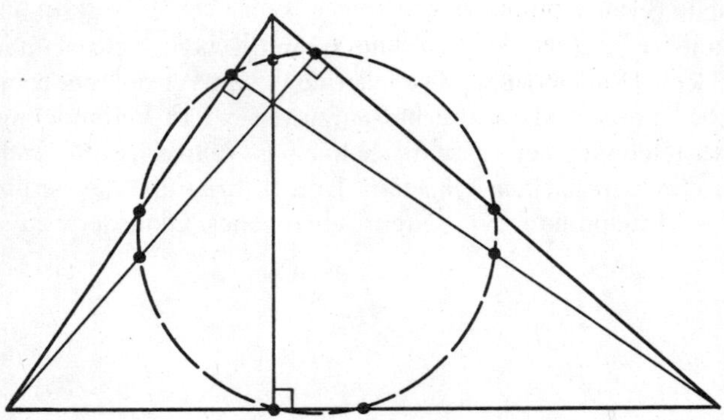

Zwei Jahre darauf zeigte Feuerbach, daß dieser Kreis den Inkreis des Dreiecks sowie dessen drei Ankreise berührt. Deshalb wird der fragliche Kreis auch als Feuerbachscher Kreis bezeichnet.
Da sich neun nur um eins von der Basis zehn unseres Zahldarstellungssystems unterscheidet, gibt es einen einfachen Test, mit dessen Hilfe man herausfinden kann, ob eine vorgegebene Zahl durch neun teilbar ist oder nicht. Neun teilt dann und nur dann eine Zahl, wenn neun deren Quersumme teilt.

Summen, die man errechnet hat, kann man durch ein Verfahren prüfen, das man als ›Neunerprobe‹ bezeichnet. Dieses Verfahren gelangte von den Arabern nach Europa, ist aber vermutlich eine indische Erfindung. Leonardo von Pisa beschreibt es in seinem »Liber abaci«: Alle Summanden sowie die Summe werden durch ihre Quersummen ersetzt. (Ursprünglich ersetzte man die Summanden durch die Reste, die sie bei der Division durch neun übrigließen. Das ist umständlicher, führt aber zum selben Resultat.) War die ursprüngliche Summe korrekt, so stimmt auch die Addition der Quersummen.

Was paßt besser: Ein runder Stift in ein eckiges Loch oder ein eckiger Stift in ein rundes Loch? Diese Frage kann man auch so stellen: Welches Verhältnis ist größer – das eines Kreises zu dem umbeschriebenen Quadrat oder das eines Quadrats zu dem ihm einbeschriebenen Kreis? Im Zweidimensionalen findet man für diese Verhältnisse die Werte $\pi/4$ und $2/\pi$, weshalb ein runder Stift besser in ein quadratisches Loch paßt als ein quadratischer Stift in ein rundes Loch. Die oben gegebene Antwort ist jedoch nur in den Dimensionen kleiner/gleich neun richtig. Für $n$ größer neun paßt der $n$-dimensionale Einheitswürfel besser in die Einheitssphäre als anders herum.*

Es gibt keine Anordnung von sieben oder acht Geraden, in der auf jeder Geraden drei Schnittpunkte liegen und sich in jedem Schnittpunkt genau drei Geraden schneiden. Diese Situation läßt sich geometrisch nicht realisieren. Mit neun Geraden gibt es drei wesentlich verschiedene Anordnungen der geschilderten Art. Die erste hiervon ist die Konfiguration, die aus dem Satz von Pappus bekannt ist und die einen Spezialfall des Hexagramms von Pascal darstellt.

## *Warings Problem*

Edward Waring schrieb in seinen 1770 erschienenen »Meditationes algebraicae«: »Eine ganze Zahl ist entweder ein Kubus oder ist gleich der Summe von zwei, drei, vier, fünf, sechs, sieben, acht oder neun Kuben. Eine ganze Zahl ist auch entweder ein Biquadrat oder gleich der Summe von zwei, drei, und so weiter bis neunzehn Biquadraten. In analoger Weise geht es weiter.«

Dieses Problem ist auch heute noch nicht vollständig gelöst. Hilbert hat bewiesen, daß es zu jeder Zahl $k$ eine Zahl $g(k)$ gibt, so daß sich jede

* David Singmaster, »*On Round Pegs in Square Holes and Square Pegs in Round Holes*«, in: *Mathematics Magazine*, Band 37.

hinreichend große Zahl als Summe von höchstens $g(k)$ $k$-ten Potenzen darstellen läßt.
Natürlich sind nicht alle Zahlen genügend groß. Offen bleibt deshalb, welche Zahlen sich nicht mit $g(k)$ $k$-ten Potenzen darstellen lassen. Dies muß für alle $k$ eigens untersucht werden.

## *Magische Quadrate*

Die ersten neun Zahlen lassen sich so in einem Quadrat anordnen, daß man entlang aller Zeilen, Spalten und Diagonalen immer dieselbe Summe, nämlich fünfzehn, erhält. Das geht im Grunde genommen nur auf eine Art und Weise, weil alle anderen Lösungen durch Drehungen und Spiegelungen gewonnen werden können.
Die untenstehende Illustration zeigt das *Lo Shu*, ein magisches Quadrat, das bereits im alten China bekannt gewesen ist.

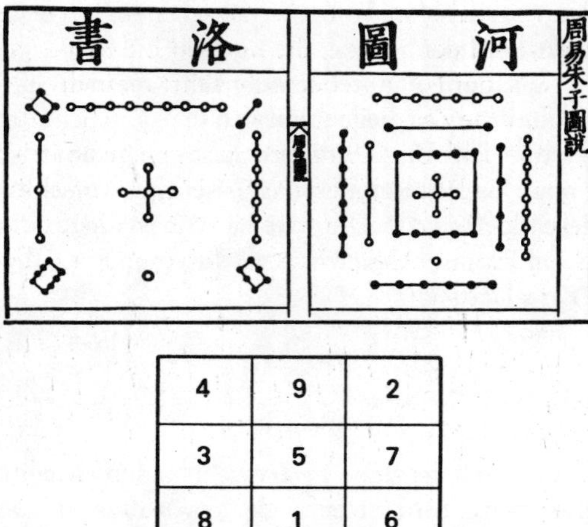


| | | |
|---|---|---|
| 4 | 9 | 2 |
| 3 | 5 | 7 |
| 8 | 1 | 6 |

Diese Anordnung besitzt noch andere schöne Eigenschaften. So nimmt die Zahl Fünf, die die Mitte zwischen eins und neun bildet, auch das Zentralfeld ein. Alle vier Linien, die man durch das Zentralfeld legen kann, enthalten Teile einer arithmetischen Folge, deren Zuwächse 1, 2, 3 und 4 sich gegen den Uhrzeigersinn von 6 – 5 – 4 nach 9 – 5 – 1 bewegen. Die Summe der Quadrate der Zahlen in der ersten und in der dritten Spalte sind gleich: $4^2+3^2+8^2=2^2+7^2+6^2$. Die Mittelspalte ergibt:

$9^2 + 5^2 + 1^2 = 107 = 89 + 18$. Die Quadrate der Zahlen in den Zeilen summieren sich zu 101, 83 und 101. Es gilt: $101 - 83 = 18$.
Es gibt genau acht Möglichkeiten, wie man fünfzehn als Summe dreier Zahlen zwischen eins und neun, die zudem verschieden sein sollen, darstellen kann. Jede dieser acht Möglichkeiten tritt genau einmal im magischen Quadrat auf.

## 9,869604...

$\pi^2$
Im Jahre 1794 gelang es Legrende zu beweisen, daß $\pi^2$ irrational ist.

## 10

Zehn ist die Basis unseres Zahldarstellungssystems, weshalb es besonders einfach ist, eine Zahl auf Teilbarkeit durch zehn hin zu untersuchen. Zählt man die Anzahl der Nullen, die mit den Einsern beginnend, nach links in unterbrochener Folge stehen, so erfährt man, durch welche Zehnerpotenz die fragliche Zahl teilbar ist.
Zehn ist die zweite Zahl, die Summe zweier verschiedener Quadrate ist: $10 = 1^2 + 3^2$. Dagegen läßt sich Zehn nicht als Differenz zweier Quadratzahlen darstellen, da Zehn von der Form $4n + 2$ ist. Die Folge der Zahlen, die nicht Differenz zweier Quadratzahlen sind, beginnt mit den Zahlen 2 6 10 14 18...
Zehn ist die vierte Dreieckszahl: $10 = 1 + 2 + 3 + 4$. In einem Bowlingfeld gibt es zehn Kegel. Zehn ist die einzige Dreieckszahl, die gleich der Summe aufeinanderfolgender ungerader Quadratzahlen ist. Zehn ist die dritte Pyramidenzahl, denn es gilt: $10 = 1 + 3 + 6$, wobei 1, 3 und 6 Dreieckszahlen sind. Unter zehn aufeinanderfolgenden natürlichen Zahlen gibt es immer mindestens eine, die zu allen anderen relativ prim ist (B. G. Eke).
Es gilt: $10! = 6! \times 7!$. Das ist die einzige Lösung der Gleichung $n! = a! \times b!$, die man neben den Lösungen der Form $(n!)! = n! \times (n! - 1)!$ kennt.
Zehn ist die Basis der dekadischen (Briggschen) Logarithmen.
Euler stellte 1782 die Vermutung auf, daß es paarweise orthogonale lateinische Quadrate der Ordnung $4n + 2$ nicht gäbe. Diese Vermutung ist für die Ordnung Sechs zutreffend. Für die Ordnungen 10, 14, ... ist sie aber falsch, wie Bose, Shrikhande und Parker 1959 bewiesen haben.

In der untenstehenden Abbildung treten alle fettgedruckten Ziffern genau einmal in jeder Zeile und in jeder Spalte auf. Dasselbe gilt für kursiv gedruckte Ziffern. Darüber hinaus kommt jede Zahl zwischen 00 und 99 genau einmal in dem gezeigten Quadrat vor.

| | | | | | | | | | |
|---|---|---|---|---|---|---|---|---|---|
| 46 | 57 | 68 | 70 | 81 | 02 | 13 | 24 | 35 | 99 |
| 71 | 94 | 37 | 65 | 12 | 40 | 29 | 06 | 88 | 53 |
| 93 | 26 | 54 | 01 | 38 | 19 | 85 | 77 | 60 | 42 |
| 15 | 43 | 80 | 27 | 09 | 74 | 66 | 58 | 92 | 31 |
| 32 | 78 | 16 | 89 | 63 | 55 | 47 | 91 | 04 | 20 |
| 67 | 05 | 79 | 52 | 44 | 36 | 90 | 83 | 21 | 18 |
| 84 | 69 | 41 | 33 | 25 | 98 | 72 | 10 | 56 | 07 |
| 59 | 30 | 22 | 14 | 97 | 61 | 08 | 45 | 73 | 86 |
| 28 | 11 | 03 | 96 | 50 | 87 | 34 | 62 | 49 | 75 |
| 00 | 82 | 95 | 48 | 76 | 23 | 51 | 39 | 17 | 64 |

Die Neuigkeit von Eulers Irrtum sorgte, anders als die meisten mathematischen Entdeckungen, für Schlagzeilen in den Zeitungen. Bose, Shrikhande und Parker erhielten den Spitznamen ›*Euler's spoilers*‹ (von *to spoil* = plündern, verderben, widerlegen).

Im Satz von Desargues tritt eine Figur auf, die aus zehn Geraden besteht, wobei auf jeder Geraden drei Punkte liegen und durch jeden dieser Punkte drei Geraden gehen.

Man nehme eine Zahl und bilde das Produkt ihrer Ziffern. Dies wiederholt man – falls möglich – mit der als Resultat gefundenen Zahl. Man macht so lange in dieser Weise weiter, bis man bei einer einstelligen Zahl angelangt ist. Die Anzahl von Schritten, die hierfür erforderlich war, wird multiplikative Beharrlichkeit der Ausgangszahl genannt. Zehn ist die kleinste natürliche Zahl, deren multiplikative Beharrlichkeit gleich 1 ist. Die entsprechenden Zahlen, die zu den multiplikativen Beharrlichkeiten 2 bis 8 gehören, sind:

| | | | | | | | |
|---|---|---|---|---|---|---|---|
| (1) | 2 | 3 | 4 | 5 | 6 | 7 | 8 |
| (10) | 25 | 39 | 77 | 679 | 6788 | 68889 | 267889. |

Die kleinste Zahl mit der multiplikativen Beharrlichkeit 11 lautet: 277777788888899. Es gibt keine Zahl kleiner als $10^{50}$, deren multiplikative Beharrlichkeit größer als 11 ist. Man nimmt an, daß es für die multiplikativen Beharrlichkeiten der natürlichen Zahlen eine Obergrenze gibt.

*Literatur:* N. J. A. Sloane: »*Multiplicative Persistency*«, in: *Journal of Recreational Mathematics,* Band 6.

## *Das Dezimalsystem*

Der griechische Philosoph Aristoteles und der römische Dichter Ovid waren beide der Meinung, daß wir deshalb in Zehnerschritten zählen, weil wir zehn Finger haben.

Eine kleine Anzahl von Objekten abzuzählen, ist nicht schwierig. Dazu genügt es, Standardnamen für die kleineren Zahlen zu besitzen. Schwierigkeiten ergeben sich aber, wenn man viele Objekte zählen will. Die notwendigerweise beschränkte Anzahl von Standardnamen muß verschiedenartig wiederholt werden. Je einfacher und klarer das Wiederholungssystem ist, desto leichter wird es, zu zählen und, was genauso wichtig ist, zu rechnen.

Die alten Ägypter teilten Zahlen mit, indem sie Symbole für die Potenzen von zehn anordneten. Das ist genauso unhandlich wie das System der Römischen Zahlen, das man heute noch gelegentlich in öffentlichen Inschriften findet. Unser modernes System, das auf der Bündelung von Zehnern beruht, wie auch dessen in Computern verwendeten Abwandlungen, die zwei, acht oder sechzehn als Basis benutzen, beruhen alle auf den folgenden beiden Prinzipien: Verwendung der Null und eines Stellenwertsystems. Das gilt auch für das gelegentlich als Alternative vorgeschlagene Duodezimalsystem zur Basis zwölf.

Hängt der Wert einer Ziffer nur davon ab, wo diese Ziffer in einer Zahl auftritt, so kann man mit einer beschränkten Anzahl von Ziffern, wie beispielsweise mit 0 und 1 im Dualsystem, in einer ebenso regelmäßigen wie einfachen Weise zählen.

Dabei kann man beliebig weit zählen. Auch das Rechnen läßt sich mit

effizienten Algorithmen bewerkstelligen, die von Schulkindern manchmal als ›Summen‹ bezeichnet werden, obwohl sie wesentlich mehr als nur einfache Additionen leisten.
Die Römer verwandten die Buchstaben I, V, X, L, C, D, M als Symbole für die Zahlen 1, 5, 10, 50, 100, 500 und 1000. Diese Zahlen schreiten sprunghaft fort, wobei sich Verdoppelung und Verfünffachung abwechseln. In unserem Zahldarstellungssystem nimmt der Wert einer Ziffer mit jedem Schritt nach links um 10 zu: 1 – 10 – 100 – 1000 – 10000 und so weiter. Unglücklicherweise ist die Zehn keine geeignete Basis für ein System, in dem Händler und Kaufleute kleine Quantitäten messen wollen. Insbesondere trifft das auf Bruchteile eines Ganzen zu, da im Zehnersystem nur Hälften und Fünftel durch glatte Zahlen auszudrücken sind. Selbst ein so einfacher Bruchteil wie ein Viertel muß mit einem Dezimalbruch dargestellt werden. Als Konsequenz dieser Schwierigkeit entwickelte sich, obwohl nur ein Zahldarstellungssystem zur Basis zehn gebräuchlich war, in Europa eine große Zahl von Gewichten und Maßen, die auf verschiedenen Einheiten beruhten. In ihnen allen kamen Achtel, Zwölftel, Zwanzigstel, Vierundzwanzigstel vor – also alles außer dem Zehntel. Erst 1791, als die Pariser Akademie der Wissenschaften ein neues metrisches System empfahl, begann sich ein allgemein anerkanntes und einheitliches System zu verbreiten. 1 Meter wurde als der 40000. Teil des durch Paris gehenden Erdmeridians definiert. Das Verhältnis verschiedener Maße einer Gattung sollte immer eine Zehnerpotenz sein. Griechische und lateinische Vorsätze wurden dazu verwendet, die Vergrößerung oder Verkleinerung von Maßeinheiten auszudrücken:

| Vorsatz | Bedeutung |
|---|---|
| Kilo- | 1000fach |
| Hekto- | 100fach |
| Deka- | 10fach |
| Dezi- | Zehntel |
| Zenti- | Hundertstel |
| Milli- | Tausendstel |

Heutzutage sind zwei andere Vorsätze besonders geläufig: mega-, was soviel wie millionenfach bedeutet, und mikro-, was für Hunderttausendstel steht. Die Längeneinheit wurde dazu verwendet, Maßeinheiten für die Masse und das Volumen zu definieren. Heute beziehen sich alle wissenschaftlichen Messungen auf das metrische System.
Für die Mathematiker bildeten andererseits die dezimalen Bruchteile keinerlei Probleme. Was sie sich wünschten, war in erster Linie ein Zahldarstellungssystem, mit dem man unbeschränkt kleine Zahlen repräsentie-

ren konnte – und das ebenso einfach sein sollte wie das gewöhnliche Dezimalsystem. Adam Riese machte 1522 einen gewaltigen Schritt nach vorn, als er eine Tafel mit Quadratwurzeln veröffentlichte, in der alle Einträge mit 1000000 multipliziert worden waren, das heißt, in der alle Quadratwurzeln um den Faktor 1000 zu groß waren. Im Jahre 1579 veröffentlichte François Viète ein Buch, in dem er in selbstverständlicher Weise Dezimalbrüche verwendete und deren Gebrauch er auch anderweitig empfahl. 1585 schrieb Simon Stevin ein siebenseitiges Pamphlet, in dem er die Dezimalbrüche und ihre Anwendungen erklärte. Stevin hatte auch schon den Weitblick, die Dezimalbrüche im Zusammenhang mit Maßen und Gewichten sowie zur Münzprägung und zur Messung von Winkeln zu empfehlen.

Die Geschichte der Dezimalbrüche hatte noch ein Nachspiel. Die Art und Weise, wie man Dezimalbrüche schreibt, ist bis auf den heutigen Tag unterschiedlich: In England bringt man den Dezimalpunkt in mittlerer Zeilenhöhe an, in Amerika notiert man einen Dezimalpunkt unten am Zeilenende und im kontinentalen Europa verwendet man ein Komma.

## *Die Pythagoräer*

Pythagoras und seine Schüler dachten, alles sei Zahl. Dabei bedeutete ›Zahl‹ für sie soviel wie natürliche Zahl, Brüche galten als Verhältnisse von natürlichen Zahlen. Die Griechen unterschieden zwischen *logistike* (hiervon leitet sich unser Wort Logistik ab), die Abzählen und Rechnen umfaßte, und *arithmetike*, was soviel wie Zahlentheorie meinte. Diese *arithmetike* wurde von Platon als so wichtig erachtet, daß sie jeder Bürger in seinem Idealstaat als eine Art von moralischer Unterweisung erlernen sollte. Die Entdeckung, daß $\sqrt{2}$ nicht als Verhältnis zweier Zahlen darstellbar ist, war ein schwerer Schlag für die pythagoräische Philosophie. Weil $\sqrt{2}$ andererseits unzweifelhaft eine Länge repräsentierte, sollte sie in den Augen der geometrisch denkenden Griechen eine Zahl oder wenigstens ein Verhältnis von Zahlen sein. Pythagoras selbst oder aber seine Schüler erkannten, daß die Harmonien der Musik einfachen Zahlenverhältnissen entsprechen. Diese Entdeckung stellte die erste Bestätigung ihrer Theorie dar. Aristoteles berichtet: »Sie dachten, die Elemente der Zahlen seien die Elemente aller Dinge und der ganze Himmel sei eine Tonleiter und eine Zahl.«

Die Oktave entspricht dem Verhältnis 2 : 1: Halbiert man die Länge einer Saite, so klingt diese eine Oktave höher. Das Verhältnis 3 : 2 entspricht der Quinte und 4 : 3 der Quarte. Weniger harmonisch klingende Intervalle lassen sich mit Hilfe größerer Zahlen repräsentieren. Ein Ganzton ist gleich der Differenz zwischen einer Quinte und einer Quarte; er entspricht deshalb dem Verhältnis 9 : 8. Dieses ist wiederum gleich 3 : 2 dividiert durch 4 : 3. (Die Konstruktion einer vollständigen Tonleiter ist sehr komplex und hat die Musiker bis auf den heutigen Tag beschäftigt. Alle Lösungen beruhen auf Näherungen. Eine festgelegte Tonleiter, wie beispielsweise diejenige eines Klaviers, kann unmöglich alle perfekten Quinten und Quarten enthalten, die der Musizierende vielleicht gerne spielen möchte. Hier ist die Violine dem Klavier überlegen. Die Lösung, die Oktave in zwölf gleiche Töne zu unterteilen, läßt sich weder auf dem Klavier noch auf der Violine vollkommen realisieren.)

Die wichtigsten Verhältnisse lassen sich mit Hilfe der Folge 12 : 9 : 8 : 6 wiedergeben. Deren Summe 35 wurde als Harmonie bezeichnet.

Die Pythagoräer gingen davon aus, daß in den betrachteten Verhältnissen nur die Zahlen 1, 2, 3 und 4 auftraten. Die Summe dieser Zahlen ist zehn, also gerade gleich der Basis unseres Zahldarstellungssystems. Wie elegant sich alles zusammenfügt! Es ist kein Wunder, daß sie sich in ihrem Glauben an die vitale Bedeutung der Zahlen bestätigt fühlten.

Die Zahl Zehn läßt sich als Dreieck darstellen. Dieses wurde von den Pythagoräern als Tetraktys bezeichnet. Den Pythagoräern galt die Tetraktys als heilig, sie schworen sogar Eide auf sie.

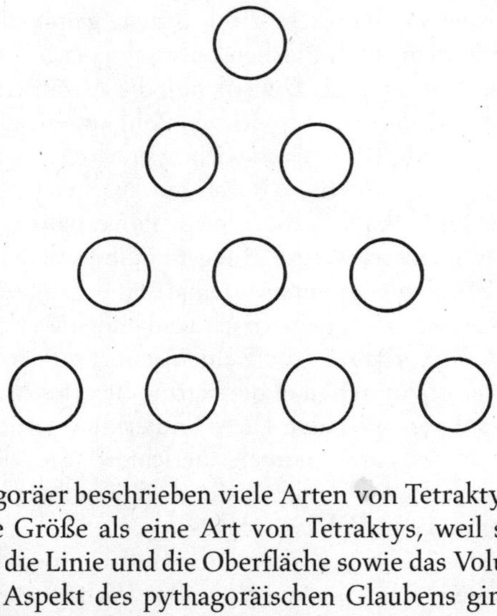

Spätere Pythagoräer beschrieben viele Arten von Tetraktys. (So galt beispielsweise die Größe als eine Art von Tetraktys, weil sie sowohl den Punkt als auch die Linie und die Oberfläche sowie das Volumen umfaßt.)

Der primitive Aspekt des pythagoräischen Glaubens ging rasch unter. Die musikalischen Entdeckungen der Pythagoräer aber starben keines-

wegs. Sie stellten vielmehr wirkliche wissenschaftliche Erkenntnisse dar – zweitausend Jahre, bevor die moderne Wissenschaft die Rolle der natürlichen Zahlen im Periodensystem der chemischen Elemente und in den Atommodellen der Physik wiederentdeckte.
Gerade weil die Musik lange Zeit das einzige Beispiel für die Rolle der Zahlen in der Wissenschaft blieb, hatte sie einen überragenden Einfluß. Leibniz schrieb: »Die Musik ist insgeheim eine mathematische Übung. Wer sich in sie vertieft, bemerkt nicht, daß er mit Zahlen umgeht.« Aber diese Behauptung ist nicht ganz korrekt. Die frühen klassischen Komponisten (vor Aufkommen der Romantik) waren sich nämlich sehr oft der Verwendung mathematischer Strukturen bewußt.
Anders als die Griechen beschränken wir uns heute nicht mehr auf die natürlichen Zahlen. Die Wissenschaft unserer Tage erweckt oft den Eindruck, als versinke sie in rationalen Approximationen, um vernünftige Resultate aus den experimentellen Befunden abzuleiten. Dennoch spielen die ganzen Zahlen in der Komplexität der modernen Wissenschaften eine zentrale Rolle. Daniel Shanks hat dafür zahlreiche Beispiele gegeben. Hier ist eines davon: Warum wird die Schwerkraft bei doppelter Entfernung auf ein Viertel reduziert? Warum handelt es sich genau um den Faktor Vier und nicht bloß annähernd um den Faktor Vier? Wahrscheinlich deshalb, weil wir in einem dreidimensionalen Raum leben.
Der Glaube der Pythagoraer an die natürlichen Zahlen läßt sich auch heute noch verteidigen.

*Literatur:* Daniel Shanks: »*Solved and Unsolved Problems in Number Theory*«, Spartan Books, 1962.

## 11

Elf ist die fünfte Primzahl und die kleinste Repunitzahl. Darunter versteht man eine Zahl, deren Ziffern alle Einheiten sind. Wie jede Repunitzahl ist auch elf durch das Produkt ihrer Ziffern teilbar.
Weil die Gleichung $11 = 10 + 1$ gilt, gibt es einen einfachen Test dafür, ob eine Zahl durch elf teilbar ist. Hierzu muß man die Wechselquersumme der fraglichen Zahl bilden (das heißt, daß man die Ziffern abwechselnd addiert und subtrahiert, wobei man von einem der beiden Enden der Zahl ausgeht.) Ist die Wechselquersumme eine durch elf teilbare Zahl, so ist auch die Ausgangszahl durch elf teilbar. Eine hierzu äquivalente Vorgehensweise besteht darin, alle Ziffern, die an einer geraden Stelle stehen, zu addieren und von dieser Summe die Summe derjenigen Ziffern abzuziehen, die an ungerader Stelle stehen.

Elf ist die einzige palindromische Primzahl mit einer geraden Anzahl von Ziffern.

Unter vier beliebig ausgewählten Zahlen größer als elf, die unmittelbar aufeinanderfolgen, ist immer mindestens eine, die durch eine Primzahl größer als elf teilbar ist.

Die Welt, in der wir leben, ist offensichtlich dreidimensional beziehungsweise vierdimensional, wenn wir die Zeit als eigene Dimension zählen. Gemäß der neuesten physikalischen Theorie, der sogenannten Supersymmetrie, läßt sich der Raum am einfachsten als elfdimensional beschreiben. Sieben dieser Dimensionen sind ›in sich selbst gekrümmt‹. Ihre physikalischen Auswirkungen lassen sich nur in heute noch unzugänglichen Bereichen, milliardenfach kleiner als die subatomaren Teilchen, beobachten.

Eine weitere merkwürdige und spektakuläre Idee, die mit der Supersymmetrie verknüpft ist, besagt, daß die Grundbestandteile von Raum und Kraft sogenannte Superstrings sind und die verschiedenen Arten von fundamentalen Teilchen den verschiedenartigen Vibrationen dieser Strings entsprechen (ähnlich wie die Saiten einer Violine).

*Literatur:* Bryan Silcock: »*The Cosmic Gut*«, in: *The Sunday Times*, 24. März 1985.

## *Die Lucas-Zahlen*

Elf ist die fünfte Zahl in der Lucas-Folge:

1 3 4 7 11 18 29 47 76 123 199 322...

Diese Folge hängt eng mit der Fibonacci-Folge zusammen. Jedes Folgenglied ist gleich der Summe der beiden unmittelbar vorangehenden Glieder, und das Verhältnis aufeinanderfolgender Glieder strebt dem Verhältnis des Goldenen Schnitts zu. Es ist merkwürdig, daß auch die Lucas-Folge eine einfach zu behaltende Konvergenz gegen $\varphi$ zeigt.

Es gibt eine Formel für das allgemeine Glied dieser Folge, die sehr der Formel von Binet für das allgemeine Glied der Fibonacci-Folge ähnelt:

$$L_n = \frac{(1+\sqrt{5})^n}{2^n} + \frac{(1-\sqrt{5})^n}{2^2}$$

oder $L_n = a^n + b^n$, wobei $a$ und $b$ die Wurzeln der Gleichung $x^2 = x + 1$ sind. Diese Formel hat eine nützliche Eigenschaft mit der Formel von Binet gemeinsam. Der zweite Term nimmt so schnell ab, daß man die Lucas-Zahlen folgendermaßen errechnen kann: Man bestimme diejenigen natürlichen Zahlen, die den Potenzen $\varphi^n$ von $\varphi$ am nächsten kommen. So ist beispielsweise $\varphi^5 = 11{,}090\,17$, weshalb $L_5 = 11$ ist.

Lucas hat viele Eigenschaften der Fibonacci-Folge entdeckt. Er hat auch verallgemeinerte Fibonacci-Folgen untersucht, das sind solche Folgen,

bei denen jedes Glied gleich der Summe der beiden vorangehenden Glieder ist, wobei aber die Anfangswerte nicht unbedingt 1 und 1 oder 1 und 3 sein müssen. Er formulierte mit Hilfe der Fibonacci- und der heute nach ihm benannten Folge auch Primzahltests für die Mersenne-Zahlen.
Die Lucas-Zahlen lassen sich als Summe zweier Fibonacci-Zahlen darstellen:

$$L_n = F_{n-1} + F_{n+1}$$

Die Zahl $F_n$ teilt immer alle Zahlen der Form $F_{nm}$. Für kleine Werte von $n$ kennt man die Verhältnisse, die sich hieraus ergeben. Diese lassen sich mit Hilfe der Lucas-Zahlen ausdrücken. So gilt beispielsweise:

$$F_{2n} = F_n L_n$$
$$F_{3n} = F_n(L_{2n} + (-1)^n)$$

Quadriert man die Fibonacci-Zahlen und addiert beziehungsweise subtrahiert man anschließend abwechselnd vier, so erhält man die Lucas-Zahlen:

$$5 \times 1^2 - 4 = 1^2 \qquad 5 \times 1^2 + 4 = 3^2$$
$$5 \times 2^2 - 4 = 4^2 \qquad 5 \times 3^2 + 4 = 7^2$$

und so weiter.
Es gibt natürlich noch viele andere Formeln, um die Lucas-Zahlen mit den Fibonacci-Zahlen in Beziehung zu setzen. Ein Beispiel:

$$L_{2n} = L_n^2 - 2(-1)^n$$

## 12

Das Jahr hat zwölf Monate. Es ist unterteilt in vier Jahreszeiten und zwölf Sternzeichen (die in drei vierelementige Gruppen zerfallen) sowie zwölf Stundenperioden, die sich Tag und Nacht wiederholen.
Es gibt zwölf verschiedene Pentominos, falls man das Spiegeln der Steine zuläßt. Andernfalls gibt es achtzehn.
Zwölf ist sowohl durch die Summe als auch durch das Produkt seiner Ziffern teilbar. Multipliziert man die echten Teiler von zwölf miteinander, so ergibt sich $12^2 = 144$. Aus $12^2 = 144$ entsteht, wenn man die Reihenfolge aller Ziffern umkehrt, $21^2 = 441$. Auf dieselbe Art und Weise liefert die Gleichung $13^2 = 169$ die Beziehung $31^2 = 961$. Dieser Trick läßt sich auch bei den Quadraten anderer Zahlen anwenden, solange die Ziffern hinreichend klein sind.
In der modernen Zwölftonmusik gibt es zwölf Töne.
Zwölf gleichgroße Kugelflächen können mit einer gleichartigen Kugel in Berührung gebracht werden. Dabei berührt jede der äußeren Kugeln

neben der Zentralkugel noch vier andere Kugeln. Für höhere Dimensionen lauten die entsprechenden Anzahlen:

| | | | | | | | |
|---|---|---|---|---|---|---|---|
| Dimension | 4 | 5 | 6 | 7 | 8 | 9 | 10 |
| Anzahl | 24 | 40 | 72 | 126 | 240 | 272 | 306 |

Die zueinander dualen Polyeder Würfel und Oktaeder besitzen beide zwölf Kanten.

*Abundante Zahlen*

Zwölf ist die erste abundante Zahl. Eine Zahl heißt abundant, wenn sie selbst kleiner ist als die Summe aller ihrer Teiler (wobei die fragliche Zahl selbst ausgeschlossen ist): $1+2+3+4+6=16$. Es gibt nur 21 abundante Zahlen kleiner 100. Die erste hiervon ist 12, dann kommen 18, 20, 24, 30, 36, ... Diese abundanten Zahlen sind im wesentlichen Zahlen mit hinreichend vielen verschiedenen Primfaktoren. Die meisten Zahlen weisen nur wenige Primfaktoren auf, weshalb sie defizient genannt werden. Eine Zahl ist defizient, wenn die Summe ihrer Teiler, die Zahl selbst ausgenommen, kleiner ist als die fragliche Zahl. Alle Primzahlen und alle Potenzen von Primzahlen sind defizient. Die am wenigsten defizienten Primzahlpotenzen sind die Potenzen von 2. Die Teiler von $2^n$ summieren sich nämlich, schließt man $2^n$ selbst aus, zu $2^n-1$. Das ist gerade eins weniger als $2^n$. Aus diesem Grunde werden diese Zahlen manchmal als fast vollkommene Zahlen bezeichnet. Die Grenze zwischen den abundanten und den defizienten Zahlen markieren die seltenen vollkommenen Zahlen, die genau gleich der Summe ihrer Teiler sind. Alle Vielfachen von abundanten oder vollkommenen Zahlen sind abundant. Jeder Teiler einer vollkommenen oder defizienten Zahl ist selbst wieder defizient.

$\sigma(n)$ bezeichnet die Summe aller Teiler der Zahl $n$, wobei $n$ selbst eingeschlossen ist. Es gilt: $\sigma(12)/12=12+16/12=28/12$ oder $7/3$. Das ist ein Rekord im Bereich der Zahlen kleiner/gleich zwölf.

Zahlen, für die $\sigma(n)/n$ ein Maximum ergibt, werden superabundant genannt. Man kann zeigen, daß es unendlich viele superabundante Zahlen gibt.

Obwohl uns das Dezimalsystem als selbstverständlich erscheint, entstehen doch Nachteile, wenn man die Zehn als Basis und als Verhältnis zwischen Standardmaßen nimmt. Besonders störend ist es, daß sich ein einfacher Bruch wie ein Drittel nicht glatt im Dezimalsystem darstellen läßt, sondern nur als periodischer Dezimalbruch.
Im Duodezimalsystem, das auf der Zahl Zwölf aufbaut, lassen sich Drittel, Viertel und Sechstel hingegen sehr einfach darstellen. Es ist darin auch sehr leicht, Zahlen auf ihre Teilbarkeit durch 2, 3, 4, 6, 8, 12, 16 oder 24 hin zu testen. Im Dezimalsystem entsprechen diesen Tests die Teilbarkeitsregeln für 2, 5, 10 und 20.
Das waren wichtige Vorteile, als Rechnen noch eine subtile, schwer zu erlernende Kunst war. Diese Vorteile waren so wichtig, daß in ganz Europa das Dezimalsystem, das auf unseren zehn Fingern beruht, mit anderen Systemen vermischt wurde, die auf den Basen 2, 4 und vor allem 12 sowie auf einer Mischung von 10 und 20 beruhten.
In der Beschreibung seines idealen Staates geht Platon auch auf das Münzwesen sowie auf Maße und Gewichte ein. Diese sowie die Einteilung in Stimmbezirke und die Vertretung im Parlament, ja sogar die Strafen für Vergehen, beruhen alle auf dem Duodezimalsystem. Auch die Römer benutzten ausschließlich duodezimale Brüche. Als Plinius der Ältere versuchte, das Verhältnis der Fläche von Europa zu derjenigen der ganzen Welt zu schätzen, bemerkte er, daß dieses ›etwas mehr als den dritten und den achten Teil betrage‹. Dabei verwandte er die römischen Brüche in der Art und Weise der Ägypter: Anstelle von elf Vierundzwanzigstel sagte er ein Drittel und ein Achtel. Die Römer bezeichneten ein Zwölftel als *Uncia*, wovon sich das Wort Unze ableitet. War eine Uncia nicht fein genug, wurde sie in 24 Skrupel unterteilt, welche ihrerseits weiter unterteilt werden konnten. Es galt: 1 Calcus = 1/8 Skrupel = 1/192 Unica = 1/2304 Einheit. Bei anderen Gelegenheiten, besonders bei wissenschaftlichen Berechnungen, wurde das auf der 60 aufbauende Sexagesimalsystem verwendet. Weil 60 = 5 × 12 ist, weist das Sexagesimalsystem sowohl die Vorzüge des Dezimal- als auch die des Duodezimalsystems auf.
In England sind immer noch 12 *Inches* ein *Foot*. Daneben sind dort aber auch die metrischen Einheiten gebräuchlich. Vor der Einführung des Dezimalsystems in der Währung (1971) waren 12 *Pence* ein *Shilling*. Diese Beziehung geht auf das Währungssystem von Karl dem Großen zurück, in dem galt: 1 Libra = 20 Solidi = 240 Denarii, wovon sich die Zeichen £ für *Pound* und d für *Pence* ableiten.

Wir sprechen immer noch von einem Dutzend oder von Dutzenden, wobei letzteres mehr und mehr für ›ziemlich viele‹ steht und nicht mehr für eine bestimmte Anzahl. Das Gros oder Dutzend-Dutzend ist mittlerweile obsolet geworden.
In England unterschied man zwischen einem großen Hundert, das aus 120 Einheiten bestand, und einem kleinen Hundert, das 100 Einheiten zählte. Oft war es deshalb notwendig, ausdrücklich zu sagen, ob man im Zehner- oder Zwölfersystem zählte. Das große Hundert mit seinen 120 Einheiten ist in Deutschland und Skandinavien heute noch bekannt.
Buffon schlug vor, das Duodezimalsystem für das Münzwesen, für alle Maße und Gewichte sowie zum Zählen zu verwenden. Ihm schlossen sich Isaac Pitman (der Erfinder der nach ihm benannten Kurzschrift), der Philosoph Herbert Spencer, die Schriftsteller Wells, Shaw sowie viele andere an. Im Jahre 1944 schließlich wurde die Duodezimal-Gesellschaft gegründet, eine freiwillige, nicht an Profit orientierte Vereinigung im Staate New York. Ihr Ziel war, »das öffentliche Rechnungswesen und die mathematische Ausbildung zu untersuchen mit besonderer Berücksichtigung der Basis Zwölf beim Zählen, in der Mathematik, bei Maßen und Gewichten und in allen anderen Sparten der reinen und angewandten Naturwissenschaft«. Die Duodezimal-Gesellschaft schlug vor, den Buchstaben X für die Ziffer 10 und den Buchstaben E für die Ziffer 11 zu verwenden. Sie behauptete, daß jedermann innerhalb einer halben Stunde lernen könne, mit Dutzenden zu zählen. Sie vertrat die Auffassung, die Bezeichnungen Dezimalkomma und -punkt seien, wenn es um andere Basen als die Zehn ginge, vollkommen unangebracht. Dasselbe galt ihrer Meinung nach für den Ausdruck ›Dezimalbruch‹. Trotz des Enthusiasmus der Gesellschaft wurde nie auch nur der leiseste Ansatz zur Einführung des Duodezimalsystems gemacht. Die Entwicklung ist in den letzten Jahrzehnten gerade in die entgegengesetzte Richtung gegangen.

### *Das Dodekaeder*

Das Dodekaeder ist der vierte Platonische Körper. Es hat zwölf Flächen, zwanzig Ecken und dreißig Kanten. Das Dodekaeder ist zum Ikosaeder dual. Verbindet man die Mittelpunkte von einander benachbarten Flächen des Dodekaeders miteinander, entsteht ein reguläres Ikosaeder. Das Ikosaeder kann man sich als Antiprisma mit fünfeckigen Enden vorstellen, auf das zwei fünfeckige Pyramiden aufgesetzt sind. Es ist nicht überraschend, daß hier die Anwesenheit von Fünfecken auf die Anwesenheit des Goldenen Schnitts führt. Werden gegenüberliegende Kanten des An-

tiprismas miteinander verbunden, so entstehen drei Dreiecke, deren Seiten im Verhältnis des Goldenen Schnitts zueinander stehen und die miteinander rechte Winkel bilden.
Die nachfolgende Tatsache ist besonders bemerkenswert und erscheint auf den ersten Blick absurd: Beschreibt man in ein- und dieselbe Kugel ein Dodekaeder und ein Ikosaeder, so nimmt das Dodekaeder einen größeren Raum als das Ikosaeder ein, obwohl letzteres mehr Flächen besitzt. Das Dodekaeder umfaßt ungefähr 66,5 % des Kugelvolumens, das Ikosaeder dagegen nur 60,56 %.
Das erstmals von Kepler betrachtete rhombische Dodekaeder besitzt ebenfalls zwölf Flächen. Man stelle sich vor, Würfel werden zusammengepackt, um einen Raum auszufüllen. Die sechs Würfel, die an einen bestimmten Würfel angrenzen, lassen sich alle in Pyramiden zerlegen, wenn man ihren Mittelpunkt mit den Ecken verbindet. Werden diese Pyramiden anschließend mit dem Würfel, an den sie grenzen, verklebt, so entsteht ein rhombischer Dodekaeder. Die rhombischen Dodekaeder füllen den Raum lückenlos aus, wie das die Würfel auch getan haben. Allerdings haben die rhombischen Dodekaeder ein Volumen, das doppelt so groß ist wie das der Ausgangswürfel.

## 13

Eine notorische Unglückszahl. Dieser Aberglauben leitet sich von den dreizehn Personen her, die beim Abendmahl anwesend waren, entstand vermutlich aber erst im Mittelalter. Es gibt ein eigenes Wort, das die Angst vor der Zahl Dreizehn bezeichnet: *trikaidekaphobia,* was im Griechischen soviel wie »Angst vor Dreizehn« heißt.
Ein Jahr umfaßt dreizehn mal vier Wochen. Im Kartenspiel gibt es dreizehn Karten von einer Farbe.
Paradoxerweise ist dreizehn die fünfte glückliche Zahl, sie ist auch die sechste Primzahl und die siebente Fibonacci-Zahl.
Dreizehn ist die zweitkleinste Primzahl $p$, deren Kehrzahl die Periode $\frac{1}{2}(p-1)$ besitzt: $1/13 = 0{,}076\,923\,076\,923\ldots$ (Ein Drittel ist der kleinste Kehrwert einer Primzahl mit dieser Eigenschaft.)
Genau die Hälfte aller Vielfachen von 1/13 zwischen 1/13 und 12/13 besitzen Perioden, die zyklische Permutationen der obigen Ziffernkette darstellen. Die anderen Vielfachen haben Perioden, die zyklische Permutationen von 153 846 sind. Die Ziffernfolge enthält ein Muster, das wesentlich deutlicher wird, wenn man die Ziffern gemäß der folgenden Figur anordnet:

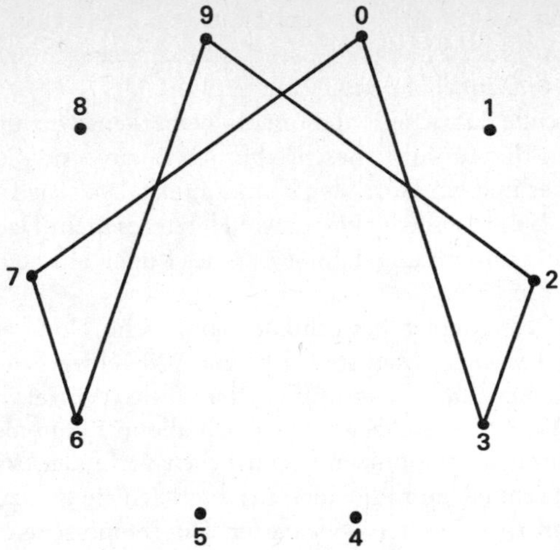


12! + 1 ist durch 13 teilbar.

*Die Archimedischen Körper*

Es gibt dreizehn Archimedische Körper. Ihren Namen bekamen sie von Archimedes, der ein heute verlorenes Buch über sie verfaßte. Kepler war der erste moderne Mathematiker, der sie beschrieben hat.
Die Archimedischen Körper werden als semiregulär bezeichnet, weil ihre Ecken und Kanten gleichartig, während ihre Flächen verschiedenartig sind. Es gibt zwei Klassen von semiregulären Polyedern, die unendlich viele Mitglieder aufweisen. Es sind dies die regulären Prismen und die regulären Antiprismen. Kepler entdeckte das kleine und das große Sterndodekaeder, welche zusammen mit zwei anderen Polyedern, die regulär, aber nicht konvex sind, von Poinsot wiederentdeckt wurden.
Es gibt auch dreizehn duale Archimedische Körper, deren Ecken regulär sind, nicht aber deren Flächen. Weiter existieren sternförmige Archimedische Körper, die den sternförmigen Platonischen Körpern von Kepler-Poinsot entsprechen. Darüber hinaus gibt es eine ganze Anzahl von gemischten Polyedern, die sehr schön die Symmetrien der Ecken der einbeschriebenen Körper zeigen.
Welche konvexen Polyeder sind möglich, wenn man alle Symmetriebedingungen fallenläßt außer derjenigen, daß die Flächen regulär sein

sollen? Hierauf wurde erst vor kurzem, nämlich im Jahre 1960, eine Antwort gefunden. Die konvexen Polyeder mit regulären Flächen sind: die regulären Prismen, die regulären Antiprismen, die fünf Platonischen Körper, die dreizehn Archimedischen Körper sowie zweiundneunzig andere Körper.

*Literatur:* N. W. Johnson, »*Convex Polyhedra with Regular Faces*«, in: *Canadian Journal of Mathematics*, Band 18 (1966).

## *Der Satz des Pythagoras und die Pythagoräischen Tripel*

Der Satz des Pythagoras, der besagt, daß im rechtwinkligen Dreieck die Summe der Quadrate über den kürzeren Seiten gleich ist dem Quadrat über der längeren, ist Generationen von Schülern wohlvertraut. Für diesen Satz wurden mehr Beweise veröffentlicht als für jeden anderen mathematischen Satz, nämlich insgesamt einige Hundert.

Das Dreieck mit den Seitenlängen 3 – 4 – 5 liefert das einfachste Beispiel für ein Pythagoräisches Dreieck, das heißt für ein Dreieck, das rechtwinklig ist und dessen Seitenlängen alle natürliche Zahlen sind. Aber es handelt sich hierbei nur um das erste Mitglied einer unendlichen Menge, deren nächstes Element das Tripel 5 – 12 – 13 ist, gefolgt von 7 – 24 – 25. Das Tripel 6 – 8 – 10 muß dagegen nicht aufgenommen werden, da es ein Vielfaches von 3 – 4 – 5 darstellt.

Um 2000 vor Christus kannten die Babylonier bereits pythagoräische Dreiecke. Wir wissen allerdings nicht, welchen Namen sie für sie verwendeten. Der berühmte Keilschrifttext Plimpton 322 führt fünfzehn Zahlentripel auf, die Seitenlängen von Pythagoräischen Dreiecken darstellen. Der Autor dieses Textes wußte anscheinend schon, daß die Zahlen $2pq$, $p^2 - q^2$ und $p^2 + q^2$ stets Seiten eines rechtwinkligen Dreieckes bilden. (Auch die Umkehrung ist richtig: Die Seitenlängen eines beliebigen rechtwinkligen Dreiecks lassen sich immer in der obengenannten Form darstellen, sofern sie keinen gemeinsamen Faktor enthalten.)

Es ist fast sicher, daß die Griechen die Idee des Pythagoräischen Lehrsatzes im Fernen Osten kennenlernten und entweder Pythagoras selbst oder einer seiner Schüler einen Beweis für diesen Satz der Geometrie gefunden hat.

Das 3 – 4 – 5-Dreieck besitzt einige Eigenschaften, die andere Pythagoräische Dreiecke nicht haben (sieht man von Vielfachen wie 6 – 8 – 10 einmal ab). So ist 3 – 4 – 5 das einzige Pythagoräische Dreieck, dessen Seitenlängen in arithmetischer Progression stehen. Es ist auch das einzige (beliebige) Dreieck mit natürlichzahligen Seitenlängen, bei dem die Summe der Seiten doppelt so groß ist wie sein Flächeninhalt.

Merkwürdigerweise gibt es noch mindestens ein anderes Pythagoräisches Dreieck, dessen Flächeninhalt sich mit Hilfe einer einzigen Ziffer ausdrücken läßt. Es ist dies das Dreieck 693 – 1924 – 2045, dessen Fläche gleich 666666 ist. Im Durchschnitt hat ein Sechstel aller Pythagoräischen Dreiecke einen Flächeninhalt, der mit der Ziffer 6 endet (im Dezimalsystem); der Flächeninhalt eines weiteren Sechstels endet auf 4 und die restlichen zwei Drittel besitzen einen Inhalt, der auf 0 endet.

Es gibt unendlich viele rechtwinklige Dreiecke mit der Eigenschaft, daß sich die Längen von Hypotenuse und einer Kathede um genau eins unterscheiden:

$$3^2 = 9 = 4 + 5 \qquad 3^2 + 4^2 = 5^2$$
$$5^2 = 25 = 12 + 13 \qquad 5^2 + 12^2 = 13^2$$
$$7^2 = 49 = 24 + 25 \qquad 7^2 + 24^2 = 25^2 \ldots$$

Weiter gibt es unendlich viele rechtwinklige Dreiecke, deren Katheden genau um eins differieren. Allerdings sind diese nicht einfach zu berechnen. Man beginnt dazu mit den Formeln $2qp$, $p^2 - q^2$ und $p^2 + q^2$, wobei $p$ und $q$ natürliche Zahlen sind. Erzeugen $p$ und $q$ ein rechtwinkliges Dreieck, dessen Katheden sich um eins unterscheiden, so wird das nächste Dreieck mit dieser Eigenschaft von den Zahlen $q$ und $p + 2q$ erzeugt. Das 3 – 4 – 5 - Dreieck ergibt sich aus der obigen Formel für die Werte $p = 1$ und $q = 2$. Also wird das nächste fast gleichschenklige rechtwinklige Dreieck von den Zahlen 2 und 5 erzeugt. Das ergibt das Dreieck 20 – 21 – 29. Indem man die Vorschrift $(q, p) \rightarrow (q, p + 2q)$ wiederholt anwendet, erhält man die Folge 1 2 5 12 29 70 169 408... Nimmt man zwei aufeinanderfolgende Glieder dieser Folge, so erhält man ein fast gleichschenkliges, rechtwinkliges Dreieck. Selbstverständlich kann das Dreieck niemals wirklich gleichschenklig sein, da $\sqrt{2}$ irrational ist. Dieselbe Folge von Zahlen taucht in der besten Näherung für $\sqrt{2}$ mit Brüchen auf.

Die oben angegebene Formel für die Seiten eines rechtwinkligen Dreiecks impliziert bereits, daß bei solchen Dreiecken die Länge der Hypotenuse gleich der Summe zweier Quadrate ist.

Fermat bewies den einige Jahre zuvor von Girard gefundenen schönen Satz, daß sich alle Primzahlen von der Form $4n + 1$ (das sind die Primzahlen 5, 13, 17, 29, 37, 41, 53,...) auf genau eine Weise als Summe zweier Quadrate darstellen lassen. Dagegen sind Primzahlen der Form $4n + 3$ (wie 3, 7, 11, 19, 23, 31, 43, 37,...) niemals Summe zweier Quadrate.

Leonardo von Pisa erkannte, daß das Produkt zweier Zahlen, die Summe zweier Quadrate sind, ebenfalls wieder eine Summe zweier Quadrate ist.

Hieraus folgt, daß das Quadrat einer derartigen Zahl, also beispielsweise $13^2$, die Summe zweier Quadrate und damit Hypotenuse eines rechtwinkligen Dreiecks ist. Die Umkehrung hiervon ist allerdings schwieriger. So gilt $17^2 + 144^2 = 145^2$, wobei 145 keine Primzahl ist, obwohl 145 gleich dem Produkt von 5 und 29 ist, wobei 5 und 29 beides Primzahl von der Form $4n + 1$ sind.
Pythagoräische Tripel lassen sich auch noch anders bestimmen. Man nimmt zwei aufeinanderfolgende gerade oder ungerade Zahlen und addiere deren Kehrwerte. Beispiel: $1/3 + 1/5 = 8/15$. Dann sind 8 und 15 die Längen der Katheden eines rechtwinkligen Dreiecks: $8^2 + 15^2 = 17^2$. Dieses Verfahren läuft darauf hinaus, in der üblichen Methode eine der erzeugenden Zahlen $p$ und $q$ gleich 1 zu setzen und sich auf die solcherart erzeugte Untermenge zu beschränken.
Nimmt man zwei Seiten eines rechtwinkligen Dreiecks als erzeugende für ein neues rechtwinkliges Dreieck, so wird eine der Seiten des entstehenden Dreiecks gleich dem Quadrat der dritten Seite des Ausgangsdreiecks sein. Nimmt man beispielsweise 3 und 4 aus dem Dreieck 3 – 4 – 5, so ergibt sich als neues Dreieck 7 – 24 – 25. Eine Seite dieses Dreiecks ist gleich $5^2$.

## 14

Vierzehn ist die dritte quadratische Pyramidenzahl: $14 = 1 + 4 + 9$. Vierzehn und fünfzehn sind das erste Paar aufeinanderfolgender Zahlen mit der Eigenschaft, daß die Summe ihrer Teiler (die Zahlen selbst eingeschlossen) gleich ist:

$$1 + 2 + 7 + 14 = 1 + 3 + 5 + 15 = 24.$$

Vierzehn ist die erste Zahl $n$, so daß es genau $n$ Zahlen gibt, die kleiner als diese Zahl und alle relativ prim zu ihr sind. Die Folge derartiger Zahlen geht mit 26 34 38 50 ... weiter.
Gleichseitige Dreiecke mit natürlichzahligen Seitenlängen, deren Flächeninhalt irrational ist, lassen sich durch Heronische Dreiecke mit natürlichzahligen Seitenlängen und natürlichzahligem Flächeninhalt annähern. Der erste Schritt dieser Näherung ist das Pythagoräische Dreieck mit den Seiten 3, 4 und 5 und der Fläche 6. Die zweite Näherung hat die Seitenlängen 13, 14 und 15 sowie die Fläche 84. Dabei errechnet sich 14 als $4^2 - 2$. Die dritte Näherung ist 193 – 194 – 195, wobei $194 = 14^2 - 2$ ist, die vierte lautet 37 633 – 37 634 – 37 635 und so weiter.

# 15

Fünfzehn ist erste Zahl, die gleich dem Produkt zweier Primzahlen ist. Fünfzehn ergibt sich als Summe der Zeilen, der Spalten und der Diagonalen des kleinsten magischen Quadrates.

*Dreieckszahlen*

Fünfzehn ist die fünfte Dreieckszahl. Beim Pool-Billard liegen fünfzehn Kugeln im Dreieck.
Die Bezeichnung Dreieckszahlen stammt von den Griechen. Sie bildeten diese Zahlen, indem sie Summen der Form

$$1+2+3+4+5+\ldots$$

ausrechneten.
Die $n$-te Dreieckszahl $T_n$ wird durch die Formel $\frac{1}{2}n(n+1)$ gegeben. Die zugehörige Folge beginnt mit den Werten 1 3 6 10 15 21 28...
(Die Gesamtsumme der farbigen Kugeln beim Pool-Billard beträgt 27, also genau eins weniger als die siebente Dreieckszahl. Das liegt daran, daß die Werte der farbigen Kugeln nur von zwei bis sieben gehen.)
$\frac{1}{2}n(n+1)$ ist auch ein Binomialkoeffizient. Deshalb sollte man annehmen, daß die Dreieckszahlen auch im Pascalschen Dreieck auftauchen. Das ist in der Tat der Fall: Sie stehen in der dritten Diagonalen (in beiden Richtungen).
Die Dreieckszahlen sind die einfachsten Polygonalzahlen. Es gibt zahlreiche Beziehungen mit Dreieckszahlen. So ist jede Quadratzahl gleich der Summe zweier aufeinanderfolgender Dreieckszahlen. Diophant wußte bereits, daß jede ungerade Quadratzahl gleich dem Achtfachen einer Dreieckszahl plus eins ist.
Jede Fünfeckszahl läßt sich auf besonders einfache Art und Weise als Summe dreier Dreieckszahlen darstellen (siehe Abbildung Seite 97).
Zu jeder Dreieckszahl $T_n$ gibt es unendlich viele Dreieckszahlen $T_m$, so daß $T_nT_m$ eine Quadratzahl ist. Beispielsweise gilt: $T_3 \times T_{24} = 30^2$. Andererseits läßt sich das Quadrat jeder ungeraden Zahl als Differenz zweier aufeinanderfolgender Dreieckszahlen darstellen, die relativ prim zueinander sind.
Es folgt eine weitere Beziehung zwischen Dreiecks- und Quadratzahlen:

$$T_n = n^2 - (n-1)^2 + (n-2)^2 - (n-3)^2 + (n-4)^2 - \ldots \pm 1$$

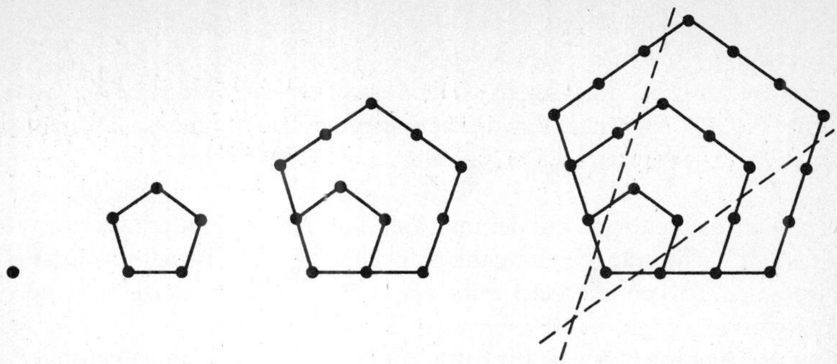

Auch zwischen Dreieckszahlen und Kuben gibt es eine wunderschöne Beziehung: $T^2_{n+1} - T^2_n = (n + 1)^3$. Hieraus folgt, daß die Summe der ersten $n$ Kuben gleich dem Quadrat der $n$-ten Dreieckszahl ist. Beispiel: $1 + 8 + 27 + 64 = 100 = 10^2$.
Dies weist auf einen Zusammenhang mit der Summe der fünften Potenzen hin, denn es gilt stets, daß $1^3 + 2^3 + 3^3 + \ldots + n^3$ die Zahl $3(1^5 + 2^5 + 3^5 + \ldots n^5)$ teilt. M. N. Khatri hat auf ein merkwürdiges Muster hingewiesen, das sich ergibt wenn man die Dreieckszahlen selbst addiert:

$$T_1 + T_2 + T_3 = T_4$$
$$T_5 + T_6 + T_7 + T_8 = T_9 + T_{10}$$
$$T_{11} + T_{12} + T_{13} + T_{14} + T_{15} = T_{16} + T_{17} + T_{18}$$

und so weiter. Hieraus schloß er unter anderem, daß sich jede vierte Potenz als Summe zweier Dreieckszahlen darstellen läßt. Beispiel:

$$7^4 = T_{41} + T_{33}.$$

Zwei Beziehungen der Dreieckszahlen untereinander lauten:

$$T_n^2 = T_n + T_{n-1}T_{n+1} \text{ und } 2T_nT_{n-1} = T_{n^2-1}.$$

Die Reihe der Kernwerte der Dreieckszahlen konvergiert:

$$1 + 1/3 + 1/6 + 1/10 + 1/15 + 1/21 + 1/28 + \ldots = 2.$$

Fünfzehn und einundzwanzig sind das erste Paar von Dreieckszahlen, deren Summe und Differenz (nämlich 6 und 36) wieder Dreieckszahlen sind. Die nächsten derartigen Paare sind nach Dickson 780 und 990 sowie 1747515 und 2185095. Sechs ist die einzige Dreieckszahl (außer der Eins) mit weniger als 660 Stellen, deren Quadrat wieder eine Dreieckszahl ist (Beiler).
Einige Zahlen sind sowohl Quadrat- als auch Dreieckszahlen. Die erste Zahl von dieser Art ist natürlich Eins. Die nächsten vier sind dann 36, 1225, 41616 und 1413721. Die Wurzeln aus diesen Zahlen sind 1, 6, 35, 204 und 1189. Sie ergeben sich gemäß einer einfachen Regel, die das folgende Beispiel erläutert: $1189 = (204 \times 6) - 35$. Diese Zahlen wer-

den mit Hilfe der bereits erwähnten Tatsache gefunden, daß für jede Dreieckszahl $T_n$ die Zahl $8T_n+1$ ein Quadrat ist. Ist die Dreieckszahl selber schon ein Quadrat, sagen wir $x^2$, so ergibt sich die Pellsche Gleichung $8x^2+1=y^2$. Die allgemeine Form der Lösung dieser Gleichung ist

$$1/32\,((17+12\sqrt{2})^n+(17-12\sqrt{2})^n-2).$$

Es gibt auch eine Regel, mit der man aus einer Lösung eine andere gewinnen kann: Ist $T_n$ eine Quadratzahl, dann auch $T_{4n(n+1)}$. Andererseits ist es unmöglich, daß eine Dreieckszahl zugleich ein Kubus oder eine höhere Potenz ist.

Charles Trigg hat Beispiele für palindromische Dreieckszahlen gefunden. Im Bereich bis zu $10^7$ gibt es 40 palindromische Dreieckszahlen. Die kleinsten derartigen Zahlen sind neben den trivialen Beispielen 1, 3 und 6 die Zahlen 55, 66, 171, 595, 666 und 3003. Im Falle von $T_{2662}=3\,544\,453$ sind sowohl die Dreieckszahl selbst als auch ihr Index palindromisch. Analoges gilt für $T_{1111}$ und $T_{111\,111}$, deren Werte 617716 und 6172882716 betragen.

## 16

Sechzehn ist die vierte Quadratzahl und die zweite vierte Potenz nach eins. Sie ist die erste Quadratzahl, die sich auf zwei Arten als Summe zweier Dreieckszahlen darstellen läßt: $16=6+10=1+15$.

Alle Zahlen, die hinreichend groß sind, lassen sich als Summe von höchstens sechzehn vierten Potenzen darstellen. Euler zeigte, daß die einzige Lösung der Gleichung $a^b=b^a$ $4^2=2^4=16$ lautet.

Die Pythagoräer wußten, daß sechzehn die einzige Zahl ist, die zugleich als Umfang wie auch als Flächeninhalt ein- und desselben Quadrates auftritt.

Sechzehn wird, ähnlich wie zwölf, oft als Basis für ein neues Zahldarstellungssystem vorgeschlagen. J. W. Mystrom hat im neunzehnten Jahrhundert folgende Namen für die Ziffern dieses Systems erfunden: an, de, ti, go, su, by, ra, me, ni, ko, hu, vy, la, po, fy und ton.

Seit der Einführung der elektronischen Computer ist sechzehn als Basis des Hexadezimalsystems üblich geworden.

Die ersten sechzehn Zahlen lassen sich in vielerlei Weise so anordnen, daß ein magisches Quadrat der Ordnung Vier entsteht, das ist ein Quadrat, in dem alle Zeilen, alle Spalten und alle Diagonalen dieselbe Summe ergeben, nämlich 34. Die untenstehende Illustration zeigt das magische Quadrat, das sich in Dürers Kupferstich »Melancholia« findet. Die beiden Zahlen in der Mitte der untersten Zeile geben das Jahr an, in dem das Werk entstand: 1514.

Viele magische Quadrate, wie das auf Seite 100 stehende vier-mal-vier-Quadrat, haben noch zusätzlich elegante Eigenschaften. Unser Beispiel stammt von Alfred Moessner.
Die Summe der Kuben der Zahlen, die in einer Diagonalen stehen, sind gleich $4624 = 68^2$. Die Summe der Zahlen in der ersten und in der vierten Spalte sind gleich. Dies trifft auch auf die zweite und dritte Spalte, auf die erste und vierte Zeile und die zweite und dritte Zeile zu.

| | | | |
|---|---|---|---|
| 12 | 13 | 1 | 8 |
| 6 | 3 | 15 | 10 |
| 7 | 2 | 14 | 11 |
| 9 | 16 | 4 | 5 |

*Literatur:* Alfred Moessner: »*A Curious Magic Square*«, in: »Scripta Mathematica«, Band 13.

*Das Hexadezimalsystem*

Sechzehn ist die Basis des in Computern verwendeten Hexadezimalsystems. Zu den üblichen Ziffern 1 bis 9 werden noch die Buchstaben A, B, C, D, E und F hinzugenommen, welche für die Ziffern 10 bis 15 stehen. Zahlen lassen sich auf dieser Grundlage nach den üblichen Verfahren konstruieren. So steht beispielsweise 6C5 für 5 Einer, $C = 12$ Sechzehner und 6 Sechzehner zum Quadrat. Das macht $5 + 12 \times 16 + 6 \times 256 = 1733$.
Weil $16 = 2^4$ gilt, lassen sich Hexagesimalzahlen sehr einfach in Dualzahlen umrechnen. Dazu muß man nur jede Ziffer im Dualsystem ausdrükken, wobei führende Nullen hinzuzufügen sind, damit immer vierstellige duale Ziffernblöcke entstehen. (Für die erste Stelle ist dies nicht notwendig.) Im obigen Beispiel sieht das so aus: Die erste Ziffer 6 ist dual gleich 110, die zweite Ziffer $C = 12$ entspricht der Dualzahl 1100 und 5 ergibt 101, was zu 0101 ergänzt werden muß. Nun setzt man die gefundenen Zahlen in ihrer ursprünglichen Reihenfolge aneinander. So wird aus 6C5 (hexagesimal) = 1733 (dezimal) die Dualzahl 11011000101.

*Fast vollkommene Zahlen*

Sechzehn ist fast vollkommen, weil sich seine Teiler (unter Ausschluß von Sechzehn selbst) zu sechzehn minus eins aufsummieren: $1 + 2 + 4 + 8 = 15$.
Alle Zweierpotenzen sind fast vollkommen. Ob es auch ungerade fast

vollkommene Zahlen gibt, ist natürlich unbekannt. Ich sage natürlich, weil die Existenz von Vollkommenheit aller Art bei ungeraden Zahlen fast immer unbekannt ist.
Ergeben die Faktoren einer Zahl zusammengezählt (wobei die fragliche Zahl selbst ausgeschlossen sein soll) eine Summe, die um genau eins größer ist als die Zahl selbst, so nennt man diese quasi-vollkommen. Man weiß, daß jede quasi-vollkommene Zahl Quadrat einer ungeraden Zahl, also selbst ungerade ist. Allerdings ist nicht bekannt, ob es überhaupt quasi-vollkommene Zahlen gibt. Man vergleiche hierzu die Erläuterungen zur Zahl 28 sowie den Abschnitt über vollkommene Zahlen. Wenn es eine quasi-vollkommene Zahl gibt, so muß diese sehr groß sein – nämlich größer als $10^{35}$ – und mindestens sieben Primfaktoren besitzen.

## 17

Die siebente Fermatsche Primzahl: $17 = 2^{2^2} + 1$.
Im Alter von siebzehn Jahren bewies Gauß, daß man ein reguläres Polygon nur dann mit Zirkel und Lineal konstruieren kann, wenn dessen Seitenzahl gleich einem Produkt aus lauter verschiedenen Fermatschen Primzahlen der Form $2^{2^n} + 1$ ist. Daraus folgt, daß man das reguläre Siebzehneck mit Hilfe von Zirkel und Lineal konstruieren kann.
Die Periode von 1/17 hat maximale Länge; nämlich sechzehn: 1/17 = 0,0588235294117647.
Siebzehn ist die erste Zahl, die sich als Summe zweier verschiedener vierter Potenzen darstellen läßt: $17 = 1^4 + 2^4$.
Siebzehn ist gleich der Quersumme seines Kubus 4913. Die einzigen Zahlen, denen diese Eigenschaft noch zukommt, sind 1, 8, 26 und 27. Drei dieser Zahl sind selbst Kuben.
Man bestimmt Zahlen *a, b, c,*... aus dem Intervall [0,1] folgendermaßen: *a* und *b* sollen in verschiedenen Hälften des Einheitsintervalles liegen, *a, b, c* in verschiedenen Dritteln *a, b, c, d* in unterschiedlichen Vierteln und so weiter. Man wird höchstens siebzehn Zahlen mit den angegebenen Eigenschaften finden.
Es gibt siebzehn wesentlich verschiedene Symmetrien, die man beim Entwurf von Tapeten verwenden kann.
Siebzehn war die größte Zahl, von der Theodorus zeigen konnte, daß ihre Quadratwurzel irrational ist.
Plutarch zufolgte hatten die Pythagoräer auch vor der Zahl Siebzehn Angst. Der Grund hierfür war, daß siebzehn genau zwischen sechzehn

und achtzehn liegt und diese beiden Zahlen die einzigen Werte darstellen, für die der Umfang eines Rechtecks gleich dessen Fläche ist.*
$n^2+n+17$ ist ein wohlbekanntes Polynom, das viele Primzahlen liefert. Für $n=0$ bis $n=15$ ergeben sich als Werte lauter Primzahlen, beginnend mit 17 und endend mit 257.
Es ist nur ein Paar von Primzahlen $p$ und $q$ bekannt, so daß die Zahlen $p^q-1$ und $q^p-1$ einen gemeinsamen Faktor haben, der kleiner als 400000 ist. Dieses Paar lautet: 17, 3313. Der gemeinsame Faktor ist 112643.**

## 18

Es gilt: $18=9+9$ und $81=9\times 9$.
Ein analoger Zusammenhang gilt in jedem Zahldarstellungssystem. So ist zum Beispiel im System zur Basis acht $7+7=16$ und $7\times 7=61$.***
Die dritte und vierte Potenz von achtzehn haben, betrachtet man sie als Einheit, die Eigenschaft, daß alle Ziffern zwischen Null und Neun genau einmal darin auftreten: $18^3=5832$ und $18^4=104976$.
Achtzehn ist gleich der Quersumme seiner dritten Potenz: $18^3=5832$.

## 19

Neunzehn ist die dritte natürliche Zahl, deren Kehrwert eine Periode maximaler Länge – nämlich achtzehn – aufweist:
$1/19=0{,}052631578947368421\ldots$
Die Teilbarkeit durch neunzehn läßt sich leicht nachprüfen. Es gilt nämlich: $100a+b$ ist dann und nur dann durch neunzehn teilbar, wenn $a+4b$ durch neunzehn teilbar ist.
Neunzehn ist die dritte ausgefüllte Hexagonalzahl: $19=1+6+12$.
Es gibt nur eine einzige Möglichkeit, wie man aufeinanderfolgende Zahlen zu einem magischen Sechseck anordnen kann. Das soll bedeuten, daß die sich ergebenden Summen in allen drei Richtungen gleich sein sollen. Daß sich die Zahlen zwischen eins und neunzehn in dieser Weise anordnen lassen, wurde erstmals von T. Vickers entdeckt.

* B. van der Waerden: »Erwachende Wissenschaft«, Birkhäuser, Basel 1966.
** N. M. Stephens, »*On the Veit-Thompson Conjecture*«, in: *Mathematics of Computation*, Band 25.
*** D. Y. Hsu, *Journal of Recreational Mathematics*, Band 10.

$19! - 18! + 17! - 16! + \ldots + 1!$ ist prim. Die einzigen Zahlen, denen eine analoge Eigenschaft zukommt, sind nach Guy die Zahlen 3, 4, 5, 6, 7, 8, 10 und 15.
Jede natürliche Zahl läßt sich als Summe von höchstens neunzehn vierten Potenzen darstellen.

## 20

Zwanzig ist die Summe der ersten vier Dreieckszahlen und deshalb die vierte Tetraederzahl: $20 = 1 + 3 + 6 + 10$.
Ein Ikosaeder besitzt zwanzig Flächen, das zum Ikosaeder duale Dodekaeder hat zwanzig Ecken.
Zwanzig ist die zweite semi-vollkommene (pseudo-vollkommene) Zahl, weil Zwanzig gleich der Summe einiger seiner Teiler ist:
$20 = 10 + 5 + 4 + 1$.
Die kleinste semi-vollkommene Zahl ist Zwölf, zugleich die erste abundante Zahl. Die nächsten semi-vollkommenen Zahlen sind 20, 24 und 30.

*Das Vigesimalsystem*

Zwanzig nimmt in vielen Systemen des Zählens, Messens und Wiegens eine Sonderstellung ein.
Die Basis Zwanzig (daher die Bezeichnung vigesimal) wurde von den Astronomen und Kalenderschreibern der Mayas verwendet. Die Mayakultur erlebte ihre Blütezeit im vierten Jahrhundert vor Christus. Sie benutzte ein Stellenwertsystem, das auch die Null einschloß, lange bevor in Europa das indische System bekannt wurde.
Zwanzig taucht im alten englischen Währungssystem auf: dort waren zwanzig *Shilling* ein *Pound*. Auch im alten englischen Maß- und Gewichtssystem kam die Zwanzig vor.
Zwanzig Jahre sind ein markantes Alter. In der Bibel werden Altersangaben oft mit Hilfe der Zahl Zwanzig vorgenommen. »Die Tage unserer Jahre sind dreimal zwanzig und zehn; sollten sie viermal zwanzig betragen, so wird dies mehr Arbeit und Mühsal mit sich bringen.«

## 21

Die Einundzwanzig ist die sechste Dreieckszahl. Deshalb ist 21 gleich der Gesamtzahl von Punkten, die sich auf einem gewöhnlichen Würfel finden.
Endet eine Quadratzahl mit der Ziffernfolge *xyxyxyxyxy*, so lautet die Folge *xy* entweder 21 oder 61 oder 84. Das kleinste Beispiel für diesen Sachverhalt ist die Zahl $508\,853\,989^2 = 258\,932\,382\,121\,212\,121$.*
21 ist gleich der Minimalanzahl von verschiedenen Quadraten, in die man ein Quadrat zerlegen kann. Die Kantenlängen des zerlegten Quadrates beträgt 112.**

## 22

Nur für die Zahlen 22, 23 und 24 gilt, daß die Anzahl von Ziffern in $n!$ genau $n$ beträgt.
22 ist die Maximalanzahl von Teilen, in die man einen Pfannkuchen durch sechs Schnitte zerlegen kann (siehe Abbildung Seite 105).
Die Folge, die sich ergibt, wenn man mit einem Schnitt anfängt und dann zu zwei, drei und so weiter Schnitten übergeht, sieht so aus: 2 4 7 11 16 22 29 37...
22 ist eine Palindromzahl, deren Quadrat wieder palindromisch ist: $22^2 = 484$.
Viele Palindromzahlen, deren Ziffern hinreichend klein sind, haben diese Eigenschaft, so zum Beispiel 11, 111, 1111, 121, 212 und so weiter.

### *Fünfeckszahlen*

22 ist die vierte Fünfeckszahl. Die Fünfeckszahlen beginnen mit: 1 5 12 22 35 51 70... Die $n$-te Fünfeckszahl wird durch die Formel $\frac{1}{2}n(3n-1)$ gegeben. Fünfeckszahlen kann man nach Art der Pythagoräer als Punktmuster darstellen, wobei sich immer größer werdende Fünfecke ergeben (vergleiche Abbildung zum Passus ›Dreieckszahlen‹ Seite 97).
Natürlich lieferte die obige Formel auch Resultate, wenn man negative Werte für $n$ einsetzt. Das läßt sich mit den gezeichneten Diagrammen

* J. A. H. Hunter, *Journal of Recreational Mathematics*, Band 6
** A. J. W. Duijvestijn, *Journal of Combinatorical Theory*, Band 25, 1978.

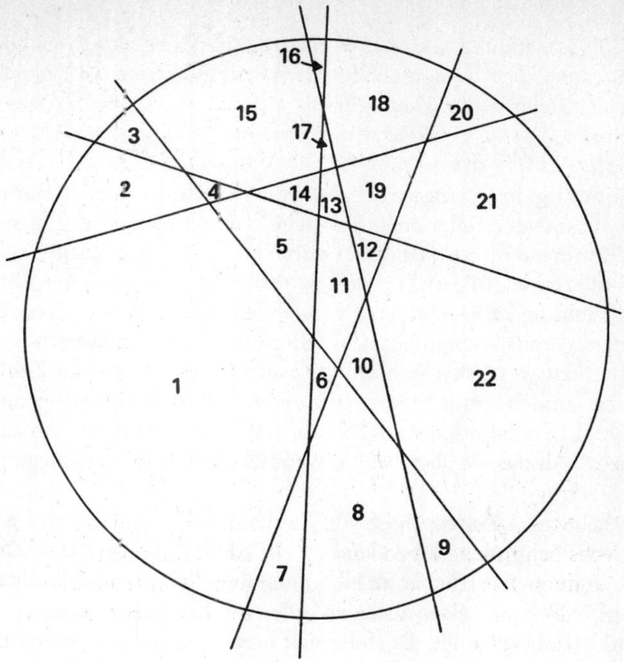


allerdings nicht nachmachen. Die nach beiden Seiten offene Folge lautet:

.. 40 26 15 7 2 0 1 5 12 22 35 60 ...

Ordnet man diese Zahlen in (nach Beträgen) aufsteigender Reihenfolge an, so läßt sich in ihren Differenzen eine Regelmäßigkeit erkennen:

1 2 5 7 12 15 22 26 35 40 51 57 70 77 92 100

1 3 2 5 3 7 4 9 5 11 6 13 7 15 8

Überspringt man jeweils eine Zahl in der Differenzenfolge, so ergeben sich die natürlichen Zahlen 1, 2, 3, 4, 5, 6, 7, ... und die ungeraden Zahlen 1, 3, 5, 7, 9, 11, 13, ...

Euler hat einen sehr wichtigen und schönen Satz entdeckt, in dem die gesamte Folge in einer überraschenden Art und Weise auftaucht. Euler begann damit, das unendliche Produkt $(1-x)(1-x^2)(1-x^3)(1-x^4)$ ... auszumultiplizieren. Dabei stellte er fest, daß am Anfang die Terme $1-x-x^2-x^3+x^5+x^7-x^{11}-x^{15}+\ldots$ auftreten.

Anfänglich war er außerstande, außer durch eine einfache Verallgemeinerung zu beweisen, daß die Exponenten der Variablen $x$ alle Fünfeckszahlen durchlaufen. Allerdings war die Regelmäßigkeit so offenkundig, daß er vollständig von ihr überzeugt war. Er begnügte sich damit, den Satz aus einem anderen Satz herzuleiten: Es sei $\sigma(n)$ gleich der Summe der Teiler von $n$. Dann gilt:

$$\sigma(n) = \sigma(n-1) + \sigma(n-2) - \sigma(n-5) - \sigma(n-7) + \sigma(n-12) + \sigma(n-15) - \sigma(n-22) - \ldots$$

Diese Summe geht so lange weiter, wie die darin auftretenden Summanden die Summe der Teiler einer positiven Zahl darstellen. Ergibt sich als letzter Summand $\sigma(0)$, so ist dieses durch $n$ zu ersetzen. Beispiel:

$$\sigma(12) = \sigma(11) + \sigma(10) - \sigma(7) - \sigma(5) + \sigma(0) = 12 + 18 - 8 - 6 + 12 = 28.$$

Diese Beziehung kann man dazu verwenden, um die Werte von $\sigma(n)$ zu berechnen, vorausgesetzt man kennt die vorangehenden Werte von $\sigma(n)$, was bemerkenswert ist. Denn um die Summe der Teiler einer Zahl feststellen zu können, muß man zuerst deren Teiler ermitteln, wozu man erst einmal herausfinden muß, ob die fragliche Zahl eine Primzahl ist oder nicht. All das ist aber bei Verwendung der Formel nicht notwendig.

Euler war auch an Zerlegungen von Zahlen interessiert. Hierbei geht es darum herauszufinden, auf wieviel verschiedene Arten sich eine Zahl als Summe anderer natürlicher Zahlen darstellen läßt. Beispielsweise läßt sich Fünf in sieben Weisen zerlegen. Die Anzahl der Zerlegungen von $n$ wird mit $p(n)$ bezeichnet. Es stellt sich heraus, daß die folgende Beziehung gilt:

$$p(n) = p(n-1) + p(n-2) - p(n-5) - p(n-7) + p(n-12) + \ldots$$

Auch diese Summe bricht ab, wenn man bei der Anzahl der Zerlegungen einer negativen Zahl angelangt ist. Im vorliegenden Fall ist $p(0)$ gleich 1 zu setzen.

## 22,459157718361045473427152...

$\pi^e$

Man weiß nicht, ob diese Zahl rational oder irrational ist.

## 23

23 und 29 bilden das erste Paar von aufeinanderfolgenden Primzahlen, die sich um sechs unterscheiden.

23 ist eine der beiden natürlichen Zahlen, zu deren Darstellung als Summe von Kuben man tatsächlich neun dritte Potenzen benötigt. Die andere Zahl mit dieser Eigenschaft ist 239.

$23 = 2^3 + 2^3 + (7 \times 1^3)$

Natürlich wird dabei verlangt, daß die Kuben alle positiv sein sollen. Werden auch negative Kuben zugelassen, so läßt sich 23 beispielsweise als $3^3 + 4(-1)^3$ darstellen, was nur sieben Kuben erfordert. Verwendet man negative Kuben, so lassen sich alle natürlichen Zahlen, die bei der Division durch neun die Reste vier oder fünf übriglassen, als Summe von nur vier Kuben darstellen.

23 ist die vierte Primzahl, deren Kehrwert eine Periode maximaler Länge besitzt. 23 ist auch die Minimalanzahl von starren Stäben mit Einheitslänge, die man braucht, um ein Quadrat zu versteifen. 23 ist schließlich die größte natürliche Zahl, die sich nicht als Summe von verschiedenen Potenzen darstellen läßt.

23! besitzt 23 Stellen.

Wenn sich 23 oder mehr Personen in einem Zimmer befinden, so ist die Wahrscheinlichkeit dafür, daß mindestens zwei dieser Personen am selben Tag Geburtstag haben, größer als 1/2.

## 23,10345...

Die Reihe der Stammbrüche $1 + 1/2 + 1/3 + 1/4 + 1/5 + \ldots$ divergiert. Nimmt man hinreichend viele Summanden dieser Reihe, so läßt sich deren Summe größer machen als jede vorgegebene Zahl. Läßt man jedoch alle Stammbrüche weg, die sich als Kehrwerte von Zahlen ergeben, deren Darstellung im Dezimalsystem mindestens eine Null enthält, so konvergiert die Reihe. Ihre Summe ist dann gleich 23,10345...

*Literatur:* R. P. Boas und J. W. French: *»Partial Sums of Harmonic Series«, American Mathematical Monthly*, 1971.

## 23,140692632779269005729086...

$e^{\pi}$

Diese Zahl ist transzendent.

## 24

Die Anzahl der Stunden eines Tages.
24 ist durch die Summe seiner Ziffern und durch deren Produkt teilbar. Sie ist die kleinste Zahl, bei der das Produkt ihrer echten Teiler eine Kubikzahl ergibt: $1 \times 2 \times 3 \times 4 \times 6 \times 8 \times 12 = 24^3$.
Die Summe der ersten 24 Quadratzahlen, die 24. quadratische Pyramidenzahl also, ist selbst eine Quadratzahl: $1^2 + 2^2 + 3^2 + \ldots + 24^2 = 70^2$. Das ist die einzige Lösung dieser Art von Problemen. Allerdings gibt es andere Folgen von aufeinanderfolgenden Quadratzahlen, die sich zu einer Quadratzahl summieren, wenn man nicht mit eins beginnt. Ein Beispiel hierfür ist: $18^2 + 19^2 + \ldots + 28^2 = 77^2$.
Ordnet man gleichgroße Kugeloberflächen im 24dimensionalen Raum zu einem Leech-Gitter an, so berührt jede Kugeloberfläche 196560 andere Kugeloberflächen. Das ist mit großer Wahrscheinlichkeit die dichteste Packung von Kugeloberflächen, die man im 24dimensionalen Raum realisieren kann. Geeignete Schnitte durch das Leech-Gitter liefern die dichtesten Packungen von Kugeloberflächen in tieferen Dimensionen, so zum Beispiel in den Dimensionen Zehn, Elf und Dreizehn.

*Literatur:* N. J. A. Sloane: »*The Packing of Spheres*«, *Scientific American*, Januar 1984.

### *Fakultäten*

Es gilt $24 = 1 \times 2 \times 3 \times 4$. Deshalb ist 24 die vierte Fakultät. Hierfür schreibt man 4!, was selbst von Mathematikern als ›Vier Ausrufezeichen‹ gelesen wird. n! wächst ungeheuer schnell. 20! ist bereits gleich 2432902008176640000. Sehr viele große Werte der Fakultätsfunktion sind berechnet worden. Horace Uhler ermittelte, daß »die erste Ziffer von 450! (ungleich Null) an der 1001. Stelle links vom Dezimalkomma auftaucht... Diese Zahl könnte man schwärmerisch die Zahl aus Tausendundeiner Nacht nennen.« 1000000! wurde kürzlich von Harry Nelson und David Slowinski berechnet, die zusammen auch den Rekord für große Primzahlen halten. Diese Fakultät besitzt 5565709 Stellen. Ihr Computerausdruck war fast fünfzehn Zentimeter dick.
Die Fakultät taucht überall in der Mathematik auf. Es gibt $n!$ Möglichkeiten, $n$ Dinge anzuordnen. Man kann unter Beachtung der Reihenfolge aus einem Stapel von 52 Karten vier Karten auf $52 \times 51 \times 50 \times 49$ Arten auswählen. Dabei sind Herz Dame, Karo Sieben, Pik Zehn und Kreuz Bube etwas anderes als Kreuz Bube, Herz Dame, Karo Sieben und Pik Zehn. Die Zahl $52 \times 51 \times 50 \times 49$ läßt sich sehr schön als $52!/48!$ darstellen.

Spielt die Reihenfolge aber keine Rolle, so sind alle $4! = 24$ Möglichkeiten, wie man dieselben Karten ziehen kann, gleichwertig, weshalb man die Gesamtzahl noch durch $4!$ teilen muß. Für diese ergibt sich damit der Wert $52!/(48! \times 4!)$.
Man beachte, daß man die beiden Fakultäten im Nenner in beliebiger Reihenfolge miteinander multiplizieren kann. Dem entspricht die Tatsache, daß man die vier Karten aus den 52 entweder bekommen kann, indem man vier Karten zieht und behält oder indem man 48 Karten weglegt.
Nur wenig verkleidet treten die Fakultäten im Pascalschen Dreieck auf. Dieses Dreieck wurde von Cardano, Tartaglia, Pascal und anderen dazu verwendet, um kombinatorische und wahrscheinlichkeitstheoretische Probleme zu lösen sowie zur Berechnung der Binomialkoeffizienten.
Schreibt man $52!/(48! \times 4!)$ wie üblich als $\binom{52}{48}$ beziehungsweise als $\binom{52}{4}$ (was keinen Unterschied macht), so läßt sich das gewöhnliche Pascalsche Dreieck (links) in der rechts gezeigten Weise darstellen:

$$\begin{array}{ccccccc} & & & 1 & & & \\ & & 1 & & 1 & & \\ & 1 & & 2 & & 1 & \\ 1 & & 3 & & 3 & & 1 \end{array} \qquad \begin{array}{ccccccc} & & & \binom{0}{0} & & & \\ & & \binom{1}{0} & & \binom{1}{1} & & \\ & \binom{2}{0} & & \binom{2}{1} & & \binom{2}{2} & \\ \binom{3}{0} & & \binom{3}{1} & & \binom{3}{2} & & \binom{3}{3} \end{array}$$

Liest man beispielsweise die vierte Zeile, so erhält man:
$(x+1)^3 = x^3 + 3x^2 + 3x + 1$ Die Einträge des Pascalschen Dreiecks sind natürliche Zahlen. Das verdeutlicht die Tatsache, daß das Produkt von $n$ aufeinanderfolgenden natürlichen Zahlen stets durch $n!$ teilbar ist.
Fakultäten treten auch im Differenzendreieck für Folgen von Potenzen auf. Hier reduzieren sich die Differenzen für fünfte Potenzen alle auf 5!

$$\begin{array}{ccccccccccccccc} 1 & & 32 & & 243 & & 1024 & & 3125 & & 7776 & & 16807 & & \dots \\ & 31 & & 211 & & 781 & & 2101 & & 4651 & & 9031 & & \dots & \\ & & 180 & & 570 & & 1320 & & 2550 & & 4380 & & \dots & & \\ & & & 390 & & 750 & & 1230 & & 1830 & & \dots & & & \\ & & & & 360 & & 480 & & 600 & & \dots & & & & \\ & & & & & 120 & & 120 & & 120 & & 120 & & \dots & \end{array}$$

Fakultäten treten auch in der Reihenentwicklung für $e^x$ und für die trigonometrischen Funktionen auf:

$$\sin x = x - x^3/3! + x^5/5! - x^7/7! + \ldots$$

$$e^x = 1 + x + x^2/2! + x^3/3! + x^4/4! + \ldots$$

Bedenkt man die Beziehung zwischen der Kreiszahl, dem Kreis und den trigonometrischen Beziehungen, so ist Stirlings Formel nicht unverständlich, sondern höchstens erstaunlich:

$$n! \sim n^n e^{-n} \sqrt{2\pi n}.$$

Ebenso wie Eulers Beziehung verknüpft die Stirlingsche Formel mehrere wichtige Zahlen und Funktionen. Allerdings gilt die in ihr formulierte Beziehung nur näherungsweise, was in dem Zeichen $\sim$ zum Ausdruck kommt.

Auch in der Zahlentheorie spielt $n!$ eine wichtige Rolle. Sowohl der Satz von Wilson als auch dessen Umkehrung sind wahr: $p$ ist dann und nur dann eine Primzahl, wenn $(p-1)!+1$ durch $p$ teilbar ist. Leibniz kannte schon lange, bevor der Wilsonsche Satz 1770 von Edward Waring publiziert wurde, dieses Theorem. (Es war auch Waring, der diesen Satz Sir John Wilson zuschrieb und ihm damit eine Art von Unsterblichkeit verlieh.) Theoretisch läßt sich der Wilsonsche Satz als Primzahltest verwenden. In der Praxis ist diese Idee wegen der Größe von $n!$ absurd. Es ist nicht vernünftig, die Primzahleigenschaft von 23 dadurch zu testen, daß man $22!+1$ durch 23 zu teilen versucht.

Das Symbol für Fakultät selbst ist interessant. Mathematiker verlangen Symbole, die einfach, einprägsam und angemessen sind. Was könnte als Symbol für eine Funktion, die in ihrer Größe so schnell zunimmt, angemessener sein als das Ausrufezeichen! Augustus de Morgan, die Geißel der Kreisquadrierer und anderer unglücklicher Mathematikbesessener, war allerdings aus der Fassung gebracht, als das Ausrufezeichen, das 1808 von Christian Kramp in Deutschland erfunden worden war, auch in England seinen Einzug hielt. Er schrieb:

»Schlimmste Barbarei ist es, Symbole in die Mathematik einzuführen, die in der Alltagssprache eine feststehende Bedeutung haben, die sich nicht mit ihrer neuen mathematischen deckt. Manche Autoren haben bei den Deutschen die abkürzende Schreibweise $n!$ entlehnt, was den von ihnen geschriebenen Seiten den Anschein der Bewunderung darüber verleiht, daß man in mathematischen Resultaten Dinge wie 2, 3, 4 und so weiter finden kann.«

Hätte de Morgan sich nicht nur auf den psychologischen Aspekt des Symbols konzentriert, hätte er sehr schnell eingesehen, daß die Benutzer rasch den Achtung!-Aspekt ignorieren und nur den mathematischen Aspekt beachten.

Fakultäten lassen sich, ähnlich wie die Fibonacci-Zahlen, als Basis für ein Zahldarstellungssystem verwenden, das nicht von den Potenzen einer festen Zahl abhängt. Dazu dividiert man die darzustellende Zahl einfach durch die größte Fakultät, die kleiner als sie ist. Mit dem verbleibenden Rest wiederholt man dieses Verfahren. Beispiel:

$$2000 = (2 \times 720) + (4 \times 120) + (3 \times 24) + (1 \times 6) + (2 \times 1) =$$
$$(2 \times 6!) + (4 \times 5!) + (3 \times 4!) + (1 \times 3!) + (1 \times 2!) + (0 \times 1!)$$

Also lautet die Fakultätsdarstellung von 2000: 243110.
Die Addition zweier derartiger Zahlen ist trickreich, die Multiplikation ist fast ein Alptraum. Dennoch sind diese Zahldarstellungen in bestimmten Situationen von Nutzen.

*Literatur:* H. Uhler: *Mathematics Teacher*, April 1953; F. Gruenberger, »*Computer Recreations*«, *Scientific American*, April 1984.

## 25

Eine Quadratzahl, die Summe zweier Quadratzahlen ist: $25 = 3^2 + 4^2 = 5^2$.
Die Griechen stellten Quadratzahlen ebenso wie die Polygonalzahlen durch Punktmuster dar. Will man ein Quadrat in ein anderes überführen, so genügt es, an zwei aneinanderstoßenden Seiten Punkte hinzuzufügen. Die hinzugefügten Punkte durchlaufen dabei die Folge der ungeraden Zahlen: 1, 3, 5, ... (siehe Abbildung Seite 112).
Hieraus folgt, daß die Summe von aufeinanderfolgenden ungeraden Zahlen immer Quadratzahlen sind (wenn man mit eins beginnt). Insbesondere gilt: $5^2 = 25 = 1 + 3 + 5 + 7 + 9$.
Jede Quadratzahl ist auch gleich der Summe zweier Dreieckszahlen: $25 = 10 + 15$. Mit Hilfe eines Punktegitters läßt sich diese Gleichung so darstellen: (siehe Abbildung Seite 113).
Schreibt man dies mit Zahlen, so erhält man die Figur:

$$\begin{aligned} 1 &= 1^2 \\ 1 + 2 + 1 &= 2^2 \\ 1 + 2 + 3 + 2 + 1 &= 3^2 \\ 1 + 2 + 3 + 4 + 3 + 2 + 1 &= 4^2 \\ 1 + 2 + 3 + 4 + 5 + 4 + 3 + 2 + 1 &= 5^2 \end{aligned}$$

und so weiter.
Für ungerade Quadratzahlen ergibt sich das folgende Muster. Man zerlege beispielsweise 25 in zwei aufeinanderfolgende Summanden: $25 = 12 + 13$. Genauso spalte man die Wurzel von 25 auf: $5 = 2 + 3$. Dann

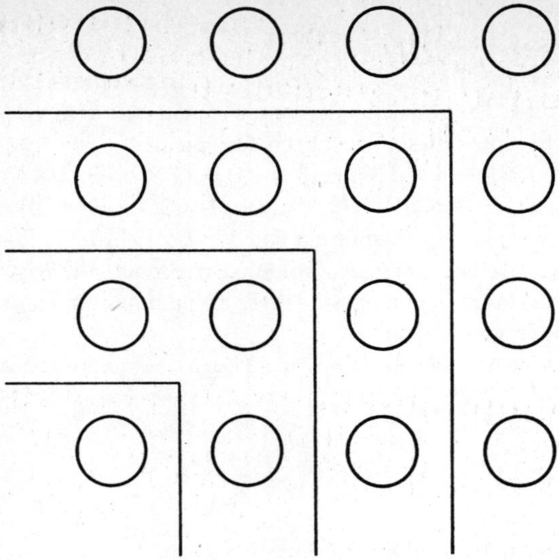

haben die drei Zahlen, die mit zwölf enden, und die beiden Zahlen, die mit dreizehn anfangen, dieselbe Quadratsumme. Konkret sieht das so aus:

$$3^2 + 4^2 = 5^2$$
$$10^2 + 11^2 + 12^2 = 13^2 + 14^2$$
$$21^2 + 22^2 + 23^2 + 24^2 = 25^2 + 26^2 + 27^2$$

und so weiter.
Dieses Muster ähnelt dem folgenden: $1+2=3$; $4+5+6=7+8$; $9+10+11+12=13+14+15$ und so weiter.
Alle Potenzen von 25 enden mit den Ziffern 25.
$25=4!+1$ ist die einzige Lösung der Gleichung $(n-1)!+1=n^k$ (Liouville).
Fermat behauptete (ohne einen Beweis zu geben), daß 25 die einzige Quadratzahl sei, die genau zwei kleiner als ein Kubus ist: $25=3^3-2$.

**26**

Das ist die kleinste nichtpalindromische Zahl, deren Quadrat ein Palindrom ist: $26^2=676$.
26 ist gleich der Quersumme seiner dritten Potenz: $26^3=17\,576$.

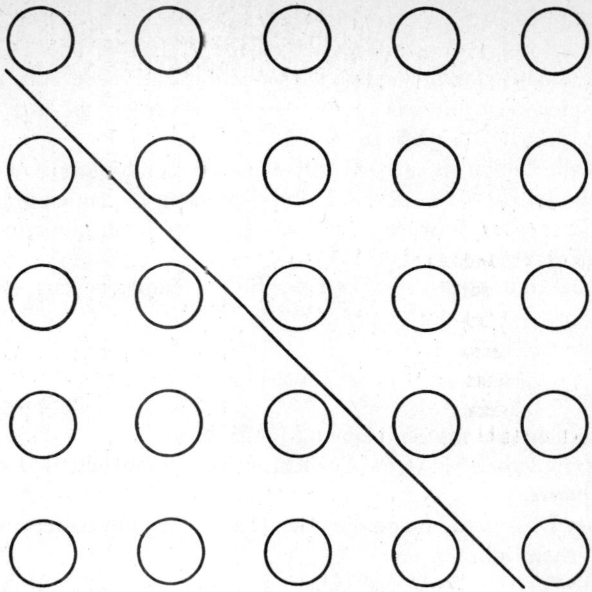

## 27

Der erste ungerade vollkommene Kubus (abgesehen von Eins).
27 ist gleich der Gesamtpunktzahl auf den farbigen Kugeln beim Lochbillard, denn 27 ist genau eins kleiner als die siebte Dreieckszahl 28.
27 ist gleich der Quersumme seiner dritten Potenz: $27^3 = 19\,683$.
Alle natürlichen Zahlen lassen sich als Summe von höchstens 27 Primzahlen darstellen.
027 ist die Periode von 1/37. Umgekehrt gilt: $1/27 = 0{,}037\,037\,037\ldots$
Vertauscht man die Ziffern eines dreistelligen Vielfachen von 27 (macht man also beispielsweise aus 513 die Zahl 135 oder die Zahl 351), so ist auch die resultierende Zahl ein Vielfaches von 27. Die einzige andere Zahl mit dieser Eigenschaft für dreistellige Vielfache ist 37.
27 ist die kleinste natürliche Zahl, die sich auf zweierlei Weisen als Summe von drei Quadratzahlen darstellen läßt:
$27 = 3^2 + 3^2 + 3^2 = 5^2 + 1^2 + 1^2$.
Der Syrakus-Algorithmus beginnt mit einer beliebigen Zahl, die durch

zwei geteilt wird, falls die Ausgangszahl gerade war oder mit drei multipliziert wird, falls sie ungerade war. Im letzteren Fall wird noch eins zum Produkt addiert. Dieser Vorgang wird anschließend wiederholt. Beginnt man beispielsweise mit siebzehn, so sieht die sich ergebende Folge so aus: 17 52 26 13 40 20 10 5 16 8 4 2 1.
Man hat alle Zahlen bis zu 1 000 000 000 getestet, und jedesmal endete die Folge mit den Zahlen 4 – 2 – 1. Unter den ersten 50 Zahlen braucht 27 hierzu die meisten Schritte (nämlich 27), wobei die größte auftretende Zahl 9232 ist.
Es ist unbekannt, ob die Syrakus-Folge für alle Zahlen bei eins endet.

## 28

Die Anzahl der Mondtage in einem Mondzyklus.
Im alten englischen Maß- und Gewichtssystem die Anzahl der *Pounds* in einem *Quarter*.
Die siebte Dreieckszahl und die Anzahl von Dominosteinen in einem gewöhnlichen Dominospiel.
Die erste Dreieckszahl, die gleich der Summe zweier Kuben ist: $28 = 1^3 + 3^3$.
Schließlich: Die längste bekannte Kette von befreundeten Zahlen hat 28 Glieder und beginnt bei 12 496.

### *Vollkommene Zahlen*

28 ist nach Sechs die zweite vollkommene Zahl. Das bedeutet, daß 28 gleich der Summe seiner Teiler ist, wobei 28 selbst ausgeschlossen, Eins aber eingeschlossen sein soll: $28 = 1 + 2 + 4 + 7 + 14$.
Die ersten vier vollkommenen Zahlen (6, 28, 496 und 8128) waren bereits den späten Griechen bekannt; Nikomachus und Jamblichus erwähnen sie beide. Jamblichus vermutete, daß es zu jeder Anzahl von Ziffern genau eine vollkommene Zahl gäbe. Das war angesichts seines Unwissens hinsichtlich der Willkürlichkeit der Basis Zehn für ein Zahldarstellungssystem keineswegs abwegig. Ferner nahm Jamblichus an, alle vollkommenen Zahlen würden auf 6 oder 8 enden (was wahr ist) und 6 und 8 würden sich abwechseln (was falsch ist).
Die Abfolge der Einerstellen der ersten vollkommenen Zahlen lautet so: 6-8-6-8-6-6-8-8-6-6-8-8-6-8-8-... Alle vollkommenen Zahlen enden entweder auf 28 oder auf 6, wobei eine ungerade Ziffer vorangeht.

Euklid bewies im neunten Buch seiner »Elemente« (die sich keineswegs nur auf die Geometrie beschränkten) den folgenden Satz: Entsteht eine mit Eins beginnende Folge mit beliebig vielen Zahlen dadurch, daß man immer verdoppelt, und geht man so weit, bis schließlich eine Primzahl als Summe der Folgenglieder entsteht, so ist das Produkt aus dieser Summe und dem letzten Folgenglied eine vollkommene Zahl. Beispiel: Ist $1+2+4+8+16$ prim (was tatsächlich der Fall ist, da $2^5-1=31$ gilt), so ist $31 \times 16$ vollkommen. Dieses Produkt ist gleich 496 und damit die dritte vollkommene Zahl.

28 ist gleich $2^2(2^3-1)$ und 6 ist gleich $2(2^2-1)$. In beiden Fällen sind die Zahlen in Klammern Mersennesche Zahlen und prim. Das ist die Bedingung, auf die es ankommt. Euklid bewies nur, daß seine Bedingung hinreichend ist. Zweitausend Jahre später zeigte Euler, daß alle geraden vollkommenen Zahlen (ungerade vollkommene Zahlen sind ein Kapitel für sich) von der Form $2^{n-1}(2^n-1)$ sind, wobei $2^n-1$ eine Mersennesche Primzahl $M_n$ ist.

Alle geraden vollkommenen Zahlen sind Sechseckszahlen und damit auch Dreieckszahlen. Aus der Definition der Vollkommenheit folgt, daß die Summe der Kehrwerte der Teiler einer vollkommenen Zahl Zwei ist. In einem Beispiel läßt sich das leicht einsehen. Weil $28+28 = 1+2+4+7+14+28$ ist, können wir diese Gleichung durch 28 dividieren und erhalten: $2=1+1=1/28+1/14+1/7+1/4+1/2+1/1$.

Nur die Zahl 28 ist gleich der Summe zweier Potenzen mit derselben Hochzahl: $28=3^3+1^3$.

Das Produkt der vollkommenen Zahl $P=2^{n-1}M_n$ ist gleich $= P^n$ (dabei soll die Zahl selbst als Teiler mitgezählt werden).

Weniger offensichtlich ist die folgende Tatsache: Jede gerade vollkommene Zahl außer sechs ist Partialsumme der Reihe $1^3+3^3+5^3+7^3+9^3+\ldots$ Beispielsweise gilt $28=1^3+3^3$ und $496=1^3+3^3+5^3+7^3$.

Außer für Sechs folgt aus der Formulierung von Euklid, daß alle vollkommenen geraden Zahlen bei der Division durch Neun den Rest Eins ergeben.

Die vollkommenen Zahlen entsprechen eindeutig den Mersenneschen Primzahlen (deren frühe Geschichte im Abschnitt über die Zahl 127 dargestellt wird). Solange nur per Hand gerechnet wurde, hing die Entdeckung von Mersenneschen Primzahlen von der menschlichen Arbeitsleistung beim Rechnen ab und von subtilen Sätzen, die besagten, daß man nur Teiler von einem bestimmten Typ untersuchen mußte. Der Arbeitsaufwand bei großen Zahlen war immens. Mersenne selbst stellte fest, daß die gesamte Ewigkeit nicht ausreichen würde, um zu entscheiden, ob eine fünfzehn- oder zwanzigstellige Zahl prim ist oder nicht.

Peter Barlow schrieb 1814 in einem Artikel für *»A New Mathematical and Philosophical Dictionary«*:

»Euler bewies, daß $2^{31}-1 = 2\,147\,483\,647$ eine Primzahl ist. Dies ist gegenwärtig die größte bekannte Primzahl. Folglich ist die größte vollkommene Zahl diejenige, die zu dieser Zahl gehört. Vermutlich ist dies die größte vollkommene Zahl, die man jemals kennen wird. Da diese Zahlen zwar wirklich interessant, aber ohne praktischen Nutzen sind, ist es nicht wahrscheinlich, daß eine Person jemals die Anstrengung unternehmen wird, eine größere vollkommene Zahl zu suchen.«*

Barlow unterschätzte die Faszination der Möglichkeit, einen Rekord zu brechen. (Und natürlich konnte er die Entwicklung des elektronischen Computers nicht erahnen.) Indem er Millionen von Rechenoperationen in einer Sekunde ausführen kann, machte der Computer große Bereiche zugänglich, die vorher unerreichbar waren. Er erlaubt den Mathematikern wesentlich effizientere Primzahltests. Diese Tests ermitteln, ob die Zahl $n$ prim ist, indem sie die Faktoren von $n-1$ oder $n+1$ untersuchen. Wegen ihrer besonderen Form lassen sich Mersennesche und Fermatsche Zahlen besser auf die Primzahleigenschaft hin untersuchen als andere. Alle Primzahlen, die in der jüngeren Vergangenheit den Primzahlrekord innegehabt haben, waren Mersennesche Primzahlen. Sie alle haben automatisch neue vollkommene Zahlen geliefert.

Es folgt eine Liste mit allen vollkommenen Zahlen, die heute bekannt sind. Dabei bedeutet $M_p$ die $p$-te Mersennesche Primzahl. Halbfette Schrift deutet an, daß entweder die vollkommene Zahl selbst oder die zu ihr gehörige Mersennesche Primzahl als Eintrag im Hauptteil dieses Lexikons auftaucht.

Die letzten vier Primzahlen wurden von einem CRAY Supercomputer gefunden.

Gibt es unendlich viele vollkommene Zahlen? In der nebenstehenden Tabelle endet die Gewißheit bei der 27. Stelle, denn die Primzahleigenschaft konnte für $M_{44497}$ bis $M_{216091}$ noch nicht strikt bewiesen werden. Weiter zeigt die Tabelle, daß die vollkommenen Zahlen immer seltener auftreten. Dabei gibt es einige überraschende Sprünge. Zwischen der zwölften und der dreizehnten Eintragung findet der größte Sprung statt. Dabei springt der Index der Mersenneschen Primzahl von 127 auf 521,

* Daniel Shanks: *»Solved and Unsolved Problems in Number Theory«*, Band 1, Spartan Books, 1962.

| | | | |
|---|---|---|---|
| 1 | **$2M_2$** | **6** | den Griechen bekannt |
| 2 | **$2^2M_3$** | **28** | den Griechen bekannt |
| 3 | **$2^4M_5$** | **496** | den Griechen bekannt |
| 4 | **$2^6M_7$** | **8128** | den Griechen bekannt |
| 5 | **$2^{12}M_{13}$** | **33550336** | in mittelalterlichen Manuskripten überliefert |
| 6 | $2^{16}M_{17}$ | 8589869056 | Cataldi (1588), $M_{17} = 131071$ |
| 7 | $2^{18}M_{19}$ | 137438691328 | Cataldi (1588), $M_{19} = 524387$ |
| 8 | $2^{30}M_{31}$ | | Euler (1772), $M_{31} = 2147483647$ |
| 9 | $2^{60}M_{61}$ | | Pervusin (1883) |
| 10 | $2^{88}M_{89}$ | | Powers (1911) |
| 11 | $2^{106}M_{107}$ | | Powers (1914) |
| 12 | **$2^{126}M_{127}$** | | Lucas (1876), E. Faucembergue (1914) |
| 13 | **$2^{520}M_{521}$** | | SWAC-Computer (30. 1. 1952) National Bureau of Standards |
| 14 | $2^{606}M_{607}$ | | wurde gleichzeitig mit $2^{520}M_{521}$ gefunden |
| 15 | $2^{1278}M^{1279}$ | | wie Nummer 14 |
| 16 | $2^{2302}M_{2303}$ | | wie Nummer 14 |
| 17 | $2^{2280}M_{2281}$ | | wie Nummer 14 |
| 18 | $2^{3216}M_{3217}$ | | |
| 19 | **$2^{4252}M_{4253}$** | | |
| 20 | $2^{4422}M_{4423}$ | | |
| 21 | $2^{9688}M_{9689}$ | | |
| 22 | $2^{9940}M_{9941}$ | | |
| 23 | **$2^{11212}M_{11213}$** | | Universität von Illinois (1963) |
| 24 | **$2^{19936}M_{19937}$** | | Bryant Tuckerman (1971) |
| 25 | **$2^{21700}M_{21701}$** | | Laura Nickel und Curd Noll (1978) |
| 26 | **$2^{23208}M_{23209}$** | | Curd Noll (1979) |
| 27 | **$2^{44496}M_{44497}$** | | Harry Nelson, David Slowinski (1979) |
| 28 | $2^{86242}M_{86243}$ | | Harry Nelson, David Slowinski (1982) |
| 29 | $2^{132048}M_{132049}$ | | 1983 |
| 30 | $2^{216090}M_{216091}$ | | Chevron Geosciences (1985) |

was mehr als eine Vervierfachung bedeutet. Der Index der Mersenneschen Primzahl verdoppelt sich annähernd beim Übergang von Nummer 14 zu Nummer 15 und von dort zu Nummer 16 (607 wird zu 1279 und dann zu 2303) sowie zwischen den Nummern 23 und 24 sowie 28 und 29.

Das legt die Ansicht nahe, die vollkommenen Zahlen würden immer seltener. Damit ist aber nichts über ihre Gesamtzahl ausgesagt. Die vollkommenen Zahlen könnten vollständig verschwinden. Es könnte aber auch jenseits einer unvorstellbaren großen Zahl noch mehr von ihnen geben. (In der Tat sind die meisten natürlichen Zahlen unvorstellbar groß!) Ungerade vollkommene Zahlen stellen eine Kuriosität dar.

Guy nennt die Frage nach der Existenz ungerader vollkommener Zahlen eines der notorischen ungelösten Probleme der Zahlentheorie. Er führt aus, daß Tuckerman, Hagis, Stubblefield, Buxton und Ellmore die untere Schranke für ungerade vollkommene Zahlen auf $10^{200}$ hochgeschraubt haben. Guy merkt an, daß »es hinsichtlich ihres Beweises einige Zurückhaltung gäbe«. Das ist für jeden ermutigend, der meint, in der Mathematik müsse man immer zwischen einem ordentlichen Beweis und einem guten Ansatz unterscheiden können.

Die Mathematiker dieser Richtung (und einige andere Forscher) haben eine ganze Menge über ungerade vollkommene Zahlen herausgefunden – falls man überhaupt behaupten kann, man wisse eine ganze Menge über etwas, das möglicherweise gar nicht existiert...

Descartes hat behauptet, eine ungerade vollkommene Zahl müsse ein Produkt aus einer Quadratzahl und einer Primzahl sein.

Euler bewies, daß ungerade vollkommene Zahlen die Form $p^a \times q^b \times r^s \ldots$ haben müssen, wobei $p, q, r, \ldots$ alle von der Form $4n+1$ sind. Auch $a$ soll diese Form haben, während $b, c, \ldots$ alle gerade sein sollen.

Kommen wir nun zur neueren Vergangenheit. Eine ungerade vollkommene Zahl muß mindestens acht verschiedene Primfaktoren besitzen. (Ist die vollkommene Zahl nicht durch drei teilbar, so sind es sogar elf.) Weiter muß sie durch eine Primzahlpotenz teilbar sein, die größer als $10^{18}$ ist.

Ihr größter Primfaktor muß größer als 300000 sein, der zweitgrößte größer als 1000.

Alle ungeraden vollkommenen Zahlen kleiner als $10^{9118}$ sind durch die sechste Potenz einer Primzahl teilbar.

## 29

Eine Summe von drei vierten Potenzen ist nur dann durch 5 oder 29 teilbar, wenn alle Summanden durch 5 beziehungsweise 29 teilbar sind (Euler).

Nun ist 29 nach eins und fünf die dritte Zahl $n$, für die $2n^2-1$ eine Quadratzahl ist: $2 \times 29^2 - 1 = 41^2$.

$2n^2 + 29$ ist prim für alle $n$ zwischen 1 und 28.

$29 = (2\times3\times5)-1 =$ primorial(5) $-$ 1.

Primorial($n$) $-$ 1 ist eine Primzahl für $n = 3$, 5, 11, 13, 41, 89, 317, 991, 1873 und 2053. Andere Werte, die kleiner als 2377 sind, ergeben keine Primzahlen.

*Literatur:* J. P. Buhler und M. A. Penk: »*Primes of the Form n!±1 and 2×3×5...×p±1*«, *Mathematics of Computation*, Band 38, April 1982.

## 30

*Primoriale*

Primorial($p$) ist nur dann definiert, wenn $p$ eine Primzahl ist. Ist das der Fall, so ist primorial($p$) gleich dem Produkt aller Primzahlen, die kleiner oder gleich $p$ sind: 30 = primorial(5) = $5 \times 3 \times 2$. 30 ist die kleinste Zahl, die drei verschiedene Primfaktoren besitzt, nämlich 2, 3 und 5. Die kleinste Zahl mit vier verschiedenen Primfaktoren ist primorial(7) = $2 \times 3 \times 5 \times 7 = 210$ und so weiter. Die meisten Zahlen haben nur sehr wenige verschiedene Primfaktoren. Der Durchschnitt an verschiedenen Primfaktoren liegt bei den Zahlen unter 100 bei 1,71, bei Zahlen kleiner als 100000000 beträgt er etwa 2,9. Selbst für $10^{100}$ – genannt ein Googol – ist der Durchschnitt erst 5,4; für $10^{googol}$ steigt er auf 23,9. Die Primoriale bilden in dieser Hinsicht eine Ausnahme.

30 ist die größte Zahl mit der Eigenschaft, daß alle Zahlen, die kleiner als 30 und relativ prim zu 30 sind, selbst wieder Primzahlen sind. Die anderen Zahlen mit dieser Eigenschaft sind 2, 3, 4, 6, 8, 12, 18 und 24.

Es gibt nur zwei pythagoräische Dreiecke, deren Flächeninhalt gleich ihrem Umfang ist.

Das eine dieser Dreiecke ist das 5 – 12 – 13-Dreieck, dessen Fläche und Umfang 30 betragen. Das andere ist das 6 – 8 – 10-Dreieck, dessen Fläche und Umfang gleich 24 sind.

30 beträgt die Fläche des kleinsten Rechtecks, in dem eine Springerrund-

reise (mit Rückkehr auf das Ausgangsfeld) möglich ist. Diese läßt sich sowohl auf einem Fünf-mal-sechs- als auch auf einem Drei-mal-zehn-Brett verwirklichen. Das kleinste quadratische Brett, auf dem eine solche Rundreise möglich ist, ist das Sechs-mal-sechs-Brett.
Das Dodekaeder und das hierzu duale Ikosaeder haben beide 30 Kanten.
30 ist eine der beiden bekannten Zahlen, die sich auf zwei verschiedene Weisen als Summe von aufeinanderfolgenden, mit eins beginnenden Potenzen schreiben lassen. Die andere derartige Zahl ist 8191.

## $30\frac{1}{4}$

In einem *Squarerod* gibt es $30\frac{1}{4}$ ($=5\frac{1}{2}$ zum Quadrat) *Squareyards* oder $272\frac{1}{4}$ *Squarefeet.*

## 31

$2^5-1$: Die fünfte Mersennesche Zahl und die dritte Mersennesche Primzahl, die ihrerseits zur dritten vollkommenen Zahl 496 führt.
$31=1+5+5^2=1+2+4+8+16$.
Die erste Primzahl, bei der die Länge der Periode ihres Kehrwertes eine ungerade Zahl ist. $1/31=0{,}03\,225\,806\,451\,612\,903\,225\ldots$
Man beachte die folgenden Produkte:

| | |
|---|---|
| $032258\times2=\ \ 64516$ | $032258\times\ \ 9=290322$ |
| $032258\times4=129032$ | $032258\times14=451612$ |
| $032258\times5=161290$ | $032258\times16=516128$ |
| $032258\times7=225806$ | $032258\times18=580644$ |
| $032258\times8=258064$ | $032258\times19=612902$ |

und so weiter; darüber hinaus beachte man, daß $03\,225+80\,645+16\,129=99\,999$ und $032+258+065+416+129=900$ gilt.
$(2\times3\times5)+1=\text{primorial}(5)+1$.
Primorial($n$) + 1 ist prim für $n=2$, 3, 5, 7, 11, 31, 379, 1019, 1021 und 2657. Kein anderer Wert, der kleiner als 3088 ist, führt sonst noch zu einer Primzahl.

»Die Türme von Hanoi« wurden von Eduard Lucas unter dem Pseudonym M. Claus im Jahre 1883 herausgebracht. Ein Jahr später lieferte er dazu eine bezaubernde, aber frei erfundene Geschichte:
»Im großen Tempel zu Benares neben dem Dom, der die Mitte der Welt markiert, liegt eine Messingplatte mit drei Nadeln aus Diamant. Jede dieser Nadeln ist eine Elle hoch und so dick wie der Durchmesser eines Bienenkörpers. Auf eine der Nadeln hat Gott, als er sie schuf, 64 Ringe aus reinem Gold gesteckt. Der größte Ring ruhte auf der Messingplatte; die anderen nahmen nach oben zur Nadelspitze hin an Größe ab. Das ist der Turm von Bramah. Tag und Nacht legen die Priester ohne Unterbrechung die Scheiben von einer diamantenen Nadel auf eine andere gemäß den festgelegten und unveränderlichen Gesetzen von Bramah um. Diese schreiben vor, daß der diensthabende Priester nicht mehr als eine Scheibe auf einmal bewegen darf und daß immer nur die bewegte Scheibe auf eine größere gelegt werden darf. Wenn die 64 Scheiben auf diese Art und Weise von der Nadel, auf der sie sich bei Gottes Schöpfung befanden, auf eine der anderen Nadeln umgelegt worden sind, werden der Turm, der Tempel und alle Brahmins gleichermaßen zu Staub zerfallen und die Welt wird mit einem Donnerschlag verschwinden.«
Diese Darstellung der Theologie der Hindu ist unsinnig, aber das Problem selbst läßt eine sehr schöne Lösung zu, die auf den Potenzen von zwei beruht.
In der untenstehenden Abbildung sind die fünf Ringe vom Stab A auf einen der anderen Stäbe zu überführen.

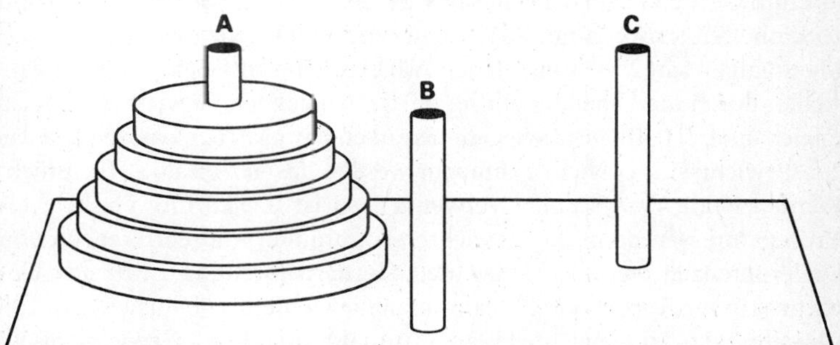


Man findet leicht durch Versuch und Irrtum heraus, daß man, um einen, zwei oder drei Scheiben umzulegen, einen, drei beziehungsweise sieben

Züge benötigt. Im allgemeinen ist die Situation folgendermaßen: Um $n+1$ Ringe vom Stab A zum Stab B zu bewegen, muß man zuerst $n$ Scheiben nach C bringen, so daß man die größte Scheibe nach B überführen kann. Anschließend werden die $n$ Scheiben von C genauso nach B gebracht. Deshalb ist die Anzahl von Zügen, die man in einer bestimmten Situation braucht, genau doppelt so groß plus eins, wie die Anzahl der Züge, die man benötigt hat, um diese Situation zu erreichen. Die Folge der Gesamtzahl von Zügen sieht deshalb so aus: 1 3 7 15 31 63 und so weiter. Allgemein gilt für das $n$-te Glied die Formel $2^n-1$. In der abgebildeten Situation sind somit 31 Züge erforderlich. In der Praxis (und auch für die Reflexion) kann es nützlich sein, die Scheiben abwechselnd als gerade und ungerade zu markieren. Soll dann eine ungerade Zahl von Scheiben bewegt werden, muß der erste Zug auf den Zielstab führen, handelt es sich um eine gerade Anzahl, so muß man auf den dritten Stab ziehen.

Die Brahminpriester bräuchten $2^{64}-1$ oder 18446744073709551615 Züge, um ans Ziel zu gelangen. Das würde ungefähr 600000000000 Jahre dauern, wenn sie pro Sekunde einen Zug ausführen (und das ununterbrochen Tag und Nacht).

Fibonacci betrachtete folgendes Problem: Wie viele Gewichte muß ein Gewichtssatz mindestens umfassen, um jedes Gewicht bis zu einer festgelegten Höchstgrenze damit auswiegen zu können? Tartaglia löste dieses Problem für den Fall, daß die Gewichte nur auf eine Waagschale gelegt werden dürfen. Bachet fand auch für den Fall, daß Gewichte auf beide Waagschalen gelegt werden können, eine Lösung: Werden die Gewichte nur in eine Waagschale gelegt, so beträgt das größte Gewicht, das man mit fünf Gewichten auswiegen kann, 31, wenn die Gewichte 1, 2, 4, 8 und 16 Einheiten schwer sind. Allgemein wiegen $n$ Gewichte dieser Art das Maximalgewicht $2^n - 1$ aus. Jeder Wägevorgang läßt sich eindeutig darstellen durch die Dualdarstellung des zu wiegenden Gewichtes. Um 26 (gleich dual 11010) auszuwiegen, benützen wir das 16er, das 8er und das 2er Gewichtsstück. Nicht gebraucht werden das 4er und das 1er Stück. Werden beide Waagschalen verwendet, so ist die Lösung ähnlich, allerdings müssen dann die Gewichte als Summen und Differenzen von Dreierpotenzen ausgedrückt werden (Ternärdarstellung). Mit den Gewichtsstücken 1, 3, 9 und 27 kann man Gewichte bis 40 auswiegen. Ein Gewichtssatz, der Gewichte bis zu $3^n$ umfaßt, erlaubt es, Gewichte bis zu $\frac{1}{2}(3^{n+1} - 1)$ auszuwiegen.

*Literatur:* Ball und Coxeter, 1974.

## 32

$32 = 2^5 = 100000$ im Dualsystem.
Der Schmelzpunkt von Eis in der Fahrenheit-Skala.

## 33

Eine Semiprimzahl ist eine Zahl mit nur zwei echten Faktoren. Das kleinste Tripel von aufeinanderfolgenden Semiprimzahlen lautet: 33 – 34 – 35.
$33 = 1! + 2! + 3! + 4!$
33 ist die größte Zahl, die nicht Summe von verschiedenen Dreieckszahlen ist.

*Glückliche Zahlen*

Primzahlen kann man mit Hilfe des Siebes des Eratosthenes finden. Dazu streicht man in der Reihe der natürlichen Zahlen alle Vielfachen von zwei (nicht zwei selbst!) aus. Dann eliminiert man alle Vielfachen von drei und so weiter.
Die glücklichen Zahlen werden mit Hilfe eines ähnlichen Verfahrens konstruiert. Zuerst streicht man alle geraden Zahlen, bis nur noch die ungeraden übrigbleiben:
1 3 5 7 9 11 13 15 17 19 21 23 25 27 29...
Nach eins ist drei die nächste ungerade Zahl. Deshalb streiche man jeweils die dritte Zahl aus der Folge. Es verbleibt:
1 3 7 9 13 15 19 21 25 27...
Die nächste noch verbleibende Zahl ist die Sieben. Deshalb wird nun jede siebte Zahl gelöscht. Die erste zu streichende Zahl ist also die Neunzehn. Und so weiter.
Die glücklichen Zahlen sind diejenigen Zahlen, die übrigbleiben. Die Folge der glücklichen Zahlen beginnt mit:
1 3 7 9 13 15 21 25 31 33 37 43 49 51...
Glückliche Zahlen und Primzahlen haben viele Eigenschaften gemeinsam. Das könnte bedeuten, daß diese Eigenschaften den Primzahlen nicht deshalb zukommen, weil diese keine nichttrivialen Teiler besitzen, sondern wegen der Art, wie sie mit Hilfe des Siebes des Eratosthenes ermittelt werden. Es ist (nach Guy) wahrscheinlich, daß jede Zahlenfolge, die auf ähnliche Weise mit einem Sieb ermittelt wird, diese Eigenschaften auch aufweist.

## 34

Die magische Konstante des magischen Vier-mal-vier-Quadrates.

## 35

Es gibt 35 Hexominos, die dadurch entstehen, daß man sechs Quadrate Seite an Seite zusammenklebt. Es ist erstaunlich, daß sich keines der Rechtecke mit den Abmessungen $3 \times 70$, $5 \times 42$, $6 \times 35$, $7 \times 30$, $10 \times 21$ oder $14 \times 15$ vollständig mit den 35 Hexominos auslegen läßt, wo doch deren Gesamtfläche gerade 210 beträgt.
Nach den Hexominos nimmt die Anzahl der $n$-Minos stark zu. So gibt es 108 Septominos, von denen eines ein Loch hat. Es existieren 369 Oktominos (davon sechs mit Loch) und 1285 9-Minos (davon 37 mit Loch).

### *Das Pascalsche Dreieck*

Die im Pascalschen Dreieck auftretenden Zahlen sind so wichtig, daß sie im vorliegenden Lexikon nicht fehlen dürfen. Allerdings ist keine dieser Zahlen typischer als die anderen. Deshalb habe ich die 35 als Vertreter ausgewählt.

**1**
**1 1**
**1 2 1**
**1 3 3 1**
**1 4 6 4 1**
**1 5 10 10 5 1**
**1 6 15 20 15 6 1**
**1 7 21 35 35 21 7 1**
**1 8 28 56 70 56 28 8 1**
**1 9 36 84 126 126 84 36 9 1**
..................................................

Dieses Dreieck wird nach Blaise Pascal benannt, jenem brillanten und frühreifen Mathematiker, Naturforscher und Theologen, der eine Abhandlung über das arithmetische Dreieck geschrieben hat. Allerdings war Pascal eher der letzte als der erste von jenen Mathematikern, die im Zusammenhang mit dem Wurzelziehen, der Wahrscheinlichkeitstheorie, der Kombinatorik und der Berechnung der Binomialkoeffizienten fast identische Zahlenfelder betrachtet haben. Pascal sammelte die Ergebnisse und arbeitete damit.

Chu Shih-chieh gibt in seinem »Kostbaren Spiegel der vier Elemente« (1303) eine pyramidenartige Anordnung, die mit unserem modernen Schema inhaltlich identisch ist. Mit ihrer Hilfe konnte er Binomialkoeffizienten auseinander ableiten.* In Europa tauchte das Pascalsche Dreieck erstmals 1529 auf. Es findet sich in verschiedenen Formen unter anderem bei Stifel, bei Tartaglia (der es zur Berechnung der Entwicklung einer zwölften Potenz benützte) und bei Cardano (für kombinatorische Probleme sowie die Berechnung von Polygonalzahlen). Auch bei Hérigone, der vermutlich Pascals Lehrer gewesen ist und dessen Arbeiten Pascal zitiert, taucht das Pascalsche Dreieck auf.

Pascal definierte sein Dreieck damit, daß in jeder Zelle die Summe der beiden darüber stehenden steht, wobei in den Randzellen Einsen stehen sollen. Er leitet dann neunzehn Folgerungen (Sätze) ab. Eine lautet: »In jedem Dreieck gilt, daß die Summe der Zellen einer Basis eine Zahl ist, die gleich dem Doppelten einer mit Eins beginnenden Progression ist.« Das bedeutet, daß die Summe der Zahlen in der $n$-ten Zeile $2^n$ ergibt. (Die oberste Zeile, die gelegentlich weggelassen wird, zählt als nullte Zeile.)

Pascal fährt damit fort, ›Ordnungen‹ von Zahlen zu untersuchen. Anschließend beschäftigt er sich mit der Anwendung des Dreiecks bei der Berechnung von Kombinationen, der Aufteilung von Einsätzen zwischen Spielern und der Ermittlung von Binomialkoeffizienten.

Die ›Ordnungen der Zahlen‹ waren die Diagonalfolgen. In der ersten Diagonalen stehen lauter Einsen, in der zweiten die natürlichen Zahlen. Die dritte Diagonale enthält die Dreieckszahlen 1, 3, 6, 10,... und die vierte die Tetraederzahlen 1, 4, 10, 20, 35,... (die Tetraederzahlen kann man sich als die Anzahlen von Kugeln vorstellen, die man in dreieckige Pyramiden zunehmender Größe hineinpacken muß). Die nachfolgenden Diagonalen lassen sich als höherdimensionale Anordnungen interpretieren (beginnend mit der vierten Dimension). Allerdings verfügte Pascal noch nicht über diese moderne Vorstellung.

Will man ›Kombinationen‹ berechnen (zum Beispiel: Auf wieviel Arten kann man drei Gerichte aus einem Menü mit sieben Gängen auswählen?), so muß man nur die vierte Zahl in der siebten Reihe aufsuchen. Das ist 35 oder in moderner Schreibweise $\binom{7}{3} = 35$. Dieser Binomialkoeffizient wird folgendermaßen berechnet:
$(7 \times 6 \times 5)/(3 \times 2 \times 1)$ oder $7!/(3! \times 4!)$.

* F. N. David: »*Games, Gods, and Gambling*«, London, 1962.

Die Binomialkoeffizienten, das heißt die Koeffizienten in der Entwicklung von Binomen, werden genauso gefunden. Der Koeffizient von $x^3$ in der Entwicklung von $(1 + x)^7$ ist $\binom{7}{3}$ oder 35. Die vollständige Entwicklung sieht so aus:

$$(1+x)^7 = 1 + 7x + 21x^2 + 35x^3 + 35x^4 + 21x^5 + 7x^6 + x^7$$

Aus der Konstruktionsvorschrift für das Dreieck folgt die Beziehung:

$$\binom{n}{m} + \binom{n}{m+1} = \binom{n+1}{m+1}$$

Diese wurde von Pascal in der Sprache seiner Ordnungen formuliert.
Das Dreieck hat noch viele andere Eigenschaften. Pascal selbst schrieb: »... Ich habe mehr Eigenschaften ausgelassen, als ich aufgeführt habe. Es ist erstaunlich, wie reichhaltig an Eigenschaften das Dreieck ist. Jedermann kann sein Glück versuchen.«
Die Einträge in der $p$-ten Zeile sind mit Ausnahme der Einsen dann und nur dann durch $p$ teilbar, wenn $p$ eine Primzahl ist. Die kurzen Diagonalen 1, 1-1, 1-2, 1-3-1, 1-4-3, 1-5-6-4, ... ergeben summiert die Fibonacci-Folge 1 1 2 3 8... Es gibt unendlich viele Zeilen, die drei Zahlen in arithmetischer Progression enthalten (wie beispielsweise 7 – 21 – 35). Die beiden nächsten Tripel dieser Art sind 1001 – 2002 – 3003 und 490314 – 817190 – 1144066. Andererseits gibt es im Pascalschen Dreieck keine Zahlentripel, die in geometrischer oder harmonischer Progression stehen.*
Allerdings gibt es einen schönen Zusammenhang zur harmonischen Reihe, das heißt zur Reihe der Kehrwerte der natürlichen Zahlen:

**1 = 1**
**1 − 1/2 = 1/2**
**1 − (2 × 1/2) + 1/3 = 1/3**
**1 − (3 × 1/2) + (3 × 1/3) − 1/4 = 1/4**
**1 − (4 × 1/2) + (6 × 1/3) − (4 × 1/4) + 1/5 = 1/5**

und so weiter. Es gibt auch einen Zusammenhang zum harmonischen Dreieck von Leibniz:

* T. Motzkin: »Scripta Mathematica«, Band 12.

$$
\begin{array}{ccccccccccc}
 & & & & & \frac{1}{1} & & & & & \\
 & & & & \frac{1}{2} & & \frac{1}{2} & & & & \\
 & & & \frac{1}{3} & & \frac{1}{6} & & \frac{1}{3} & & & \\
 & & \frac{1}{4} & & \frac{1}{12} & & \frac{1}{12} & & \frac{1}{4} & & \\
 & \frac{1}{5} & & \frac{1}{20} & & \frac{1}{30} & & \frac{1}{20} & & \frac{1}{5} & \\
\frac{1}{6} & & \frac{1}{30} & & \frac{1}{60} & & \frac{1}{60} & & \frac{1}{30} & & \frac{1}{6} \\
 & & & & & \dots & & & & &
\end{array}
$$

Jeder Bruch in diesem Schema ergibt sich als Summe der unmittelbar unter ihm stehenden Zahlen. Die in einer Zeile stehenden Ausdrücke ergeben sich, wenn man den Anfangsterm der Zeile durch die Einträge in der entsprechenden Zeile des Pascalschen Dreiecks dividiert. Jeder Bruch ist gleich der Summe der unendlichen Reihe, die unmittelbar links unter ihm beginnt und von dort diagonal nach rechts weitergeht. Beispiel: $1/4 = 1/5 + 1/30 + 1/105 + \dots$

Im Pascalschen Dreieck ist jeder Eintrag gleich der Summe einer der beiden Diagonalen, die unmittelbar über ihm beginnen und sich nach der längeren Seite hin zum Rand des Dreiecks erstrecken. Beispiel: $35 = 15 + 10 + 6 + 3 + 1$. (Also ist die Summe der ersten fünf Dreieckszahlen gleich 35.) Betrachtet man nur einige Anfangszeilen des Pascalschen Dreiecks, so kann der Eindruck entstehen, die meisten seiner Einträge seien verschieden, sieht man einmal von der Rechts-links-Symmetrie und von den Einsen am Rand ab. Das ist aber nicht der Fall, wie das dreifache Auftreten der Sechs und das vierfache Auftreten der Zehn zeigen. (Siehe Text zur Zahl 3003.)

## 36

Die achte Dreieckszahl. Die Griechen stellten sich 36 auch als die Summe der ersten vier geraden und der ersten vier ungeraden Zahlen vor.

36 ist auch eine Quadratzahl – und die erste Quadratzahl nach der Eins, die zugleich Dreieckszahl ist. Solche Zahlen hängen auf wunderschöne Weise mit der besten Approximation für $\sqrt{2}$ zusammen:

| Zahl | Wurzel | Faktoren der Wurzel |
|---|---|---|
| 1 | 1 | $1 \times 1$ |
| 36 | 6 | $2 \times 3$ |
| 1225 | 35 | $5 \times 7$ |
| 41616 | 204 | $12 \times 17$ |
| und so weiter | | |

Immer sind die Faktoren der Wurzel Zähler und Nenner der besten Approximation für $\sqrt{2}$.
Weil die Quadratwurzel aus 36 die dritte Dreieckszahl ist, ist 36 auch gleich der Summe der ersten drei Kuben: $36 = 1^3 + 2^3 + 3^3$. 1 – 6 – 36 sind die ersten Dreieckszahlen, die in geometrischer Progression stehen.
36 ist die größte zweistellige Zahl, die durch das Produkt ihrer Ziffern teilbar ist.
Alle Folgen von sieben aufeinanderfolgenden Zahlen größer als 36 enthalten ein Vielfaches einer Primzahl größer als 41.

*Literatur:* H. Gupta: »*Selected Topics in Number Theory*«, Tunbridge Wells, 1980.

## 37

Jedes dreistellige Vielfache von 37 bleibt ein Vielfaches von 37, wenn man dessen Ziffern zyklisch permutiert.
Jede Zahl läßt sich als Summe von höchstens 37 fünften Potenzen darstellen.
37 ist die vierte ausgefüllte Sechseckzahl. Man erhält sie, wenn man sechseckige Kränze konzentrisch um einen Mittelpunkt herumlegt.
Die Formel für die $n$-te ausgefüllte Hexagonalzahl lautet: $3n(n-1)+1$.

Wenn man das ursprüngliche Diagramm der $n$-ten Sechseckszahl anders unterteilt, erkennt man, daß diese Zahl gleich ist der Summe $6\,T_{n-1}+1$, wobei $T_n$ die $n$-te Dreieckszahl ist (s. Abbildung Seite 130).

## 38

Die magische Konstante des einzig möglichen magischen Sechsecks, in dem die Zahlen Eins bis Neunzehn auftreten.

## 39

Anscheinend die erste uninteressante Zahl (was diese Zahl natürlich besonders interessant macht, weil sie die erste Zahl mit dieser Eigenschaft ist).

## 40

In der Bibel stehen 40 Tage für eine besonders lange Zeitspanne, beispielsweise 40 Tage in der Wildnis, 40 Tage Wanderung durch die Wüste.

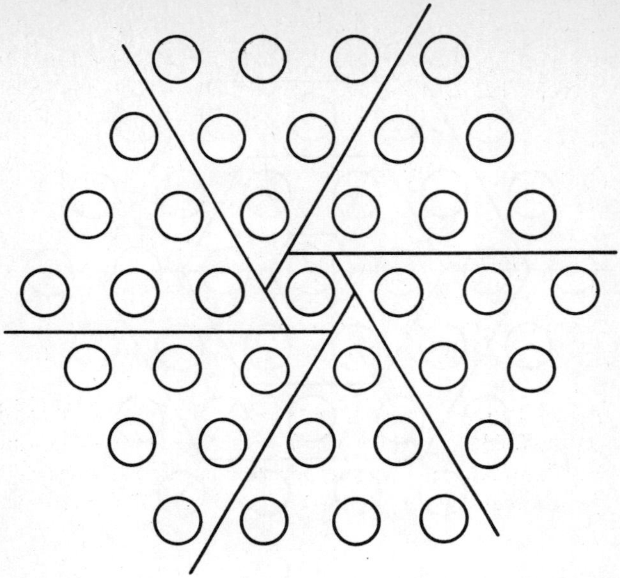

**41**

Fünfstellige Vielfache von 41 bleiben Vielfache von 41, wenn man deren Ziffern zyklisch permutiert.
Euler entdeckte die bemerkenswerte und berühmte Formel $x^2+x+41$, die für alle Zahlen zwischen 0 und 39 Primzahlen liefert.
Es gibt, nach Devlin, kein quadratisches Polynom der Form $x^2+ax+b$ mit positiven Koeffizienten $a$ und $b$ kleiner als 10000, das eine längere Folge von Primzahlen liefert.
Die Formel $x^2+x+41$ ergibt auch für negative Argumente zwischen $-1$ und $-41$ Primzahlen. Allerdings handelt es sich dabei um dieselben Primzahlen wie bei den positiven Argumenten. Der Ausdruck $x^2-79x+1601$ stellt nur eine Variante der oben angegebenen Formel dar. Er liefert Primzahlen für alle Argumente zwischen 0 und 79, wobei jede Primzahl genau zweimal auftritt.

Als Charles Babbage einen kleinen Prototypen seiner *Analytical Engine* gebaut hatte, berechnete er mit ihrer Hilfe einige Werte dieser Funktion, um das Können seiner Maschine unter Beweis zu stellen. In einem Bericht über eine derartige Demonstration ist folgendes zu lesen:
»32 Werte dieser Funktion wurden in einem Zeitraum von zweieinhalb Minuten berechnet. Sie enthielten 82 Ziffern. Die Maschine brachte so-

mit 33 Ziffern pro Minute hervor, was rund eine Ziffer in zwei Sekunden macht. Bei anderer Gelegenheit produzierte sie 44 Ziffern pro Minute. Diese Rechengeschwindigkeit kann beliebig lange aufrechterhalten werden. Wahrscheinlich können nur wenige Schreiber mit derselben Geschwindigkeit einige Stunden lang arbeiten.« *

Die erwähnten Schreiber hatten lediglich die Aufgabe, die von der Maschine hervorgebrachten Ziffern abzuschreiben. Natürlich gab es schon lange vor Babbages exzellenten Experimenten und noch lange nach der Erfindung mechanischer Tischrechner arithmetische Genies, die wesentlich schneller als diese Maschinen rechneten. Zieht man die Programmierungszeit in Betracht, so könnten solche arithmetischen Genies in der Tat auch die frühen Computer bei der Bearbeitung mancher Probleme schlagen.

Morrison und Brillhart faktorisierten die 173. Fibonacci-Zahl 638 817 435 613 190 341 905 763 972 389 505 493 in etwas mehr als 800 Sekunden in ihre beiden Primfaktoren. Mit einer geringfügigen Änderung des Testverfahrens könnte man das Ergebnis in weniger als 200 Sekunden erhalten.

## 42

Die magische Konstante des kleinsten magischen Würfels, der die Zahlen zwischen 1 und 27 enthält.

### *Catalan-Zahlen*

42 ist die fünfte Catalan-Zahl. Die Folge der Catalan-Zahlen beginnt folgendermaßen:

1 2 5 14 42 132 429 1430 4862 16796 58786 208012 742900 2674440...

Das $n$-te Glied dieser Folge ergibt sich gemäß der Formel $\frac{1}{n+1}\binom{2n}{n}$. (Gelegentlich wird der Folge eine Eins am Anfang hinzugefügt. Das liefert dann den Beginn: 1 1 2 5 14... Für diesen Fall muß die obenstehende Formel entsprechend geändert werden.) Im wahrsten Sinne des Wortes Hunderte von Folgen sind im Zusammenhang mit der Lösung mathematischer Probleme schon betrachtet worden. Viele Folgen wurden auch ihrer selbst willen untersucht. Die wichtigsten – wie diejenige der Quadratzahlen und jene der Fakultäten – tauchen überall auf. Die Catalan-

* Sir David Brewster: »*Letters on Natural Magic*«, London, 1856.

Folge gehört zu den *Top Forty,* was ihre Popularität anbelangt, wenn auch nicht zu den *Top Ten.* Sie tritt vor allem im Zusammenhang mit kombinatorischen Problemen auf. Mit wie vielen Möglichkeiten läßt sich ein reguläres $n$-Eck in ($n$-2) Dreiecke zerlegen, wenn unterschiedlich orientierte Dreiecke als verschieden betrachtet werden sollen? Die Antwort hierauf ist die Catalan-Folge.
Auf wie viele Weisen lassen sich $(n+1)$ Buchstaben klammern, so daß in jedem Paar von Klammern nur zwei Buchstaben stehen?
*ab* auf genau eine Weise: (*ab*)
*abc* auf zwei Weisen: (*ab*)*c*, *a*(*bc*)
*abcd* in fünf Weisen: (*ab*) (*cd*) *a*((*bc*)*d*) ((*ab*)*c*)*d* *a*(*b*(*cd*)) (*a*(*bc*))*d* und so weiter.
Auf wie viele Weisen kann man sich auf einem Bogen Rechenpapier vom (willkürlich festgelegten) Koordinatenursprung zum Punkt $(2n+2, 0)$ bewegen, ohne daß man die $x$-Achse berührt (Anfang und Schluß der Reise ausgenommen)? Dabei sollen die Schritte immer diagonal erfolgen. Die Antwort lautet auch hier: Catalan.
Auf wie viele Weisen kann man $n$ Stimmen auf zwei Kandidaten verteilen, so daß der gewählte Kandidat niemals hinter seinem Konkurrenten liegt?
Alle diese Fragen werden durch die Folge der Catalan-Zahlen beantwortet, was zeigt, daß diese anscheinend so verschiedenen Probleme in bestimmter Hinsicht äquivalent sind.

## 44

Euler hat eine Lösung für das folgende Problem gefunden: Gesucht ist ein Backstein, dessen Kantenlängen sowie Flächendiagonalen alle natürlichzahlige Maßzahlen besitzen. Eulers Lösung lautet: 44, 117 und 240.
Die Längen der Flächendiagonalen betragen 267, 125 und 244. Die Länge der Raumdiagonalen ist allerdings keine natürliche Zahl – weshalb das Problem, einen Backstein zu finden, dessen sämtliche Kanten und Diagonalen eine natürlichzahlige Länge besitzen, weiterhin offenbleibt.

*Subfakultäten*

Subfakultät $(5) = 5!(1 - 1/1! + 1/2! - 1/3! + 1/4! - 1/5!) = 44$.
Das folgende Problem ist erstmals von Nikolaus Bernoulli betrachtet worden: Es werden $n$ Briefe an verschiedene Empfänger geschrieben und

dazu $n$ Umschläge beschriftet. Auf wie viele Weisen kann man die Briefe in die Umschläge stecken, so daß in keinem Umschlag der zu ihm gehörende Brief ist? Die Antwort lautet: Subfakultät($n$).
Die Folge der Subfakultäten fängt folgendermaßen an: 0 1 2 9 44 265 1854 14833 . . .

## 45

Nach Eins und Neun die dritte Kaprekar-Zahl.
Alle Zahlen größer 45 lassen sich als Summe von Primzahlen darstellen, die größer als elf sind.
*Literatur:* H. Gupta: »*Selected Topics in Number Theory*«, Tunbridge Wells, 1980.

*Polygonalzahlen*

45 ist die fünfte Sechseckszahl. Diese Zahlen lassen sich gemäß der Formel $n(2n-1)$ berechnen. Für $n=5$ ergibt diese Formel den Wert 45.
Die Folge der Sechseckszahlen beginnt mit: 1 6 15 28 45 . . .
Polygonalzahlen wurden schon von den Griechen betrachtet. Sie ergeben sich auf natürliche Weise aus den Dreiecks- und den Quadratzahlen und lassen sich ebenso wie diese durch Punktmuster darstellen:

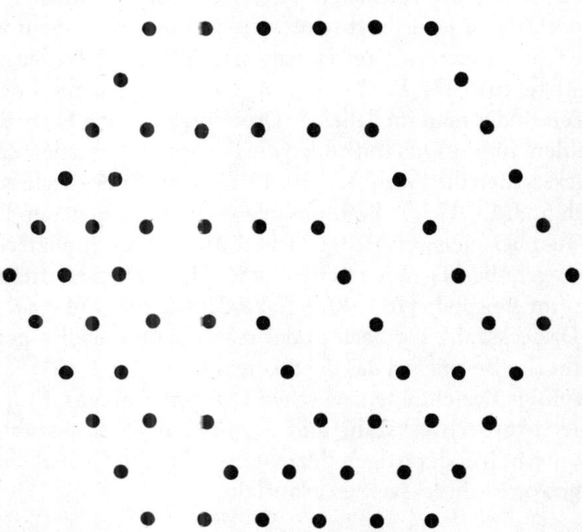

Auch Polygonalzahlen lassen sich konstruieren, indem man ähnliche Figuren aneinanderfügt. Nur ist die Seitenzahl der Figuren bei Polygonalzahlen größer als bei Dreieckszahlen und dergleichen. Für alle Polygonalzahlen gibt es Formeln, die ihrerseits wiederum einem bestimmten Muster folgen:

| Bezeichnung | Formel | $n=1$ | 2 | 3 | 4 | 5 | 6 | 7 … |
|---|---|---|---|---|---|---|---|---|
| Dreieckszahl | $\frac{1}{2}n(n+1)$ | 1 | 3 | 6 | 10 | 15 | 21 | 28 … |
| Quadratzahl | $\frac{1}{2}n(2n-0)$ | 1 | 4 | 9 | 16 | 25 | 36 | 49 … |
| Fünfeckszahl | $\frac{1}{2}n(3n-1)$ | 1 | 5 | 12 | 22 | 35 | 51 | 70 … |
| Sechseckszahl | $\frac{1}{2}n(4n-2)$ | 1 | 6 | 15 | 28 | 45 | 66 | 91 … |
| Siebeneckszahl | $\frac{1}{2}n(5n-1)$ | 1 | 7 | 18 | 34 | 55 | 81 | 112 … |
| Achteckszahl und so weiter | $\frac{1}{2}n(6n-1)$ | 1 | 8 | 21 | 40 | 65 | 96 | 133 … |

Es ist typisch, daß die Zahl Eins sowohl eine Dreiecks-, als auch eine Quadrat-, als auch eine (und-so-weiter-)Zahl ist.

Die Sechseckszahlen findet man in der Folge der Dreieckszahlen, wenn man immer eine Zahl überspringt. Alle vollkommenen Zahlen sind Sechsecks- und damit auch Dreieckszahlen.

In der obigen Tabelle sind einige Gesetzmäßigkeiten offensichtlich. So sind beispielsweise die vertikalen Differenzen in jeder Spalte konstant. Die fünften Zahlen jeder Sorte differieren immer um genau zehn, was gerade gleich der vierten Dreieckszahl ist. Alle diese Zahlen sind auch durch fünf teilbar: 15, 25, 35, 45, 55, 65, 75… Für die horizontalen Differenzen findet man im Falle der Dreieckszahlen die Folge der natürlichen Zahlen, für die Quadratzahlen die Folge der ungeraden Zahlen, für die Fünfeckszahlen die Werte 4, 7, 10, 13, … und für die Sechseckszahlen schließlich 5, 9, 13, 17, … Wählt man aus den Einträgen der Tabelle ein Quadrat aus, beispielsweise $18-34$ und $21-40$, multipliziert man die einander gegenüberliegenden Seiten und bildet man die Differenz dieser Produkte (im Beispiel: $(18\times 40)-(34\times 21)=720-714=6$), so erhält man die Dreieckszahl, die oben in der ersten zum Quadrat gehörenden Spalte steht (im Beispiel ist das die Spalte mit $18-21$).

Es folgen einige Beziehungen zwischen Polygonalzahlen.

Ist $H_n$ die $n$-te Sechseckszahl und $T_n$ die $n$-te Dreieckszahl, so gilt: $H_n=4T_{n-1}+n$. Mit derartigen Beziehungen kann man auch die Summe einer Folge von Sechseckszahlen ermitteln.

## 46

Ein berühmtes oder auch infames Beispiel aus der Numerologie: In der englischen Übersetzung des 46. Psalms lautet das 46. Wort *shake*; das 46. Wort vom Ende her gezählt heißt *spear*. Zusammen macht das ›Shakespear‹. Warum? Weil im Jahre 1610, als diese Bibelübersetzung fertiggestellt wurde, Shakespeare gerade 46 Jahre alt war.

## 47

$47 + 2 = 49$; $47 \times 2 = 94$.

## 48

Das Produkt aller echten Teiler von 48 ist gleich $48^4$.
Ist $n$ eine Zahl größer als 48, so gibt es zwischen $n$ und $9n / 8$ eine Primzahl. Dabei sollen die beiden Grenzen $n$ und $9n / 8$ mit eingeschlossen sein.

## 49

49 ist trimorph. Sein Kubus endet mit denselben Ziffern: $49^3 = 117\,649$. 49 ist ein Beispiel für eine Zahl, die trimorph, aber nicht automorph ist.
$1/49 = 0{,}020\,408\,163\,265\ldots$ Die Potenzen von zwei treten hier mit einer Gesetzmäßigkeit auf, die man leicht übersieht. 49 ist die erste zusammengesetzte Zahl mit der folgenden Eigenschaft: Alle Brüche der Form $49/n$ haben, vorausgesetzt, $n$ ist kein Vielfaches von sieben, Perioden, die durch zyklische Vertauschung auseinander hervorgehen. Es gibt 42 derartige Brüche; sie alle haben die Periodenlänge 42. Diese Eigenschaft ergibt sich bei allen Zahlen, die Potenz einer Primzahl sind, deren Kehrwert eine Periode von maximaler Länge besitzt. Im Falle von 49 gilt: $49 = 7^2$, und $1/7$ hat eine Periode der Länge sechs.

## 50

Im System der Römischen Zahlen steht L für 50. Die Römer hatten eigene Buchstaben als Zahlzeichen für die Zahlen 1, 10, 100, 1000 und 5, 50 sowie 500. Der Buchstabe V bedeutet fünf. Es wird vermutet, daß die V eine Hand mit fünf Fingern bedeutet. Dann wäre X (für zehn) ein Symbol für zwei Hände. Das X könnte auch eine Art Abkürzung für eine Reihe von I sein, durch die ein Strich gezogen wurde, um anzudeuten, daß die runde Zahl Zehn erreicht ist. Für 100 stand C, der erste Buchstabe von ›centum‹ (= 100), für 1000 M von ›mille‹ (= 1000), dazwischen D für 500. Diese zwischengeschalteten Zahlzeichen erlaubten es, einfacher und mit weniger Platzaufwand Zahlen wie 856 in der Form DCCCLVI zu schreiben. Ohne diese Zeichen sähe 856 so aus:
CCCCCCCCXXXXXIIIIII.
50 ist die kleinste Zahl, die sich auf zwei unterschiedliche Weisen als Summe zweier Quadrate darstellen läßt: $50 = 5^2 + 5^2 = 7^2 + 1^2$.
Dies folgt aus der Tatsache, daß $50 = 10 \times 5$ gilt, wobei fünf und zehn die beiden kleinsten Zahlen sind, die sich als Summe zweier Quadrate schreiben lassen.
In einer Passage im »Staat« spricht Platon von der »rationalen Diagonalen der fünf«. Damit ist sieben gemeint, weil $7^2 = 50 - 1$ ist und somit $7^2$ recht nahe bei der Quadratwurzel von 50 liegt. Diese Quadratwurzel bedeutet aber nichts anderes als die Länge der Diagonale in einem Quadrat der Kantenlänge fünf. Platon wußte, daß der wahre Wert für diese Länge $5\sqrt{2}$ beträgt und daß er irrational ist.
Die Folge der Zahlen, die sich auf zwei verschiedene Weisen als Summe zweier Quadratzahlen darstellen lassen, beginnt folgendermaßen:
50 65 85 145...

## 52

Die Anzahl der Wochen eines Jahres, welche in vier Viertel zu je dreizehn Wochen eingeteilt werden. In einem Standardkartenspiel gibt es 52 Karten, dreizehn von jeder Farbe.
Erdös hat eine Zahl ›unerreichbar‹ getauft, wenn diese Zahl sich nicht als Summe von echten Teilern einer anderen Zahl darstellten läßt.
Die Folge der unerreichbaren Zahlen beginnt so: 2 5 52 88 96 120...

## 53

Das ist die kleinste Primzahl mit der Eigenschaft, daß die Periode ihres Kehrwertes eine Periodenlänge hat, die genau ein Viertel der maximal möglichen Periodenlänge beträgt. Im vorliegenden Falle handelt es sich um $(53-1)/4=13$.
Die Brüche der Form $k/53$, wobei $k$ eine Zahl zwischen 1 und 52 bedeutet, zerfallen in vier Klassen, wobei die Nachkommaperiode aller Brüche aus ein und derselben Klasse durch zyklische Permutation auseinander hervorgehen.

## 55

Die zehnte Dreieckszahl: $55 = \frac{1}{2} \times 10 \times 11$.
55 ist auch eine Fibonacci-Zahl. Die einzigen Fibonacci-Zahlen, die auch Dreieckszahlen sind, lauten: 1, 3, 21 und 55.
55, 66 und 666 sind die einzigen Dreieckszahlen mit weniger als 30 Stellen, die nur eine einzige Ziffer enthalten.

*Pyramidenzahlen*

55 ist die fünfte quadratische Pyramidenzahl. Werden Kanonenkugeln so zusammengelegt, daß sie quadratische Lagen bilden, so lauten die Gesamtanzahlen von Kanonenkugeln in den größerwerdenden Pyramiden 1,5, 14, 30, 55, 91, 140,... Die $n$-te Zahl in dieser Folge ergibt sich gemäß der Formel $\frac{1}{6} n (n+1)(2n+1)$.
Andere Pyramidenzahlen kann man mit der Vorstellung definieren, wie Kanonenkugeln in Lagen gepackt werden. Allerdings lassen sich derartige Pyramiden nicht mehr verwirklichen. Die Formel für die $n$-te fünfeckige Pyramidenzahl lautet: $\frac{1}{2}n^2(n+1)$. Sie ist also besonders einfach aufgebaut. Alle Zahlen zu bestimmen, die zugleich Dreiecks- und fünfeckige Pyramidenzahlen sind, ist ein noch ungelöstes Problem. Die einzigen bekannten Zahlen dieser Art sind 1, 55, 91 und 208335.
55 ist die vierte Kaprekar-Zahl.
Addiert man die Kuben der Ziffern von 55 und wiederholt man dies mit dem Ergebnis noch zweimal, entsteht die 55 erneut:
55: $5^3+5^3=250$; 250: $2^3+5^3=133$; 133: $1^3+3^3+3^3=55$.
Jede Zahl, die größer als 55 ist, läßt sich als Summe von Primzahlen der Form $4n+3$ schreiben.

Es gibt nur 55 vierelementige Mengen von Zahlen *a, b, c, d,* für die gilt: Alle natürlichen Zahlen sind von der Form $ax^2 + by^2 + cz^2 + du^2$.

*Literatur:* G. H. Hardy, »*Collected Papers of S. Ramanujan*«, Cambridge University Press, Cambridge 1927.

## 56

*Tetraederzahlen*

56 ist die sechste Tetraederzahl. Der Beginn der Folge der Tetraederzahlen sieht so aus: 1 4 10 20 35 56 84 120... Die zugehörige allgemeine Formel lautet: $\frac{1}{6}n(n+1)(n+2)$.
Das traditionelle Beispiel für diese Zahlen ist ein Gebilde aus Kanonenkugeln. Die Kugelanzahlen in einer Schicht lauten von der Spitze nach unten: 1 3 6 10 15... Das ist genau die Folge der Dreieckszahlen, dem entspricht auch die Form jeder Schicht.
Also kann man sich die Tetraederzahlen als Summen von Dreieckszahlen vorstellen. Führt man diese Betrachtungen in höheren Dimensionen fort, zum Beispiel im vierdimensionalen Raum, so lassen sich die zu den Tetraederzahlen gehörigen Haufen ihrerseits wieder zu einem vierdimensionalen Tetraeder zusammenfügen, wobei die nachfolgenden vierdimensionalen Tetraederzahlen entstehen: 1 5 15 35 70... Die zugehörige allgemeine Formel heißt: $\frac{1}{24}n(n+1)(n+2)(n+3)$.

## 57, 296...

Das macht ungefähr 57 Grad und 18 Minuten, was genau der Anzahl von Grad und Minuten in einem Radianten entspricht.

## 59

Euler hat 1772 das folgende Problem gestellt: Gesucht ist eine Zahl, die sich auf zwei verschiedenen Weisen als Summe zweier vierter Potenzen darstellen läßt. Die kleinste Lösung lautet: $59^4 + 158^4 = 133^4 + 134^4$.

## 60

Die Basis des Sexadezimalsystems.
Bereits 3500 vor Christus benutzten die Sumerer ein Dezimalsystem für kaufmännische Zwecke. Ein Sexadesimalsystem wurde von einigen wenigen Experten benutzt. Es beruhte auf Vielfachen von zehn und sechs: 1, 10, 60, 600, 3600 36000... Die Babylonier setzten dieses System für astronomische und mathematische Berechnungen ein.
Systeme, die auf der 60 aufbauen, profitieren von den vielen Faktoren, die die 60 besitzt. Sie weisen dieselben Vorteile wie das Duodezimalsystem auf und besitzen darüber hinaus noch weitere: Die sehr alte Unterteilung des Tierkreises in zwölf Sternzeichen fügt sich ausgezeichnet in das Sexadesimalsystem ein, nicht aber in das Dezimalsystem. Auch die Einteilung des Vollkreises in 360 Grade und die weitere Einteilung des Grades in 60 und 3600 Teile wurde von babylonischen Astronomen einige Jahrhunderte vor Christus erfunden. Wir unterteilen heute noch eine Stunde und ein Grad in 60 Sekunden als die einzigen gängigen Maßeinheiten, die noch nicht metrisiert wurden.
Die Innenwinkel eines gleichseitigen Dreiecks sind 60 Grad groß.

*Stark zusammengesetzte Zahlen*

60 ist die achte »stark zusammengesetzte« Zahl. Dieser Begriff stammt von Ramanujan. Er verstand darunter Zahlen, die erstmals einen Maximalwert für die Anzahl ihrer Teiler ergeben. $60 = 2^2 \times 3 \times 5$ ist die erste Zahl, die zwölf Teiler besitzt.
Die Folge der stark zusammengesetzten Zahlen beginnt folgendermaßen: 2 4 6 12 24 36 48 60 120 180 240 360 720 840 1260 1680 2520 5040...

*Literatur:* G. H. Hardy, »*Collected Papers of S. Ramanujan*«, Cambridge University Press, Cambridge 1927.

## 61

$1318820881^2 = 1739288516161616161$ (Vergleiche 2)

## 63

Das Verfahren von Kaprekar führt für zweistellige Zahlen zu dem folgenden Zyklus: 63 – 27 – 45 – 9 – 81 – 63 –... In diesem Zyklus ist 9 als zweistellige Zahl 09 zu interpretieren.
Beginnt man mit 5 und 3, so ergeben sich folgende Zahlen: $53-35=18$; $81-18=63$, womit man schon im obigen Zyklus gelandet ist. Fängt man mit 9 und 3 an, so lautet das Ergebnis $93-39=54$; $54-45=9$ – womit man wieder im Zyklus angelangt ist, allerdings an einer anderen Stelle.

## 64

Die zweite sechste Potenz nach eins. 64 ist zugleich eine Quadrat- und Kubikzahl: $64=8^2$ und $64=4^3$. Im Oktalsystem wird deshalb 64 als 100, im Dualsystem als 1000000 dargestellt.
64 ist die kleinste Zahl mit sechs Primfaktoren. Die nächsten Zahlen mit dieser Eigenschaft sind 96, 128 (mit sieben Primfaktoren) und 144.
Weil 64 eine Kubikzahl ist, läßt sie sich als Summe von aufeinanderfolgenden ausgefüllten Sechseckszahlen darstellen: $1+7+19+37=64$.
Der kleinste Fermatsche Satz besagt folgendes: Ist $p$ eine Primzahl, so ist $a^{(p-1)}-1$ durch $p$ teilbar, vorausgesetzt, $a$ ist nicht durch $p$ teilbar. Zu jeder Primzahl gibt es darüber hinaus auch Werte von $a$, so daß $a^{(p-1)}$ sogar durch $p^2$ teilbar ist. Für $p=3$ ist der kleinste derartige Wert $8^2=64$: $64-1$ ist durch $3^2=9$ teilbar.
Für die nächste Primzahl $p=5$ lautet die kleinste Lösung $7^4-1$, was durch $5^2=25$ teilbar ist.

## 65

Die zweite Zahl, die sich auf zweierlei Weisen als Summe zweier Quadrate darstellen läßt: $65=8^2+1^2=7^2+4^2$.
65 ist die magische Konstante des magischen Fünf-mal-fünf-Quadrates.

## 66

Summiert man alle Teiler von 66 einschließlich der 66 selbst, so erhält man eine Quadratzahl:

$$1 + 2 + 3 + 6 + 11 + 22 + 33 + 66 = 144 = 12^2.$$

Die Folge der Zahlen mit dieser Eigenschaft fängt so an:
3 22 66 70 81...

## 69

Das ist die einzige Zahl, deren Quadrat und deren Kubus, zusammen betrachtet, jede Ziffer nur einmal verwenden: $69^2 = 4761$ und $69^3 = 328\,509$.

## 70

Die Summe der Teiler von 70 (unter Einschluß von 70 selbst) ist eine Quadratzahl, nämlich 144.

*Schicksalszahlen*

70 ist die kleinste Schicksalszahl. Eine Zahl heißt Schicksalszahl, wenn sie abundant ist und sich nicht als Summe von Zahlen aus einer Teilmenge ihrer Teiler darstellen läßt. Die Teiler von 70 lauten: 1, 2, 5, 7, 10, 14 und 35. Zusammengezählt ergeben diese 74, weshalb 70 abundant ist. Es gibt aber keine Teilmenge dieser Teilermenge, die sich zu 70 aufsummieren würde.
Schicksalszahlen sind selten. Unter 10000 gibt es nur die folgenden Schicksalszahlen: 70, 836, 4030, 5830, 7912 und 9272. Diese Zahlen sind alle gerade. Professor Pal Erdös hat die charmante Angewohnheit, für die Lösung mathematischer Probleme Geldpreise auszusetzen. 1971 bot er demjenigen, der die erste ungerade Schicksalszahl findet, zehn Dollar. 25 Dollar sollte derjenige erhalten, der die Nichtexistenz derartiger Zahlen beweisen kann. (Was zeigt, wie Gegenbeispiel und Beweis in ihrem relativen Wert eingeschätzt werden.)

## 71

$71^2 = 7! + 1$. Das ist die größte bekannte Lösung des Problems von Brocard.
$71^3 = 357911$. Die Ziffern dieser Zahl sind genau die ungeraden Zahlen zwischen drei und elf in der richtigen Reihenfolge.*
Die Zahlen 5, 71 und 369911 sind die einzigen Zahlen, die kleiner als 2000000 sind und die Summe der Primzahlen, die kleiner als sie sind, teilen.**

## 72

$\varphi(72) = \varphi(78) = \varphi(84) = \varphi(90) = 24$.
Das sind die kleinsten Zahlen, die in einer arithmetischen Progression stehen und deren Phiwerte alle gleich sind. Die nächste viergliedrige arithmetische Progression mit dieser Eigenschaft beginnt mit den Zahlen 216 und 76236. Beide Progressionen besitzen die Schrittweite sechs.***
$72^5 = 19^5 + 43^5 + 46^5 + 47^5 + 67^5$. Zweiundsiebzig ist deshalb die kleinste Zahl, deren fünfte Potenz sich als Summe von fünf fünften Potenzen schreiben läßt.

## 73

Alle natürlichen Zahlen lassen sich als Summe von höchstens 73 sechsten Potenzen darstellen.

## 76

$76^2 = 5776$, was mit derselben Ziffernfolge aufhört, mit der man begonnen hat. Solche Zahlen heißen automorph.
Die einzige andere zweistellige Zahl, die automorph ist, ist die 25. Automorphe Zahlen hängen mit den Vielfachen von Potenzen von Zehn zusammen. So gilt beispielsweise: $76 \times 75 = 57 \times 10^2$.

* James Davies, *Journal of Recreational Mathematics*, Band 13.
** Ibid., Band 14.
*** M. Lal und P. Gillard, *Mathematics of Computation*, Band 26.

## 77

Jede Zahl größer als 77 läßt sich als Summe von natürlichen Zahlen darstellen, deren Kehrwerte sich zu eins summieren. So gilt beispielsweise: $78 = 2+6+8+10+12+40$, und $1/2+1/6+1/8+1/10+1/12+1/40=1$.

*Literatur:* R. L. Graham, »A Theorem on Partitions«, in: *Journal of the Australian Mathematical Society*, 1963.

## 79

Die kleinste Zahl, die sich nicht mit weniger als neunzehn vierten Potenzen als Summe darstellen läßt: $79 = 15 \times 1^4 + 4 \times 2^4$.

## 81

$81 = 3^4$.
Die Summe der Teiler von 81 ist 121, also eine Quadratzahl.
$1/81 = 0{,}012345679012345679012\ldots$
Dieses Muster ergibt sich, weil $81 = 9^2$ ist und neun genau eins kleiner als zehn. Zehn ist aber die Basis des Dezimalsystems. Nimmt man eine andere Basis, beispielsweise sechs, so gilt für den Kehrwert von $(6-1)^3$: $1/41 = 0{,}123501235012350\ldots$
81 ist neben den trivialen Fällen 0 und 1 die einzige Zahl, bei der die Summe ihrer Ziffern mit ihrer Quadratwurzel übereinstimmt.
81 ist sowohl eine Quadrat- als auch eine Siebeneckszahl. Man schreibe die natürlichen Zahlen wie folgt:
1  2,3  4,5,6  7,8,9,10  11,12,13,14,15...
Nun streicht man jede zweite Gruppe. Die Summe der ersten $n$ verbleibenden Gruppen ist gleich $n^4$. Beispiel:
$1+4+5+6+11+12+13+14+15 = 81 = 3^4$.
Einfacher zugänglich ist das folgende Muster:

$$1 = 3^0$$
$$2+3+4 = 3^2$$
$$5+6+7+8+9+10+11+12+13 = 3^4$$
$$14+15+16+\ldots\quad+39+40 = 3^6$$

und so weiter.* Die Anzahl der Summanden in den Zeilen ist 1, 3, 9, 27...

* M. N. Kharti, »Scripta Mathematica«, Band 20.

## 84

Über das Leben von Diophant ist nur wenig bekannt. Die nachfolgende Geschichte teilt sein Alter mit:
In diesem Grab liegt Diophant. Welch ein großes Wunder! Das Grab berichtet uns die Zeitspanne, die Diophants Leben währte. Gott gönnte ihm, ein Sechstel seines Lebens als Knabe zu verbringen. In einem weiteren Zwölftel blieb sein Wesen kühn. Gott führte ihn in den Ehestand nach einem Siebtel. Fünf Jahre nach der Hochzeit schenkte er ihm einen Sohn. Unglückliches spätgeborenes Kind! Nachdem es halb so alt geworden war wie sein Vater, traf es ein hartes Schicksal. Nachdem er seinen Schmerz vier Jahre lang durch das Studium der Zahlen besänftigt hatte, beendete Diophant sein Leben.
Die Lösung ergibt: natürlich 84.

## 85

85 ist auf zweierlei Weisen gleich der Summe zweier Quadratzahlen: $85 = 9^2 + 2^2 = 7^2 + 6^2$.

## 88

In der 88 tritt dieselbe Ziffer wiederholt auf. Auch das Quadrat von 88 besteht aus wiederholten Ziffern: $88^2 = 7744$.

## 89

89 und 97 bilden das erste Paar von Primzahlen, die sich um acht unterscheiden.
Man verdoppele 89 und addiere eins dazu. Dann wiederholt man dieses Verfahren. Man erhält eine Folge von sechs Primzahlen: 89 179 359 719 1439 2879. Das ist unter allen sechsgliedrigen Primzahlfolgen dieser Art diejenige, die mit der kleinsten Zahl beginnt.*
Man addiere die Quadrate der Ziffern einer beliebigen Zahl. Dann wiederholt man diesen Vorgang. Man landet schließlich entweder bei eins oder im folgenden Zyklus: 89 – 145 – 42 – 20 – 4 – 16 – 37 – 58 – 89 – . . .

* *Journal of Recreational Mathematics*, Band 13.

89 und 98 sind diejenigen zweiziffrigen Zahlen mit den meisten Schritten, bis aus ihnen Palindrome durch Umkehren-und-Addieren geworden sind, nämlich 24.
89 ist die elfte Fibonacci-Zahl. Die Periode des Kehrwertes von 89 wird von den Fibonacci-Zahlen erzeugt: $1/89 = 0{,}11235\ldots$

**90**

Die Anzahl der Grade in einem rechten Winkel.

**91**

Die Anzahl der Tage in einem Vierteljahr, wenn man dieses mit dreizehn Wochen zu sieben Tagen ansetzt.
91 ist sowohl eine Dreieckszahl (wegen $1+2+3+\ldots+13=91$) als auch eine quadratische Pyramidenzahl (wegen $1^2+2^2+\ldots+6^2=91$) und eine ausgefüllte Sechseckszahl (wegen $1+6+12+18+24+30=91$).
91 ist bezüglich der Basis drei die kleinste Pseudoprimzahl. Das bedeutet, daß $3^{90}-1$ durch 91 teilbar ist, obwohl 91 keine Primzahl ist, weil $91=7\times 13$ gilt.

**94**

Abgesehen von zwei und vier die kleinste gerade Zahl, die sich nicht als Summe von Primzahlzwillingen darstellen läßt: 3 5 7 11 13 17 19 29 31 41 43 . . .

**96**

Die zweitkleinste Zahl, die sechs Primfaktoren besitzt: $96=3\times 2\times 2\times 2\times 2\times 2$.

## 97

Die Periode des Kehrwertes ist maximal; sie hat die Länge 96. Alexander Aitken, ein blitzschneller Kopfrechner (und Mathematikprofessor an der Universität Edinburg), konnte diese Periode auswendig. Die Tatsache, daß diese Periode mit den Potenzen von drei beginnt (wegen $97 = 100 - 3$), wird ihm kaum geholfen haben.

1/97 = 0,010 309 278 350 515 463 917 525 773 195 876 288 659 793 814 432 989 690 721 649 484 536 082 474 226 804 123 711 340 206 185 567...

## 98

Die Periode des Kehrwertes dieser Zahl beginnt mit den Potenzen von zwei:

1/98 = 0,010 204 081 632 653 061 224 489 795 918 367 346 938 775 510 204...

## 99

1/99 = 0,010 101 010 101...

Neun und elf haben sehr einfache Kehrwerte, weil $9 \times 11 = 99$ gilt. Ähnliches gilt für $27 \times 37 = 999$.

99 ist eine Kaprekar-Zahl – wie jede Ziffernkette, die nur aus Neunen besteht. $99^2 = 9801$ und $98 + 01 = 99$.

## 100

Das Quadrat von Zehn, der Basis des Dezimalsystems. 100 ist aber auch das Quadrat jeder anderen Zahl, die man als Basis wählt.

Der Siedepunkt des Wassers in der Celsius-Skala ist 100 Grad.

Die Römer bezeichneten 100 mit C von ›centum‹, also hundert. Im metrischen System bedeutet der Vorsatz ›zenti‹ Hundertstel. Er tritt zum Beispiel in Zentimeter auf: ein Hundertstel Meter.

Weil Zehn die vierte Dreieckszahl ist, ergibt sich $100 = 10^2$ als Summe der ersten vier Kuben: $100 = 1^3 + 2^3 + 3^3 + 4^3$.

Ein sehr altes Rätsel lautet: Wie kann man aus den Ziffern 1 bis 9 nur unter Verwendung der üblichen Operationszeichen einschließlich der Klammern einen Ausdruck bilden, dessen Wert gleich 100 ist? Dudeney

gibt viele Lösungen. Die nachfolgende ist die nach seinen Angaben häufigste: $1+2+3+4+5+6+7+(8\times 9)=100$. Er selbst bevorzugt die folgende Lösung, da sie nur drei Operationszeichen benützt:
$123-45-67+89=100$.

## 101

Es ist nicht bekannt, ob es unendlich viele palindromische Primzahlen gibt. 101 ist, sieht man einmal von den einziffrigen Primzahlen 2, 3, 5 und 7 sowie von 11 ab, die kleinste palindromische Primzahl. Die anderen palindromischen Primzahlen kleiner als 1000 sind: 131, 151, 181, 313, 373, 383, 727, 757, 787, 797, 919 und 929.

## 102

$102^7=12^7+35^7+53^7+58^7+64^7+83^7+85^7+90^7$.
102 ist die kleinste siebte Potenz, die sich als Summe von nur acht anderen siebten Potenzen darstellen läßt.

## 103

103 ist die kleinste Primzahl mit der Eigenschaft, daß die Periode ihres Kehrwertes genau ein Drittel der maximalen Periode ist.
1/103 hat eine Periode der Länge 34. Ein Drittel aller Brüche der Form $n/103$ mit $n$ kleiner als 103 haben Perioden, die zyklische Permutationen der Periode von 1/103 sind. Die beiden anderen Drittel teilen sich zwei andere 34ziffrige Perioden.

## 104

104 ist semivollkommen, weil es gleich der Summe eines Teiles seiner Teiler ist: $104=52+26+13+8+4+1$.
104 ist irreduzibel semivollkommen, weil kein Faktor von 104 selbst semivollkommen ist.

## 105

Zieht man von 105 eine Potenz von zwei zwischen 2 und 64 ab, so erhält man stets eine Primzahl. Die einzigen bekannten anderen Zahlen mit dieser Eigenschaft sind 7, 15, 21, 45 und 75. Erdös hat vermutet, daß es keine anderen derartigen Zahlen mehr gebe. Er konnte seine Vermutung bis zu $2^{44}$ bestätigen.

105 ist die kleinste Zahl mit der folgenden Eigenschaft: Eins läßt sich darstellen als Summe der Kehrwerte ungerader Zahlen, die sämtlich nicht kleiner als 1/105 sind: $1 = 1/3 + 1/5 + 1/7 + 1/9 + 1/11 + 1/33 + 1/35 + 1/45 + 1/55 + 1/77 + 1/105$.

Es gibt vier Möglichkeiten, eins auf diese Art und Weise darzustellen, wobei man nur neun Summanden benötigt. Aber in allen vier Fällen ist dann der kleinste Summand kleiner als 1/105. Die Lösung mit dem größten kleinsten Summanden lautet: $1 = 1/3 + 1/5 + 1/7 + 1/9 + 1/11 + 1/15 + 1/35 + 1/45 + 1/235$.

*Literatur:* F. H. Kierstead und H. Nelson, *Journal of Recreational Mathematics*, Band 10.

## 108

Es gibt 108 Heptominos, von denen einer ein Loch umfaßt. Dieser Stein hat die Form eines Drei-mal-drei-Quadrates, wobei eine Ecke und das Quadrat in der Mitte fehlen. Dieser Stein ist der kleinste Polyomino, der ein Loch enthält.

## 111

Die magische Konstante des kleinsten magischen Quadrates, das nur aus Primzahlen besteht (wo eins als Primzahl angesehen wird).

Auch ist Einhundertelf die zweite Repunitzahl, also die zweite Zahl, die nur aus Einsen besteht.

## 112

Die Seitenlänge der kleinstmöglichen Zerlegung eines Quadrates in 21 verschiedene Quadrate.

## 113

Die kleinste dreistellige Primzahl, die bei allen Umordnungen ihrer Ziffern wieder eine Primzahl ergibt. Die anderen dreistelligen Primzahlen mit dieser Eigenschaft sind 337 und 199. Die zweistelligen Primzahlen mit der analogen Eigenschaft sind 11, 13, 17, 37 und 79.

## 116

$116! + 1$ ist eine Primzahl.

## 118

118 ist die kleinste Zahl, die sich als Summe von vier Tripeln schreiben läßt, deren Produkte alle gleich sind:
$118 = 14 + 50 + 54 = 15 + 40 + 63 = 18 + 30 + 70 = 21 + 25 + 72$.
Alle diese Tripel haben das Produkt 37800.
Ist $n$ größer oder gleich 118, so enthält das Intervall von $n$ bis $4n/3$ (die Grenzen sollen dabei eingeschlossen sein) eine Primzahl mit einer der folgenden Formen: $4n + 1$, $4n - 1$, $6n + 1$ oder $6n - 1$.

## 120

$120 = 1 \times 2 \times 3 \times 4 \times 5$.
120 ist sowohl die fünfzehnte Dreieckszahl als auch die achte Tetraederzahl. Letztere entsteht als Summe von Dreieckszahlen:
$120 = 1 + 3 + 6 + 10 + \ldots + 28 + 36$.
120 ist die erste Zahl, die sechsmal im Pascalschen Dreieck auftritt.
120 ist das kleinste Vielfache von sechs mit der Eigenschaft, daß sowohl $6n - 1$ als auch $6n + 1$ zusammengesetzte Zahlen sind.
120 ist die kleinste Zahl, die $16 = 2^4$ Teiler besitzt. Die kleinste Zahl mit $2^n$ Teilern erhält man, indem man die ersten $n$ Zahlen der nachfolgenden Reihe miteinander multipliziert: 2 3 4 5 7 9 11 13 16 17 19 23 25 29 ... In dieser Reihe sind alle Primzahlen sowie ihre Potenzen enthalten.

*Mehrfach-vollkommene Zahlen*

Marin Mersenne entdeckte, daß sich die Faktoren von 120 zu $2 \times 120 = 240$ summieren. Er legte seinem Freund René Descartes das Problem vor, andere Zahlen zu finden, deren Teiler sich zu einem Vielfachen der Ausgangszahl aufsummieren.
$120 = 2^3 \times 3 \times 5$. Die Teiler von 120 sind 1, 2, 3, 4, 5, 6, 8, 10, 12, 15, 20, 24, 30, 40 und 60. Zusammen ergeben sie $240 = 2 \times 120$.
Zählt man 120 als Teiler seiner selbst, wird die Summe gleich $3 \times 120 = 360$. Aus diesem Grunde nennt man 120 dreifach-vollkommen oder auch mehrfach-vollkommen von der Ordnung drei. Im Sinne dieser Bezeichnungsweise sind gewöhnliche vollkommene Zahlen zweifach-vollkommen.
Descartes antwortete auf die Herausforderung von Mersenne mit einer Liste von neun mehrfach-vollkommenen Zahlen.
Es sind nur sechs dreifach-vollkommene Zahlen bekannt: 120, 672, 523776, 459818240, 1476304896 und 31001180160. Diese Beispiele sind genauso wie die vollkommenen Zahlen alle gerade. Falls eine ungerade dreifach-vollkommene Zahl existieren sollte, dann muß diese größer als $10^{50}$, eine Quadratzahl sein und mindestens 9 verschiedene Primfaktoren besitzen. Wenn diese Zahl ungerade und nicht durch drei teilbar sein soll, so muß sie größer als $10^{108}$ sein und mindestens 32 verschiedene Primfaktoren besitzen.
Über 500 mehrfach-vollkommene Zahlen sind heute bekannt. Ihre Ordnungen reichen bis hin zu acht. Die kleinste achtfach-vollkommene Zahl wurde von dem Amerikaner Alan L. Brown entdeckt.
Diese Zahl sieht so aus: $2 \times 3^{23} \times 5^9 \times 7^{12} \times 11^3 \times 13^3 \times 17^2 \times 19^2 \times 23 \times 29^2 \times 31^2 \times 37 \times 41 \times 53 \times 61 \times 67^2 \times 71^2 \times 73 \times 83 \times 89 \times 103 \times 127 \times 131 \times 149 \times 211 \times 307 \times 331 \times 463 \times 521 \times 683 \times 709 \times 1279 \times 2141 \times 2557 \times 5113 \times 6481 \times 10429 \times 20857 \times 110563 \times 599479 \times 16148168401$.

*Literatur:* Beck und Najar, *Mathematics of Computation*, 1982, Band 157.

## 121

Die palindromische Quadratzahl eines Palindroms. 121 ist in allen Zahldarstellungssystemen, beginnend mit der Basis drei, eine Quadratzahl.
$11^3 = 1331$ und $11^4 = 14641$ sind ebenfalls palindromisch.
Die Brocardsche Vermutung lautet: $121 = 5! + 1 = 11^2$.

Fermat stellte die richtige Vermutung auf, daß 121 und 4 die einzigen Quadratzahlen sind, die vermehrt um vier eine Kubikzahl ergeben.
121 ist die einzige Quadratzahl, die sich als Summe von aufeinanderfolgenden Potenzen von drei darstellen läßt: $121 = 1 + 3 + 9 + 27 + 81$.
Jede natürliche Zahl, die größer als 121 ist, läßt sich als Summe von verschiedenen Primzahlen der Form $4n + 1$ darstellen.

### 125

Eine Kubikzahl, $5^3$, die sich auf zwei Weisen als Summe zweier Quadrate darstellen läßt: $125 = 10^2 + 5^2 = 11^2 + 2^2$.
125 sind die Nachkommastellen von 1/8. Weil $8 = 10 - 2$ ist, läßt sich 125 als Summe schreiben. Diese erinnert an die Summen, die mit periodischen Dezimalbrüchen zusammenhängen:

```
1 2 4 8
      1 6
        3 2
          6 4
          1 2 8
            2 5 6
              5 1 2
              . . . .
1 2 4 9 9 9 9 9 9 9 9 . . .
```

### 127

Im Jahre 1848 stellte de Polignac die Vermutung auf, daß sich jede ungerade Zahl als Summe einer Potenz von zwei und einer Primzahl schreiben ließe. Er behauptete, er habe seine Vermutung bis zu drei Millionen nachgeprüft. Allerdings stimmt sie schon für 127 nicht.
*Literatur:* Nigel Boston, *Quarch*, Band 6.

*Mersenne-Zahlen*

$127 = 2^7 - 1$ ist die siebte Mersenne-Zahl. Sie wird mit $M_7$ bezeichnet. Zugleich ist 127 die vierte Mersennesche Primzahl und liefert deshalb die vierte vollkommene Zahl.
Pater Marin Mersenne war Naturforscher, Philosoph, Theologe, Mathe-

matiker und Musiktheoretiker. Er war auch der Kopf einer der wichtigsten Wissenschaftlergruppen im Frankreich des frühen siebzehnten Jahrhunderts. Mersenne war ein Freund Descartes', mit dem zusammen er am Jesuitenkolleg studiert hatte. Daneben war er mit Desargues, Fermat, Frenicle, Vater und Sohn Pascal sowie mit anderen Mathematikern befreundet. Seinen Freunden stellte er Probleme über vollkommene Zahlen und ähnliche Gegenstände.

Im Vorwort zu seinen 1644 erschienenen »Cogitata Physico-Mathematica« behauptete er folgendes: Die einzigen Werte von $p$, die nicht größer als 257 sind und für die $2^p - 1$ eine Primzahl ist, sind 1, 2, 3, 5, 7, 13, 17, 19, 31, 67, 127 und 257. Mersenne zählte noch die Eins zu den Primzahlen. Heutzutage beginnt diese Liste mit $M_2$. Die ersten vier Mitglieder dieser Liste liefern offensichtlich Primzahlen (nämlich 3, 7, 31 und 127). Von $M_{13}$ wußte man schon im Mittelalter, daß es prim ist. Das war auch von $M_{17}$ und $M_{19}$ bekannt. Demnach behauptete Mersenne, daß es zwischen 31 und 257 (beide Grenzen eingeschlossen) nur die folgenden vier Primzahlen $M_p$ gäbe: $M_{31}$, $M_{67}$, $M_{127}$ und $M_{257}$. Mersenne wußte, daß $M_p$ zusammengesetzt ist, falls $p$ das ist. Die Umkehrung hiervon ist nicht wahr. (Alle Mersenne-Zahlen sind coprim, was beweist, daß es unendlich viele Primzahlen gibt, denn es muß zu jeder Mersenne-Zahl eine neue Primzahl geben.) Mersenne machte eigentlich eine Aussage über alle Potenzen von zwei, die Primzahlen sind, bis hinauf zu $2^{257}$. Dies ist um so bemerkenswerter, als Mersenne noch keine Ahnung von modernen Computern und von der tatsächlichen Größe großer Zahlen hatte. Fermat wußte bereits (1640), daß alle Teiler der Mersenne-Zahl $M_p$ von der Form $2np + 1$ sein müssen. Es gelang ihm aber nicht, die enorme Menge von möglichen Teilern zu bewältigen. Vielleicht bezog sich Mersenne auf Fermat oder auf ein in Vergessenheit geratenes Theorem. Wie dem auch sei – die Liste enthält Fehler, die allerdings erst lange nach dem Tod von Mersenne entdeckt worden sind. Unter den Ergänzungen von Mersenne zu der Liste sind zwei von jeweils vier Zahlen zusammengesetzt. Weiter hat er drei Primzahlen übersehen.

$M_{61}$ ist prim, was 1883 von Pervusin bewiesen worden ist, und $M_{67}$ ist zusammengesetzt (67 läßt sich leicht mit 61 verwechseln!); $M_{89}$ und $M_{107}$ sind beide prim, fehlen aber bei Mersenne, und $M_{257}$ ist zusammengesetzt. Andererseits ist $M_{31}$ tatsächlich prim, was auch für das gigantische $M_{127}$ gilt.

Die Mersennesche Liste hat, trotz ihrer Fehler und ihres weitgesteckten Anspruches, die Mathematiker dazu angeregt, die Lösungsmethoden für eines der einfachsten mathematischen Probleme immer tiefgreifender zu untersuchen. Dieses Problem ist so einfach, daß es jedes Kind, das multi-

plizieren kann, versteht. Dennoch können es die Mathematiker nur teilweise lösen.
Mersenne-Zahlen sind ideale Kandidaten für die Anwendung relativ elementarer Methoden, weil sie auf so einfache Weise konstruiert werden (ähnlich wie die Fermat-Zahlen $2^{2^n}+1$). Beide Zahlenmengen weisen verblüffende Gesetzmäßigkeiten auf und dies bildet die Grundlage für die Faktorzerlegung dieser Zahlen.
Alle Mersenneschen Primzahlen, die gegenwärtig bekannt sind, findet man unter 28: *Vollkommene Zahlen*.
*Literatur:* Martin Gardner, 1971.

## 128

$2^7$ und deshalb im Dualsystem 10000000.
Die kleinste Zahl, die Produkt von sieben Primfaktoren ist.
128 ist eine Zweierpotenz, deren Ziffern sämtlich Zweierpotenzen sind. Es ist nicht bekannt, ob 128 die einzige Zahl mit dieser Eigenschaft ist.
128 ist die größte Zahl, die sich nicht als Summe von verschiedenen Quadratzahlen darstellen läßt.

## 132

132 ist gleich der Summe aller zweistelligen Zahlen, die man aus den Ziffern von 132 bilden kann:
$132 = 13 + 32 + 21 + 31 + 23 + 12$.
Es ist die kleinste Zahl mit dieser Eigenschaft.

## 133,335

Das ist die Kennzahl in Deweys Dezimalklassifikation für das Wort *Numerology*. Martin Gardner hat in »Die magischen Zahlen des Dr. Matrix« auf folgendes hingewiesen: Liest man diese Kennzahl von hinten und addiert man Kennzahl und umgekehrte Kennzahl, so entsteht die Kennzahl des Satans: $133{,}335 + 533{,}331 = 666{,}666$. Besonders tiefsinnig!
*Literatur:* Martin Gardner: »Die magischen Zahlen des Dr. Matrix«, Fischer Taschenbuch Verlag, Frankfurt, 1989

## 135

$135 = 1 + 3^2 + 5^3$.
Andere Beispiele für ähnliche Beziehungen sind: $175 = 1 + 7^2 + 5^3$; $518 = 5 + 1^2 + 8^3$ und $598 = 5 + 9^2 + 8^3$.

## 136

Die Summe der Kuben der Ziffern ist gleich: $1^3 + 3^3 + 6^3 = 244$.
Wiederholt man nun diesen Schritt, so ergibt sich wieder die Ausgangszahl: $2^3 + 4^3 + 4^3 = 136$.

## 137

Alle hinreichend großen Zahlen sind Summen von höchstens 137 siebten Potenzen.

## 139

139 und 149 sind die ersten Primzahlen, die um zehn differieren.

## 141

Cullen-Zahlen haben die Form $n \times 2^n + 1$.
Die einzige Cullen-Zahl für Werte von $n$ zwischen 2 und 1000, die zugleich Primzahl ist, ist die Zahl $141 \times 2^{141} + 1$.
Andererseits werden die Zahlen von der Form $n \times 2^n - 1$ sechsmal prim für Werte von $n$ zwischen 6 und 1000. Die fraglichen Primzahlen ergeben sich für die Werte $n = 2, 3, 6, 30, 75$ und 81.

## 144

$12^2$ oder ein Gros. ›100‹ im Duodezimalsystem.
144 ist neben der Eins die einzige Fibonacci-Zahl, die zugleich Quadratzahl ist. 144 ist die zwölfte Fibonacci-Zahl. Ein Teiler einer Fibonacci-Zahl heißt eigentlich, wenn er nicht Teiler einer kleineren Fibonacci-Zahl

ist. Die einzigen Fibonacci-Zahlen, die keine eigentlichen Teiler besitzen, sind die Zahlen 1, 8 und 144.
144 endet mit der ›Wiederholung‹ 44. Eine Quadratzahl kann nur dann mit einer Wiederholung enden, wenn sie entweder ein Vielfaches von 100 ist oder wenn ihre Quadratwurzel auf 12, 38, 62 oder 88 endet. Im letzteren Fall sind die letzten Ziffern der Quadratzahl ›44‹. Liest man 12 und 144 rückwärts, so erhält man die Gleichung $21^2 = 441$.
Das kleinste magische Quadrat, das aus aufeinanderfolgenden Primzahlen besteht, enthält die 144 ungeraden Primzahlen, die mit drei beginnen. Die zugehörige magische Konstante ist 4515.
Euler hat die Vermutung aufgestellt, daß keine $n$-te Potenz Summe von weniger als $n$ $n$-ten Potenzen sein kann. So ist es beispielsweise unmöglich, daß ein Kubus gleich der Summe zweier Kuben ist. (Es handelt sich hierbei um die Fermatsche Vermutung für den Wert $n = 3$.)
Im Jahre 1966 suchten L. J. Lander und T. R. Perkins mit Hilfe eines Computers nach fünften Potenzen, die sich als Summe von fünf fünften Potenzen darstellen lassen. Zu ihrer Überraschung fanden sie nicht nur vier Lösungen für ihr Ausgangsproblem, sondern auch eine Lösung, die den Summanden $0^3$ enthielt. Somit hatten sie ein Gegenbeispiel für die Vermutung Eulers gefunden. Dieses lautete:
$144^5 = 27^5 + 84^5 + 110^5 + 133^5$.
Es gibt im Bereich bis $765^5$ keine andere fünfte Potenz, die sich als Summe von nur vier fünften Potenzen darstellen läßt. Ausgenommen von dieser Behauptung sind natürlich die Vielfachen von 144: 288, 422, 576 und 720.

## 145

$145 = 1! + 4! + 5!$
Die einzigen anderen Zahlen, die sich als Summe der Fakultäten ihrer Ziffern darstellen lassen, sind 1, 2 und 40585.
145 ist die vierte Zahl, die sich auf zweierlei Weisen als Summe von zwei Quadratzahlen darstellen läßt: $145 = 12^2 + 1^2 = 8^2 + 9^2$.

## 153

$153 = 1! + 2! + 3! + 4! + 5!$
Addiert man die Kuben der Ziffern einer dreistelligen Zahl, die ein Vielfaches von drei ist, und wiederholt man diesen Vorgang immer wieder, so

gelangt man schließlich zu der Zahl 153. Dort kommt dieser Prozeß zum Stillstand, denn es ist ja $153 = 1^3 + 5^3 + 3^3$. Die anderen dreistelligen Zahlen, die gleich der Summe der Kuben ihrer Ziffern sind, lauten: 370, 371 und 407. Die nachfolgenden Paare wechseln bei dem oben genannten Prozeß einander ab: 136 und 244 sowie 919 und 1459. Weiter existieren zwei Dreierzyklen: 55 – 250 –133 und 160 – 217 – 352.

Als G. H. Hardy für seine Autobiographie »*A Mathematician's Apology*« nach Beispielen für nicht ernstzunehmende mathematische Sätze suchte, wählte er fast beliebig zwei Beispiele aus Rouse Balls Buch »*Mathematical Recreations*« aus. Das erste von Hardy gewählte Beispiel war die Aussage, daß 8712 und 9801 die einzigen vierstelligen Zahlen seien, die Vielfache ihrer rückwärts gelesenen Kehrzahlen sind. Das zweite war die Tatsache, daß es außer 1 nur noch vier Zahlen gibt, die gleich der Summe der Kuben ihrer Ziffern sind (siehe oben).

Hardy schrieb zu seinen Beispielen:

»Das sind merkwürdige Tatsachen, für Rätselecken und zum Amüsement des mathematischen Amateurs geeignet. Sie enthalten aber nichts, was den Mathematiker anspricht. Die Beweise sind weder schwierig noch interessant, sondern eher langweilig. Diese Sätze selbst sind nicht von Interesse. Ein Grund hierfür ist der sehr spezielle Charakter der Aussage des Satzes wie auch des Beweises, welche sich beide nicht sinnvoll verallgemeinern lassen.«

Ähnliches hätte ein Kritiker zu Eulers Lösung des Königsberger Brückenproblems oder zu seiner Beschäftigung mit magischen Quadraten bemerken können. Die Existenz oder Nichtexistenz von sinnvollen Verallgemeinerungen ist ein nicht vorhersehbares Faktum, das von G. H. Hardy nicht bewiesen werden kann. Als Aussage, die vermutlich von noch geringerem Interesse ist, möchte ich die folgende vorschlagen: »Die 10000000te Stelle von $\pi$ ist eine Sieben.« Diese Aussage wird von Keith Devlin erwähnt. Und auch hier ist das fehlende Interesse eine kontingente Tatsache und nicht mehr.

Das Netz, das Simon Petrus im Neuen Testament aus dem See von Tiberias zieht, enthält 153 Fische. Diese Aussage wurde zwangsläufig von der frühen Kirche, insbesondere vom Heiligen Augustinus, im Sinne der Zahlenmystik interpretiert.

153 ist die siebzehnte Dreieckszahl und schon aus diesem Grunde bemerkenswert. Was an der Siebzehn Bemerkenswertes ist? 17 ist gleich der Summe von zehn (gleich Anzahl der Propheten im Alten Testament) und sieben (gleich Anzahl der Gaben des Heiligen Geistes im Neuen Testament). Das war eine verbreitete Art und Weise, zwei Einflüsse miteinander zu kombinieren, vergleichbar der Ansicht der Pythagoräer, daß fünf

für Hochzeit stände, weil $5 = 2 + 3$ ist, und diese Zahlen als weiblich beziehungsweise als männlich galten.
W. E. Bowman, ein moderner Autor mit mehr Humor und weniger Ehrfurcht, läßt die Zahl 153 bei zahlreichen Gelegenheiten in seinem Roman »*The Ascent of Rum Doodle*« auftreten. So taucht sie als Höhe eines Schiffes über dem Meeresspiegel auf, als Geschwindigkeit eines Zuges, der am Fuße des Himalaja entlang zuckelt, als Anzahl der Träger, die für den Aufstieg gemietet werden müssen und als Tiefe einer Gletscherspalte sowie bei vielen anderen Gelegenheiten.

**154**

$154! + 1$ ist eine Primzahl.

**159**

159 läßt sich nicht mit weniger als neunzehn vierten Potenzen als Potenzsumme darstellen.

**161**

Jede Zahl, die größer als 161 ist, läßt sich als Summe von unterschiedlichen Primzahlen der Form $6n - 1$ darstellen.

**163**

Aitken konkurrierte mit Erfolg mit Wim Klein, einem holländischen Rechenkünstler, der die Multiplikationstafeln bis $100 \times 100$ auswendig konnte, dem aber ausreichende mathematische Kenntnisse fehlten, um Rechenvorteile geschickt auszunutzen. Aitken stellte oft unbewußte Rechnungen an. Er berichtete von Ergebnissen, die ›aus dem Dunkel‹ auftauchten. Er sagte auch, eine bestimmte Zahl ›fühle‹ sich prim an, wenn diese tatsächlich prim war. Aitken war einer der wenigen Menschen, denen natürliche Zahlen wie Freunde erscheinen. So entdeckte er beispielsweise die folgende amüsante Eigenschaft von 163: $e^{\pi\sqrt{163}}$ differiert von einer natürlichen Zahl um weniger als $10^{-12}$. Er formulierte seine Besonderheit so: »Die Vertrautheit mit Zahlen, die durch eine angeborene und durch emsige Übung geschärfte Fähigkeit zustande kommt, vermittelt vertiefte Einsicht in die Sätze der Algebra und der Analysis.«

*Literatur:* Ball und Coxeter, 1974.

**169**

$169 = 13^2$ und $961 = 31^2$.

**175**

$175 = 1^1 + 7^2 + 5^3$.

**180**

Einhundertachtzig ist die Anzahl der Grade in einem Halbkreis und die Anzahl von Fahrenheit-Graden zwischen dem Gefrierpunkt des Wassers (32 °C) und dessen Siedepunkt (212).
Die Winkelsumme des Dreiecks.
$180^3$ ist gleich der Summe einer Folge von aufeinanderfolgenden Kuben:
$180^3 = 6^3 + 7^3 + 8^3 + \ldots + 68^3 + 69^3$.

**187**

Das ist die kleinste Zahl aus der Gruppe der dreiziffrigen Zahlen, die 23 Umstellungen benötigen, bis sie palindromisch werden.

**196**

$196 = 14^2$ enthält dieselben Ziffern wie $169 = 13^2$.

*Palindromisch nach Umstellung*

Bildet man die Kehrzahl von 87 (das heißt, liest man 87 rückwärts), addiert dann Kehr- und Ausgangszahl und wiederholt diesen Vorgang mehrmals, so erhält man bereits nach vier Schritten eine Palindromzahl, nämlich 4884: 87 + 78 = 165; 165 + 561 = 726; 726 + 627 = 1353; 1353 + 3531 = 4884.

Dies ist in erster Linie eine Aussage über die Größe der Ziffern im vorhergehenden Schritt. Um eine Palindromzahl zu erhalten, genügt es, daß im vorhergehenden Schritt keine Überträge erfolgen. Das bedeutet aber, daß sich die Ziffernpaare (vorwärts oder rückwärts gelesen) zu höchstens Neun summieren dürfen.

Werden alle Zahlen schließlich palindromisch? Die Antwort auf diese Frage ist nicht bekannt. 196 ist die einzige bekannte Zahl im Bereich bis 10000, die bisher noch nicht mit Hilfe des angegebenen Prozesses palindromisch gemacht werden konnte. P. C. Leyland hat 50000 Umstellungen mit dieser Zahl durchgeführt, wobei eine Zahl mit 26000 Stellen entstand. Er konnte aber kein Palindrom finden. P. Anderton ist ebenfalls ohne Erfolg bis 70928 Stellen gegangen.

Von den 900 dreistelligen Zahlen sind 90 von Hause aus palindromisch, 735 erfordern nur eine bis fünf Umstellungen. Die verbleibenden 75 Zahlen lassen sich in einige wenige Klassen einordnen, deren Elemente nach ein oder zwei Umstellungen alle dieselbe Zahl ergeben und sich deshalb nicht wesentlich unterscheiden. Eine dieser Klassen besteht aus den Zahlen 187, 286, 385, 583, 682, 781, 869, 880 und 968, die alle nach ein oder zwei Umstellungen zu 1837 werden und schließlich zu dem Palindrom 8813200023188 nach 23 Umstellungen führen.

Unter den ersten 100000 Zahlen hat man 5996 Zahlen gefunden, die keine Palindrome ergaben. Die Wahrscheinlichkeit, daß eine zufällig ausgewählte Zahl Ziffern hat, die, wenn man sie mit der entsprechenden Ziffer der Kehrzahl paart, sich höchstens zu Neun summieren, nimmt klarerweise mit der Länge der Zahl ab. Also ist es plausibel anzunehmen, daß, je größer die Zahlen werden, desto kleiner die Wahrscheinlichkeit wird, daß schließlich ein Palindrom entsteht.

Im Dualsystem ist es gewiß nicht wahr, daß jede Zahl schließlich zu einem Palindrom führt. Roland Sprague hat bewiesen, daß 10110 niemals palindromisch wird.

## 199

Die Formel 199 + 210*n* liefert für *n* = 0, 1, 2, 3, 4, 5, 6, 7, 8 und 9 Folgen von Primzahlen mit acht, neun und zehn Elementen, die in arithmetischer Progression stehen und mit dem kleinstmöglichen Wert beginnen.

## 204

$204^2$ ist Summe von vier aufeinanderfolgenden Kuben:
$204^2 = 23^3 + 24^3 + 25^3$.

## 205

Jede natürliche Zahl, die größer als 205 ist, läßt sich als Summe von unterschiedlichen Primzahlen der Form $6n + 1$ darstellen.

## 210

Primordial $(7) = 2 \times 3 \times 5 \times 7$.
210 ist sowohl eine Dreiecks- als auch eine Fünfeckszahl. Die kleinste Zahl mit diesen beiden Eigenschaften ist wie immer die Eins, die nächstkleinere nach 210 ist die Zahl 40755.

## 212

Die Siedetemperatur des Wassers auf der Fahrenheit-Skala.

## 216

$216 = 6^3$ ist ein Kubus, der zugleich Summe dreier Kuben ist: $216 = 3^3 + 4^3 + 5^3$. Der nächste Kubus mit dieser Eigenschaft ist $9^3 = 1^3 + 6^3 + 8^3$.
Diese Zerlegung kann man anschaulich machen, indem man einen Würfel zerschneidet, wobei man nur acht Teile benötigt.
216 ist die magische Konstante des kleinstmöglichen multiplikativen Quadrates, das von Dudeney entdeckt worden ist.

*Platonische Zahlen*

Die berühmt-berüchtigten Platonischen Zahlen tauchen in einer obskuren Passage des »Staates« (VIII, 546b–d) auf:
»Es hat aber das göttlich Erzeugte einen Umlauf, welcher eine vollkom-

mene Zahl umfaßt, das menschlich Erzeugte umfaßt aber eine Zahl, in welcher als der ersten (d. h. welche die kleinste ist, in der) Vermehrungen (Multiplikationen) von Wurzeln und Quadraten aus Grundzahlen, die alles ähnlich oder unähnlich machen, vermehren oder vermindern, drei Ausdehnungen (Dimensionen) und vier Grenzen bekommend, alles aussprechbar und rational gegeneinander machen.« (Zitiert nach der Übersetzung von O. Apelt.)

Das ist der Anfang einer langen Passage. Er zeigt schon die enge Beziehung, die Platon als Pythagoräer zwischen den Zahlen und der realen Welt gesehen hat. Deutlich werden auch die Schwierigkeiten, die er hatte, mit den ihm zur Verfügung stehenden Mitteln diese Beziehungen auszudrücken. Die mathematische Fachsprache war zu Platons Zeiten noch nicht entwickelt, weshalb er sich oftmals anscheinend der Alltagssprache bedienen mußte. Ich sage anscheinend, weil manche Wörter, die in dem obigen Zitat vorkommen, aus fast keinem anderen Kontext bekannt sind, weshalb ihre Bedeutung besonders schwierig zu interpretieren ist. (Die Schwierigkeiten, die uns diese Passage bereitet, ist nicht einzig und allein Ausdruck unserer zeitlichen Distanz zu Platon. Auch griechische Kommentatoren fanden sie nicht leicht zu interpretieren.)

Die oben wiedergegebene Passage ist von unzähligen Kommentatoren in detailliertester Weise untersucht worden. Zwei Zahlen treten in ihr auf. Die kleinere von beiden wird allgemein als 216 angesehen, allerdings mit unterschiedlichen Argumenten; die größere ist 12960000. Das wohlbekannte pythagoräische Dreieck mit den Seitenlängen 3 – 4 – 5 hat den Flächeninhalt Sechs. Man nimmt an, daß sich der Ausdruck »drei Ausdehnungen und vier Grenzen« auf das Potenzieren mit der Zahl drei bezieht. Adams gelangt zu der Annahme, die in dem Abschnitt gemeinte Zahl sei 216, weil er glaubt, es handele sich bei dieser Zahl um die Summe der Kuben der Dreiecksseiten. Eine andere Interpretation betrachtet 216 als Kubus von $2 \times 3$.

Zwei und drei wurden mit weiblich und männlich in Verbindung gebracht, fünf mit der Hochzeit. Auch sechs galt als Symbol für Hochzeit, weil sechs gleich zwei mal drei ist. In Anbetracht des grundlegenden Glaubens der Pythagoräer an die Interpretierbarkeit der Welt mit Hilfe von Zahlen kann man schwerlich bestreiten, daß derartige zahlentheoretische Beziehungen als Stütze für ihre Sichtweise angesehen werden können.

*Literatur:* J. Adams: »*The Republic of Plato*«, Cambridge University Press, Cambridge 1929.

## 217

Die zweitkleinste Pseudoprimzahl bezüglich der Basis vier (fünfzehn ist die kleinste derartige Zahl).
$4^{216}-1$ ist durch 217 teilbar, obwohl 217 nicht prim ist (wegen $217=7\times 31$).

## 219

Es gibt 219 Bewegungsgruppen im Raum. Diese entsprechen den siebzehn grundlegenden Tapetenmustern im Zweidimensionalen. Die 219 Bewegungsgruppen legen die Formen fest, die mineralische Kristalle annehmen können.
Elf dieser Gruppen kommen in zwei Formen vor, nämlich mit positiver und negativer Orientierung. Dieser Unterschied spielt bei der Struktur und bei den optischen Eigenschaften von Kristallen eine wichtige Rolle. Deshalb gibt es in gewissem Sinne 230 Bewegungsgruppen.

## 230

*Befreundete Zahlen*

220 und 284 sind das kleinste Paar befreundeter Zahlen. Jede dieser Zahlen ist gleich der Summe der eigentlichen Teiler der anderen Zahl: $220=2^2\times 5\times 11$. Die eigentlichen Teiler von 220 sind 1, 2, 4, 5, 10, 11, 20, 22, 44, 55 und 110, was zusammen 284 ergibt.
$284=2^2\times 7!$. Die eigentlichen Teiler sind 1, 2, 4, 71 und 142, was die Summe 220 liefert.
Jamblichus berichtet, daß Pythagoras dieses Zahlenpaar gekannt habe. Jedoch war vielleicht Pythagoras nicht der einzige Weise der Antike, dem befreundete Zahlen ein Begriff waren. Kommentatoren der Bibel weisen darauf hin, daß Jakob dem Esau bei ihrer Aussöhnung 220 Ziegen geschenkt hat – eine wahre Freundschaftsgabe?
Der brillante muslimische Mathematiker, Astronom und Physiker Thabit ibn Qurra beschreibt in seinem »Buch über die Bestimmung von befreundeten Zahlen« Euklids Regel für vollkommene Zahlen sowie die Mittel, mit denen man abundante und defiziente Zahlen konstruieren kann. Auch die erste Regel für die Konstruktion von befreundeten Zah-

len wird von Thabit ibn Qurra angegeben. Aus dieser gewinnt er das Paar des Pythagoras (wahrscheinlich ist Thabit ibn Qurra anders herum vorgegangen, und das Paar des Pythagoras hat ihn auf seine Regel erst gebracht): Man suche eine Zahl $n$ größer als eins, die eingesetzt in die nachfolgenden drei Ausdrücke Primzahlen ergibt:

$a = 3 \times 2^n - 1 \qquad b = 3 \times 2^{n-1} - 1 \qquad c = 9 \times 2^{2^n - 1}$

Dann bilden die Zahlen $2^n \times a \times b$ und $2^n \times c$ ein Paar befreundeter Zahlen.

Die kleinere Zahl in einem Thabit-Paar ist stets eine Tetraederzahl, so ist beispielsweise 220 die zehnte Tetraederzahl. Lee und Madachy weisen auf die folgenden Tatsachen hin: Die kleinste vollkommene Zahl 6 ist gleich $1 \times 2 \times 3$; die kleinste mehrfach-vollkommene Zahl 120 ist gleich $4 \times 5 \times 6$, und die Summe von 220 und 284 ist gleich $504 = 7 \times 8 \times 9$. Sie weisen auch darauf hin, daß die Babylonier Tafeln konstruiert haben, die Produkte von drei aufeinander folgenden Zahlen enthielten. Diese Produkte waren gerade das Sechsfache der Tetraederzahlen.

Es zeigt sich hier eine offenkundige Ähnlichkeit mit der Regel des Euklid zur Auffindung gerader vollkommener Zahlen. Allerdings liefert Thabits Regel nicht alle befreundeten Zahlen. Sie ist vielmehr nur eine unter mehreren Regeln, die befreundete Zahlen ergeben. Weiterhin ist es schwierig, Thabits Regel anzuwenden, da diese verlangt, daß man drei Ausdrücke simultan prim machen muß. Thabit selbst hat kein neues Paar gefunden. Ein anderer Araber namens Ibn al-Bana hat das zweite Paar 17296 und 18416 entdeckt. Dieses ergibt sich aus Thabits Regel, wenn man für $n$ den Wert vier einsetzt. Dieses Paar wurde 1636 von Fermat wiederentdeckt, der auch die Regel von Thabit ibn Qurra wiederentdeckte. Das tat auch Descartes zwei Jahre später, der noch ein drittes Paar fand: 9363584 und 9437056. Dieses Paar liefert die Thabitsche Formel für $n$ gleich sieben.

Euler war der erste Mathematiker, der mit Erfolg die befreundeten Zahlen untersuchte. Er fand mehr als 60 Sätze über befreundete Zahlen. Die von Euler entwickelten Methoden bilden auch heute noch die Basis vieler Untersuchungen. Gegenwärtig sind etwas mehr als eintausend Paare von befreundeten Zahlen bekannt. Darunter befinden sich alle derartigen Paare, in denen der kleinere Partner kleiner als eine Million ist. Die größten Paare von befreundeten Zahlen wurden von te Riele entdeckt. Sie lauten:

$3^4 \times 5 \times 11 \times 5281^{19} \times 29 \times 89(2 \times 1291 \times 5281^{19} - 1)$ und

$3^4 \times 5 \times 11 \times 5281^{19}(2^3 \times 3^3 \times 5^2 \times 1291 \times 5281^{19} - 1)$.

Schreibt man diese Zahlen aus, so hat jede 152 Stellen. Die Methoden, die te Riele angewendet hat, erlauben es auch, aus alten Paaren neue zu gewinnen. Darüber hinaus gelang es ihm, bei der Anwendung seiner Methoden auf eine Menge von befreundeten Zahlen mehr als ein »Tochterpaar« pro »Mutterpaar« zu erzeugen. Das legt die Vermutung nahe, daß es vielleicht unendlich viele Paare befreundeter Zahlen gibt. Der größere Partner in einem Paar befreundeter Zahlen muß offensichtlich eine defiziente Zahl sein. Weiter weiß man, daß die beiden Partner in einem gerade-gerade Paar beide nicht durch drei teilbar sein dürfen. In allen bekannten Fällen sind die Partner in einem Paar entweder beide gerade oder beide ungerade. Allerdings ist kein Beweis bekannt, warum es nicht auch gerade-ungerade Paare geben sollte.

Jedes Paar befreundeter Zahlen weist mindestens einen gemeinsamen Teiler auf. Es ist nicht bekannt, ob ein Paar von coprimen Zahlen existiert. Dann allerdings wäre das Produkt der Partner selbst im günstigsten Fall – das ist derjenige Fall, in dem beide Partner durch fünfzehn teilbar sind – größer als $10^{67}$. Sollten derartige Paare existieren, so lassen sie sich nicht mit Thabits Regel oder vergleichbaren Methoden konstruieren.

Die Partner in einem ungerade-ungerade Paar sind ebenfalls beide Vielfache von drei. Deshalb haben viele Mathematiker vermutet, dies sei generell eine Eigenschaft von Paaren befreundeter Zahlen. Im Jahre 1968 hat Martin Gardner erkannt, daß die Summe jeden Paares gerader befreundeter Zahlen durch neun teilbar ist. Natürlich hat er vermutet, daß auch dies eine allgemeine Eigenschaft sei. Dem ist nicht so, wie einige Computerbeispiele zeigen. Elvin Lee führt das Beispiel 666030256 und 696630544 an, das von Poulet stammt.

Die meisten befreundeten Zahlen besitzen viele verschiedene Teiler. Ist es möglich, daß eine Primzahlpotenz $p^n$ Teil eines Paares befreundeter Zahlen ist? Dann müßte $p^n$ größer als $10^{1500}$ und $n$ größer als 1400 sein.

Eine Verallgemeinerung der Paare von befreundeten Zahlen stellen die Tripel von befreundeten Zahlen dar. Das sind Zahlentripel, in denen sich die Teiler zweier Partner zum dritten Partner aufsummieren. Von Beiler stammt das folgende Beispiel:

$2^5 \times 3 \times 13 \times 293 \times 337$; $2^5 \times 3 \times 5 \times 13 \times 16561$; $2^5 \times 3 \times 13 \times 99371$.

*Literatur:* E. J. Lee und J. Madachy: »*The History and Discovery of Amicable Numbers*«, in: *Journal of Recreational Mathematics*, Band 5.

## 232

232, 233 und 234 sind das kleinste Tripel von aufeinanderfolgenden Zahlen, von denen jede gleich der Summe zweier Quadrate ist und sich somit als Hypotenuse eines pythagoräischen Dreiecks darstellen läßt:
$232 = 6^2 + 14^2$, $233 = 8^2 + 13^2$, $234 = 3^2 + 15^2$.
Ein Quadrupel derartiger Zahlen kann es nicht geben.

## 239

$239 = 2 \times 4^3 + 4 \times 3^3 + 3 \times 1^3$.
239 und 23 sind die einzigen natürlichen Zahlen, die sich nicht mit weniger als neun Kuben als Potenzsummen darstellen lassen. Man braucht neunzehn vierte Potenzen, um 239 als Summe von vierten Potenzen zu schreiben.

## 240

Keine Zahl unter 1 000 000 kann mehr als 240 Teiler besitzen. Es gibt fünf Zahlen, die diesen Rekord schaffen:

$$720720 = 2^4 \times 3^2 \times 5 \times 7 \times 11 \times 13$$
$$831600 = 2^4 \times 3^3 \times 5^2 \times 7 \times 11$$
$$942480 = 2^4 \times 3^2 \times 5 \times 7 \times 11 \times 17$$
$$982800 = 2^4 \times 3^3 \times 5^2 \times 7 \times 13$$
$$997920 = 2^5 \times 3^4 \times 5 \times 7 \times 11$$

## 242

Die Zahlen 242, 243, 244 und 245 besitzen alle sechs Teiler.

## 243

$243 = 3^5$. Deshalb schreibt sich 243 im Ternärsystem (Basis drei) als 100000.

## 251

251 ist die kleinste Zahl, die sich auf zwei verschiedene Weisen als Summe dreier verschiedener Kuben schreiben läßt:
$251 = 1^3 + 5^3 + 5^3 = 2^3 + 3^3 + 6^3$.

## 256

$256 = 2^8$. Im Hexadezimalsystem schreibt sich 256 deshalb als 100 und im Dualsystem als 1000000.

## 257

Eine Primzahl. $257 = 4^4 + 1$. Die einzigen bekannten Primzahlen der Form $n^n + 1$ erhält man für die Werte $n$ gleich 1, 2 und 4.

*Fermatsche Zahlen*

257 ist die dritte Fermatsche Zahl, da gilt: $257 = 2^{2^3} + 1$.
Fermat hat 1640 in einem Brief an Frenicle behauptet, daß $2^n + 1$ zusammengesetzt sei, falls $n$ durch eine ungerade Zahl teilbar ist. Anschließend stellte er die Behauptung auf, $2^{2^n} + 1$ sei prim. Das konnte er allerdings nicht beweisen. Später stellte er Pascal brieflich dieses Problem mit der Bemerkung: »Ich würde Sie nicht bemühen, wäre ich selbst erfolgreich gewesen.« Pascal beschäftigte sich aber nicht mit dem ihm gestellten Problem. Es war Euler, der zeigte, daß Fermat unrecht hatte.
Die ersten vier Fermatschen Zahlen, beginnend mit $F_0$, sind tatsächlich prim: $F_0 = 2^1 + 1 = 3$; $F_1 = 2^2 + 1 = 5$; $F_2 = 2^4 + 1 = 17$; $F_3 = 2^8 + 1 = 257$. Es ist auch nicht schwierig zu zeigen, daß $F_4 = 2^{16} + 1 = 65537$ prim ist. Von da an wird das Problem sehr viel schwieriger, weil die Zahlen enorm schnell in ihrer Größe zunehmen. Sie wachsen viel stärker als alle Folgen, die Mathematiker jemals zuvor betrachtet hatten.

Es stellte sich heraus, daß Fermat unrecht hatte. Dies ist die einzige Gelegenheit, bei der sich dieser Gelehrte nachweislich mit seinen Vermutungen geirrt hat. Natürlich ist es denkbar, daß sich die sogenannte Fermatsche Vermutung noch als falsch erweisen wird.
Euler zeigte 1732, daß $F_5 = 2^{32} + 1 = 4294967297$ zusammengesetzt ist. Es gilt nämlich:
$4294967297 = 641 \times 6700417$.
Im Jahre 1747 bewies Euler, daß alle Teiler von Fermatschen Zahlen $F_n$ die Form $k \times 2^{n+1} + 1$ besitzen. Das führt sehr schnell zu der oben angegebenen Faktorisierung für $F_5$. Euler fand diesen Teiler auch, als er mit Dualzahlen arbeitete, was eine der ersten Verwendungen von Dualzahlen in mathematischen Beweisen darstellt.
Mehr als ein Jahrhundert später zeigte F. Landry, der viele Zahlen der Form $2^n + 1$ und $2^n - 1$ faktorisiert hat, daß $F_6 = 2^{64} + 1$ Produkt zweier Primzahlen ist: 274177 und 67280421310721. Allerdings hatte Pervusin zuvor schon entdeckt, daß $F_{12}$ durch $7 \times 2^{14} + 1 = 114689$ teilbar ist.
Die Fermatschen Zahlen sind ähnlich wie die Mersenne-Zahlen zu idealen Prüfsteinen für Primzahltests und Faktorisierungsmethoden geworden.
Das Problem der Faktorisierung einer Zahl ist das am einfachsten formulierbare und zugleich exorbitant schwierige Problem der Mathematik. Jedes Kind kann kleine Zahlen miteinander multiplizieren, während große Zahlen schon höhere Anforderungen an Geduld und Sorgfalt stellen. Das umgekehrte Problem jedoch – zu Zahlen ihre Teiler zu ermitteln – ist vom Prinzip her vollkommen klar, stellt aber in der Praxis extrem Schwierigkeiten. John Brillhart, der selbst wichtige Beiträge auf dem hier interessierenden Gebiet geleistet hat, zitiert eine Bemerkung von Carl Friedrich Gauß aus den »Disquisitiones Arithmeticae«:
›Das Problem, zusammengesetzte Zahlen von Primzahlen zu unterscheiden und die ersteren in ihre Primfaktoren zu zerlegen, ist als eines der wichtigsten und anwendungsrelevantesten im Bereich der Arithmetik bekannt. Diesem haben sich die Geometer aus alter und neuer Zeit mit viel Fleiß und viel Wissen gewidmet. ... Die Ehre der Wissenschaft selbst scheint zu verlangen, daß man alle denkbaren Möglichkeiten ausprobiert, die zur Lösung eines derart eleganten und berühmten Problemes führen könnten.‹
Um auf Fermat zurückzukommen, so scheint es plausibel, daß er mit seiner Annahme unrecht hatte, das heißt, daß es jenseits von $F_4$ überhaupt keine weiteren Fermatschen Primzahlen mehr gibt. Idealiter suchen die Mathematiker nach der vollständigen Zerlegung einer Zahl in ihre Primfaktoren. In der Praxis aber müssen sie sich zumindest anfangs

oft damit zufrieden geben, einen Faktor einer Zahl zu bestimmen oder auf andere Art und Weise zu beweisen, daß ein $F_n$ zusammengesetzt ist, ohne auch nur einen einzigen seiner Faktoren zu ermitteln. So bewiesen Moorhead und Western im Jahre 1909, daß $F_7$ und $F_8$ zusammengesetzt sind, ohne einen Faktor dieser Zahlen zu ermitteln. Derartige Tests lassen sich heutzutage sehr einfach mit Hilfe von Computern durchführen. Als Kriterium dient dabei ein Sachverhalt, der dem Lucas-Test für die Primzahleigenschaft von Mersenne-Zahlen ähnelt:
$F_n$ ist prim dann und nur dann, wenn $F_n$ die Zahl $3^{1/2 \times (F_n - 1)} + 1$ teilt.
Am Beispiel der Zahl $F_7$, die 39 Stellen besitzt, wird der Unterschied zwischen diesen beiden Ansätzen (Verwendung eines Primzahltests und explizite Ermittlung eines Teilers) sehr deutlich. Erst im Jahre 1970 gelang es Brillhart und Morrison, die beiden Primfaktoren von $F_7$ zu ermitteln. Es gilt:

$$F_7 = (2^9 \times 116503103764643 + 1)(2^9 \times 11141971095088142685 + 1).$$

Man kennt auch einen Faktor des Giganten $F_{1945}$. Im Jahre 1980 wurde verbreitet, daß $19 \times 2^{9450} + 1$ ein Faktor von $F_{9448}$ sei. Coxeter hat darauf hingewiesen, daß man $F_{1945}$ niemals wirklich aufschreiben kann, weil die Anzahl der Stellen dieser Zahl weit über die Anzahl der Partikel im Universum (nach der Schätzung von Eddington) hinausgeht. Wie groß muß dann erst $F_{9448}$ sein! Dennoch läßt sich diese Zahl, wie eben geschehen, durch nur fünf Symbole definieren.
Heute weiß man, daß alle Fermatschen Zahlen $F_n$ für Werte von $n$ zwischen fünf und neunzehn zusammengesetzt sind. Auch von vielen anderen Fermatschen Zahlen mit größerem Index $n$ weiß man das. Vollständig in Faktoren zerlegt wurden bisher aber nur $F_5$, $F_6$, $F_7$ und $F_8$. Der ›Fall $F_8$‹ wurde 1981 endgültig von Brent und Pollard gelöst, die den Primfaktor 1 238 926 361 552 897 fanden. Für diese Entdeckung verwandten sie die sogenannte Monte-Carlo-Methode, eine Art raffinierten Würfelns. (Es ist bemerkenswert, daß man den Zufall dazu verwenden kann, eine festgelegte Zahl zu ermitteln...) Von der nächsten Fermatschen Zahl $F_9$ ist nur ein Faktor bekannt. Es handelt sich dabei um die 1903 von Western gefundene Zahl. Für die meisten anderen Fermatschen Zahlen sind überhaupt keine Faktoren explizit bekannt.
Die meisten Fermatschen Zahlen scheinen also zusammengesetzt zu sein. Daneben haben diese Zahlen aber noch andere interessante Eigenschaften. So gilt beispielsweise $F_{n+1} = F_0 \, F_1 \, F_2 \ldots F_{n-1} + 2$, woraus folgt, daß zwei Fermatsche Zahlen höchstens den Faktor zwei gemeinsam haben können. Das ist aber unmöglich. Also sind diese Zahlen alle relativ prim zueinander, was wiederum beweist, daß es unendlich viele Primzahlen gibt.

Außer $F_0 = 3$ gibt es keine anderen Fermatschen Zahlen, die zugleich Dreieckszahlen sind. Fermatsche Zahlen sind auch niemals Quadratzahlen oder Kuben.
Gauß hat folgendes bewiesen: Ein reguläres Polygon, dessen Seitenzahl prim ist, läßt sich dann und nur dann mit Zirkel und Lineal konstruieren, wenn die Seitenzahl eine Fermatsche Primzahl ist. Im Jahre 1822 hat Paucker die Gleichungen angegeben, mit deren Hilfe man das reguläre 257-Eck konstruieren kann.

**265**

Das ist gerade subfakultät(6).

**276**

*Aliquotfolgen*

Eine gesellige Kette ist durch die Tatsache gekennzeichnet, daß die Teiler eines Gliedes (unter Ausschluß der fraglichen Zahl) gerade das nächste Glied ergeben. Eine derartige Kette kann zu ihrem Anfang zurückkehren.
Was geschieht, wenn man eine beliebige Zahl auswählt, die Summe von deren Teiler berechnet und anschließend die Summe der Summe der Teiler bildet (und so weiter)?
Eine derartige Folge nennt man Aliquotfolge. Einige Aliquotfolgen nehmen vielleicht im Durchschnitt unbegrenzt zu. Andere führen auf eine gesellige Kette und wiederholen sich bis in alle Ewigkeit. Tatsächlich sind alle bekannten geselligen Folgen Endstücke von Aliquotfolgen. Merkwürdigerweise enden zahlreiche Aliquotfolgen mit dem von Paganini entdeckten Paar befreundeter Zahlen: 1184 und 1210.
Catalan und später Dickson vermuteten, daß alle Aliquotfolgen beschränkt seien. Guy hat jedoch darauf hingewiesen, daß sowohl heuristische Argumente als auch die Erfahrung dafür sprächen, daß es unbegrenzt wachsende Aliquotfolgen gibt. Möglicherweise sind alle Aliquotfolgen, die mit einer geraden Zahl beginnen, von dieser Art.
Te Riele hat eine derartige Folge produziert, die mehr als 5000 Glieder lang anwuchs.

Die Zahl 276 ist ein guter Prüfstein für die oben genannte Vermutung. Seit D. H. Lehmer gezeigt hat, daß der Anfangswert 138 nach 177 Schritten auf 1 führt, nachdem er im 117. Schritt den Wert 179931895322 erreicht hat, ist 276 die kleinste Zahl, von der man nicht weiß, wohin ihre Aliquotfolge führt (Guy).
Lehmer und andere haben gezeigt, daß 276 nach 469 Schritten die 45stellige Zahl 149384846598254844243905695992651412919855640 liefert.
Was geschieht ›am Ende‹? Das weiß niemand.

## 284

Bildet zusammen mit 220 das erste Paar befreundeter Zahlen.

## 297

*Kaprekar-Zahlen*

Die fünfte Kaprekar-Zahl. Quadriert man eine $n$-stellige Kaprekar-Zahl und addiert man die letzten $n$ Stellen zu den ersten $n$ oder $n-1$ Stellen, so ergibt sich die Ausgangszahl: $297^2 = 88209$ und $209 + 88 = 297$.
Der Anfang der Folge der Kaprekar-Zahlen lautet: 1, 9, 45, 55, 297, 703, 2223, 2728, 7272, 7777 . . .
Man beachte, daß $1 + 9 = 10$, $45 + 55 = 100$ und so weiter gilt.
142857 ist eine Kaprekar-Zahl. 1111111111 ist die kleinste zehnstellige Kaprekar-Zahl, ihr Quadrat ist 12345678900987654321.
Quadriert man eine Kaprekar-Zahl, nachdem man sie zyklisch permutiert hat und addiert man die ›Hälften‹ der entstehenden Zahl, so ist das Resultat eine zyklische Permutation der Ausgangszahl. So ist beispielsweise 972 eine zyklische Permutation von 297. Es gilt: $972^2 = 944784$ und $784 + 944 = 1728$.
Die ›Addition der Hälften‹ kann man dadurch vervollständigen, daß man 1 zu 728 addiert. Das Ergebnis 729 stellt eine andere zyklische Permutation von 297 dar.
Auch 7272 ist eine Kaprekar-Zahl, deren einzige zyklische Permutation 2727 lautet. Es gilt: $2727^2 = 7436529$ und $783 + 6529 = 7272$.
297 ist auch eine Kaprekar-›Triade‹, weil $297^3 = 026198073$ ist und $026 + 198 + 073$ gleich 297 ist.

Kaprekar-Zahlen hängen auch mit den Repunitzahlen zusammen. Wenn die $n$-stellige Zahl $X$ eine Kaprekar-Zahl ist, stellt die Zahl $X^2 - X$ ein Vielfaches der $n$-stelligen Repunitzahl $10^n - 1$ dar.

## 306

Als R. W. Gosper nach einer Zahl suchte, mit der er einen neuen, auf der Verwendung von Kettenbrüchen beruhenden Algorithmus zur Berechnung von Wurzeln testen wollte, wählte er die Zahl 306 aus. Er berechnete 2800 Stellen der siebten Wurzel dieser Zahl und fand 2,26518...

*Literatur:* F. Gruenberger, »*Computer Recreations*«, in: *Scientific American*, April 1984.

## 319

Es ist nicht möglich, 319 als Summe von weniger als neunzehn vierten Potenzen zu schreiben.

## 325

$325 = 5 \times 5 \times 7$ ist die kleinste Zahl, die sich auf dreierlei Weisen als Summe von zwei Quadraten schreiben läßt: $1^2 + 18^2$, $6^2 + 17^2$ und $10^2 + 15^2$.

## 331

Zu jeder Zahl $M$ gibt es eine Zweierpotenz $2^n$ mit der Eigenschaft, daß entweder $M - 2^n$ oder $M + 2^n + 1$ nur Primfaktoren besitzt, die sämtlich größer/gleich 331 sind.

*Literatur:* F. Cohen und J. L. Selfridge, »*Not Every Number is the Sum or Difference of Two Prime Powers*«, in: *Mathematics of Computation*, Band 29.

## 341

$341 = 11 \times 31$ ist die kleinste Pseudoprimzahl bezüglich der Basis zwei. Das bedeutet, daß $2^{341} - 1$ durch 341 teilbar ist, obwohl 341 zusammengesetzt und nicht prim ist.

Teilte $n$ die Zahl $2^{n-1}-1$, so glaubten die alten Chinesen, daß die Zahl $n$ prim sein müsse. Auch Leibniz war dieser Meinung. Diese ist aber falsch, wie Pierre Sarrus als erster herausgefunden hat.
Pseudoprimzahlen sind ziemlich selten. Es gibt 882206716 Primzahlen, die kleiner als 20000000000 sind. Nach Berechnungen von Selfridge und Wagstaff gibt es in demselben Bereich nur 19865 Pseudoprimzahlen zur Basis zwei.

*Literatur:* C. Pomerance, »*The Search for Prime Numbers*«, in: *Scientific American*, Dezember 1982.

## 353

$353^4$ ist die kleinste vierte Potenz, die sich als Summe von vier anderen vierten Potenzen darstellen läßt: $353^4 = 30^4 + 120^4 + 272^4 + 315^4$. Diese Tatsache wurde von Norrie entdeckt.

## 360

Die Anzahl von Graden in einem Vollkreis. Der Tierkreis wurde ursprünglich in 360 Teile unterteilt, wobei zweifellos jedes der zwölf Sternzeichen in 30 gleiche Teile zerlegt wurde.
Der griechische Astronom Hipparch hat als erster den Vollkreis in 360 Grade unterteilt.

## 365,2422

*Der Kalender*

Das ist ungefähr gleich der Anzahl der Tage in einem Jahr. 365,2422 entspricht 365 Tagen 5 Stunden 48 Minuten und 46,08 Sekunden.
Das ist die Umlaufzeit der Sonne um die Erde. Alle Zivilisationen haben diesen Wert mit der Periode der Mondphasen in Beziehung gesetzt – zum Beispiel zur Zeitspanne zwischen zwei Neumonden –, was ungefähr den Wert 29,530588 Tage ergibt oder 29 Tage 12 Stunden 44 Minuten und 2,8 Sekunden.
Unglücklicherweise kann diese Beziehung keine einfache Gestalt annehmen. Es ist tatsächlich Zufall, daß die Länge eines Jahres, gemessen in

Tagen, so nahe bei der runden Zahl 360 liegt, welche wiederum nahe beim Zwölffachen der Mondperiode liegt.
Solche Übereinstimmungen sind hilfreich, aber nicht vollkommen ausreichend. Viel Einfallsreichtum mußte investiert werden, um die angedeuteten Unterschiede zu berechnen.
Im Julianischen Kalender besitzt das gewöhnliche Jahr 365 Tage. Jedes Jahr aber, dessen Jahreszahl durch vier teilbar ist, bekommt einen zusätzlichen Tag, den 29. Februar, was insgesamt zu 366 Tagen führt. Das durchschnittliche Julianische Jahr hat daher 365,25 Tage. Deshalb ergibt sich innerhalb von rund 128 Jahren ein Fehler von einem Tag.
Der Gregorianische Kalender, der heute in den meisten Teilen der Welt angewendet wird, stellt eine geringfügige, aber wichtige Verbesserung des Julianischen Kalenders dar. Alle Jahre, deren Jahreszahl durch hundert teilbar ist, sind gewöhnliche Jahre, außer die Jahreszahl ist zusätzlich durch 400 teilbar. Dann bleibt das entsprechende Jahr ein Schaltjahr. Der Gregorianische Kalender enthält in 3333 Jahren einen Tag zuviel und muß deshalb erst lange nach unserem Tod korrigiert werden.
In der Sowjetunion ist ein noch genauerer, im Oktober 1923 eingeführter Kalender üblich. Dort sind alle Jahre gewöhnliche Jahre außer denen, deren Jahreszahl bei Division durch neun den Rest zwei oder sechs ergeben. Gemäß diesem Kalender ist nur alle 45000 Jahre ein Tag zuviel.
Der Julianische und der Gregorianische Kalender beruhen auf der Länge des Jahres und damit auf der Sonne. Wissen wir, welches Datum wir haben, so können wir ziemlich gut die Position der Sonne am Himmel angeben, nicht aber diejenige des Mondes.
Dagegen geht der moslemische Kalender vom Mond aus. Er kennt zwölf Monate, die abwechselnd 29 und 30 Tage haben. In Schaltjahren hat der letzte Monat einen zusätzlichen Tag. Das gewöhnliche Jahr besitzt bloß 355 Tage, weshalb das moslemische Neujahrsfest immer im Gregorianischen Kalender wandert und umgekehrt.
Das jüdische Jahr stellt eine Kombination von Sonnen- und Mondjahr dar. Das gewöhnliche Jahr ist ein Mondjahr, das aus zwölf Monaten zu abwechselnd 29 und 30 Tagen besteht. Summiert sich der so begangene Fehler zu einem vollen Monat auf, wird ein dreizehnter Monat eingeschaltet. Dadurch wird dieser Kalender zum kompliziertesten unter den geschilderten.
Die Schwierigkeiten, die sich ergeben, wenn man nebeneinander das Sonnenjahr und den Mondmonat beachten will, werden sehr deutlich in der Art und Weise, wie das Osterdatum, das von der Position des Mondes abhängt, im Jahr umherwandert. Der große Mathematiker Carl Friedrich Gauß demonstrierte seine zahlentheoretischen Einsichten dadurch, daß

er einfache Formeln für die Berechnung des christlichen Osterfestes konstruierte sowie für das noch schwieriger zu berechnende jüdische Passahfest.

*Literatur:* W. A. Schocken, »*The Calculated Confusion of Calendars*«, New York 1976.

**370**

Ebenso wie 153 und 371 ist auch 370 gleich der Summe der Kuben seiner Ziffern.

**371**

371 ist gleich der Summe der Kuben seiner Ziffern.

**399**

399 läßt sich mit nicht weniger als neunzehn vierten Potenzen als Potenzsumme darstellen.

**400**

$400 = 20^2 = 1 + 7 + 7^2 + 7^3$.
Anders gesagt: Die Summe der Teiler von $7^3$ ist eine Quadratzahl. Auch die Summe der Teiler von 400 ergibt eine Quadratzahl: $961 = 31^2$.
400 ist gleich dem Produkt der echten Teiler von 20.

**407**

$407 = 4^3 + 0^3 + 7^3$.

**462**

Die zweitkleinste Zahl, deren Quadrat mit den Ziffern 444 endet: $462^2 = 213\,444$.

## 484

$484 = 22^2$.
484 ist also eine palindromische Quadratzahl, die Quadrat eines Palindroms ist.

## 495

Man nehme eine dreistellige Zahl, deren Ziffern nicht übereinstimmen. Dann ordne man diese Ziffern einmal in ansteigender und einmal in absteigender Reihenfolge. Anschließend subtrahiere man. Dann wiederhole man diese Schritte. Das ist der sogenannte Kaprekar-Prozeß.
Alle dreistelligen Zahlen enden schließlich mit 495. Dort bleibt der Kaprekar-Prozeß stecken, denn es ist ja: $954 - 459 = 495$.

## 496

Die dritte vollkommene Zahl. $496 = 16 \times 31 = 2^4(2^5 - 1)$. Die Summe der Teiler von 496 ist gleich 496:
$1 + 2 + 4 + 8 + 16 + 31 + 62 + 124 + 248 = 496$.
Thomas Greenwood hat festgestellt, daß diejenigen Zahlen, die um eins größer als eine gerade oder um zwei kleiner sind als eine ungerade Dreieckszahl, deren Index eine Primzahl ist, sehr oft Primzahlen sind. Das erste Gegenbeispiel ist die 31. Dreieckszahl $T_{31} = 496$. 31 ist prim, aber 497 ist durch sieben teilbar.

## 499

$499 = 497 + 2$ und $497 \times 2 = 994$, was die Kehrzahl von 499 ist.

## 500

Für 500 verwenden die Römischen Zahlen das Symbol D.

## 504

504 ist sowohl gleich 12 × 42 als auch gleich 21 × 24.
Es gibt dreizehn derartige zweiziffrige Paare, deren größtes 36 × 84 = 63 × 48 = 3024 ist.

## 512

$512 = 2^9$.
Deshalb nimmt 512 im Dualsystem die Form 1000000000 an und im Oktalsystem die Form 1000.

## 512,73

*Numerologie*

512,73 gehört im dezimalen Klassifikationssystem zum Gebiet der analytischen Zahlentheorie. Das zu 510 gehörige Gebiet ist die Mathematik.
Als Martin Gardner sein Buch »Die magischen Zahlen des Dr. Matrix« schrieb, war die dezimale Klassifikationsnummer von ›Zahlentheorie‹ nach Dewey die Zahl 512,81. Deren beiden Hälften lassen sich als $2^9$ und $9^2$ schreiben, worauf Gardner aufmerksam gemacht hat.
Es steht außer Zweifel, daß die zuständigen Stellen, nachdem diese numerologische Leistung bekanntgeworden ist, die Kennzahl von ›Zahlentheorie‹ in 512,7 abgeändert haben und daß sie der analytischen Zahlentheorie die neue Kennzahl 512,73 zugeordnet haben, deren erste Bedeutung bezeichnenderweise ›transzendente Zahl‹ gewesen ist. Ich werde nun die tiefere Bedeutung von 512,73 für den nichteingeweihten Leser deutlich machen.
Dazu ziehe ich diese Zahl zuerst von 666 ab. Das ist gerade die Kennzahl des Satans im Buch der Offenbarungen. Man erhält:
666 − 512,73 = 153,27.
Halt! Dieselben Ziffern stehen in anderer Reihenfolge für die Erlösung der Welt von dem Bösen. Die erste Zahl ist nun 153. Das ist gerade die Anzahl der Fische, die Petrus aus dem See gezogen hat, was von Augustinus so überzeugend interpretiert worden ist. Die zweite Zahl ist nun gleich der dritten Potenz der heiligen Zahl drei. Also ergibt sich ein Zusammenhang von 153 mit der heiligen Drei. Es ist nicht nur die Summe

der Ziffern von 153 gleich 9, sondern 153 ist auch gleich der Summe der Ziffern seiner dritten Potenz. Der Sinn von drei zeigt sich auch im Klassifikationssystem von Dewey. Man teile die Kennzahl des Satans durch drei. Das ergibt 222, die Kennzahl des Alten Testaments. Addiert man nun drei, so erhält man 225, was für das Neue Testament steht. Eine weitere Addition von drei führt zu 228. Das ist die Kennzahl des Buchs der Offenbarungen.

Ich bin sicher, daß diese Geschichte klarmacht, wie man durch einstündiges Jonglieren mit Zahlen (die man beliebig auswählen kann) jede gewünschte Zahl als Ergebnis erhalten kann.

## 527

Zu jeder vorgegebenen Zahl $n$ kann man höchstens sechs Zahlen finden, die kleiner als $n$ sind, so daß das Produkt der Fakultäten dieser Zahlen eine Quadratzahl ergibt.

527 ist die kleinste Zahl, bei der man nicht mit weniger als sechs Zahlen auskommt (Le Lionnais).

## 559

Das ist die größte Zahl kleiner als 4100, zu deren Darstellung als Potenzsumme man neunzehn vierte Potenzen benötigt.

## 561

$561 = 3 \times 11 \times 17$ ist die kleinste Carmicheal-Zahl (hierfür ist auch die Bezeichnung absolute Pseudoprimzahl üblich), was bedeutet, daß diese Zahl bezüglich jeder Basis eine Pseudoprimzahl ist.

Das heißt, daß $a^{561} - 1$ durch 561 teilbar ist, gleichgültig, welchen Wert $a$ besitzt.

Im Jahre 1912 hat R. D. Carmicheal bewiesen, daß sich jede Carmicheal-Zahl als Produkt von mindestens drei ungeraden Primzahlen darstellen läßt. Heute weiß man, daß $n$ dann und nur dann eine Carmicheal-Zahl ist, wenn $n$ sich als Produkt von mindestens drei ungeraden Primzahlen $p_1 p_2 p_3 \ldots$ darstellen läßt und wenn für jeden dieser Faktoren die Zahl $n-1$ durch $p_i - 1$ teilbar ist.

Es wird allgemein allerdings ohne Beweis angenommen, daß es unendlich viele Carmicheal-Zahlen gibt, obwohl diese selten sind.

Die Folge der Carmicheal-Zahlen geht so weiter: 1105, 1729, 2465, 2821, 6601, 8911, 10585...

**563**

Aus dem Satz von Wilson folgt, daß $(p-1)!+1$ dann und nur dann durch $p$ teilbar ist, wenn $p$ eine Primzahl ist. Ganz selten liegt sogar Teilbarkeit durch $p^2$ vor. Die einzigen Zahlen, für die das der Fall ist und die kleiner als 200183 sind, lauten: 5, 13 und 563 (Beiler).

**567**

$567^2 = 321489$.
In der obigen Gleichung kommt jede Ziffer zwischen eins und neun genau einmal vor.
Die einzige Zahl, die diese Eigenschaft noch besitzt, ist die Zahl 854.

**587**

Mit dieser Zahl beginnt eine Folge von elf Primzahlen, die man alle durch Verdreifachung und anschließende Addition von sechzehn erhält: *
587 1777 5347 16057 48187 144577 433747 1301257 3903787 11711377 35134147

**593**

Wilhelm Fliess, Freund und Briefpartner Sigmund Freuds, glaubte, jedes Ereignis, das in der Welt geschehe, ließe sich als eine Kombination der Zahlen 23 und 28 erklären.
Wäre er ein besserer Mathematiker gewesen, so hätte er erkannt, daß sich alle Zahlen bis auf endlich viele Ausnahmen in der Form $23n + 28m$ darstellen lassen, wobei $m$ und $n$ positiv sein sollen. $593 = 23 \times 28 - 23 - 28$ ist die größte unter den Ausnahmen.
Die Zahlen 23 und 28 haben keinerlei Besonderheiten. An ihrer Stelle könnte man auch zwei beliebige andere teilerfremde Zahlen nehmen.

* *Journal of Recreational Mathematics,* Band 13.

**625**

$625 = 5^4$.
Weil $625^2$ mit denselben Ziffern endet wie 625, enden auch alle anderen Potenzen von 625 mit denselben Ziffern.
$5^4 = 2^4 + 2^4 + 3^4 + 4^4 + 4^4$ ist die kleinste vierte Potenz, die sich als Summe von vier anderen vierten Potenzen darstellen läßt.

**641**

Euler hat das erste Gegenbeispiel zu Fermats Annahme, die Zahlen $2^{2^n} + 1$ seien alle prim, gefunden, als er im Jahre 1742 bemerkte, daß $2^{2^5} + 1$ durch 641 teilbar ist.
Alle Teiler von $2^{2^n} + 1$ haben die Form $k \times 2^{n+1} + 1$. Speziell gilt: $641 = 10 \times 2^6 + 1$.

**645**

Die zweitkleinste Pseudoprimzahl bezüglich der Basis zwei, nämlich $2^{644} - 1$, ist durch 645 teilbar, obwohl $645 = 3 \times 5 \times 43$ eine zusammengesetzte Zahl ist.

**651**

$651^4 = 240^4 + 340^4 + 430^4 + 599^4$ ist nach $353^4$ die zweitkleinste vierte Potenz, die sich als Summe von vier vierten Potenzen schreiben läßt.
651 hat auch die ungewöhnliche Eigenschaft, daß $651 \times 156$ gleich einem anderen gleichartig zusammengesetzten Produkt ist: $372 \times 273$.
*Literatur:* A. A. K. Iyangur, »Scripta Mathematica«, 1939.

**666**

Die 36. Dreieckszahl ($666 = 1/2 \times 36 \times 37$) und die Kennzahl des Satans im Buch der Offenbarungen: »Hier ist die Weisheit. Lehre ihn die Kennzahl des Satans; das ist die Zahl eines Menschen, sie beträgt sechshundert plus drei mal zwanzig plus sechs.«

666 ist eine Zahl, die von Okkultisten aller Zeitalter geliebt worden ist. Sie haben allerlei Tricks angewendet, um die Kennzahl des Satans in den Namen ihrer politischen und theologischen Feinde zu finden.
Die Tatsache, daß bei einigen der alten Autoritäten diese Kennzahl mit 616 angegeben wird, hat diese Eiferer nicht zu irritieren vermocht. Mit ein bißchen Einfallsreichtum kann man beide Zahlen auf einmal finden, dort, wo man eine von ihnen gefunden hat.
Peter Bungus schaffte es, aus Luther 666 zu machen. Dazu verwandte er das alte System, das A–I mit 1 bis 9 zählt, K–S mit 10–90 und T–Z mit 100 bis 500. Bungus nahm den Namen Luther in der halb lateinischen, halb deutschen Form Martin Luthera. Das ist typisch für die Taschenspielertricks, die Bungus meisterhaft beherrschte. Bungus schrieb ein Lexikon über numerologische Symbole.
In römischen Ziffern schreibt sich 666 so: DCLXVI. Man hat vermutet, daß hier der Ursprung der Bedeutung von 666 liegt. Es könnte sich einfach nur um eine Art handeln, eine sehr große oder nicht genau bekannte Zahl auszudrücken.

**672**

Die zweite dreifach-vollkommene Zahl (nach 120): $672 = 2^5 \times 3 \times 7$. Die Summe ihrer Teiler ist $3 \times 672 = 2016$.

**676**

Die kleinste palindromische Quadratzahl, deren Quadratwurzel nicht palindromisch ist: $676 = 26^2$.

**679**

Die kleinste Zahl, deren multiplikative Beharrlichkeit gleich fünf ist.
Das Produkt der Ziffern von 679 ist gleich 378. Wiederholt man diesen Vorgang, so erhält man folgende insgesamt fünfgliedrige Kette: 168, 48, 32, 6.

## 680

680 ist die kleinste Zahl, die gleich der Summe zweier Tetraederzahlen ist: $680 = 120 + 560$.

## 714 und 715

714 und 715 weisen einige ungewöhnliche Eigenschaften auf. Erstens: Es gilt $714 \times 715 = 510510 = 2 \times 3 \times 5 \times 7 \times 11 \times 13 \times 17$. Das ist gerade primorial(17), das heißt, diese Zahl ist gerade gleich dem Produkt aller Primzahlen, die kleiner oder gleich siebzehn sind. Man kann außerdem mit Computerunterstützung feststellen, daß sich im Bereich bis 3049 nur die Zahlen Primorial von 1, 2, 3, 4 und 7 als Produkte von aufeinanderfolgenden Zahlen schreiben lassen.
Weiter wurde herausgefunden, daß $\sigma(714)$ – das ist die Summe der Teiler von 714 unter Einschluß dieser Zahl selbst – eine Kubikzahl ist und daß das Verhältnis $\sigma(714) / \varphi(714)$ eine Quadratzahl ergibt. Schließlich ist $714 + 715 = 1429$, wobei 1429 die Eigenschaft besitzt, daß sechs Anordnungen seiner Ziffern Primzahlen ergeben.

## 719

$719 = 6! - 1$ ist prim.
$n! - 1$ ist prim für $n = 3, 4, 6, 7, 12, 14, 30, 32, 33, 38, 94, 166, 324, 379, 469$ und für sonst keinen Wert von $n$ unter 546.

## 720

Die Zahl 720 läßt sich auf zwei verschiedene Arten und Weisen als Produkt unmittelbar aufeinanderfolgender Zahlen darstellen:
$720 = 10 \times 9 \times 8 = 6 \times 5 \times 4 \times 3 \times 2$.

## 729

$9^3$ und die zweitkleinste Kubikzahl, die sich als Summe von drei Kuben schreiben läßt: $9^3 = 1^3 + 6^3 + 8^3$. Weil $6^3 = 3^3 + 4^3 + 5^3$ gilt, ist $9^3$ somit auch gleich der Summe von fünf Kubikzahlen.

729 ist eine andere mysteriöse Zahl, die in Platons »Staat« auftritt: »... will man den Unterschied zwischen einem König und einem Tyrannen hinsichtlich ihres wahren Vergnügens ausdrücken, so wird man, nachdem man die Multiplikation ausgeführt hat, feststellen, daß jener 729mal glücklicher lebt und daß der Tyrann um denselben Betrag unglücklicher ist.«

Weil 729 gleich $27^2$ ist, war 729 in den Augen der Pythagoräer von großer Bedeutung. Platon kombinierte die beiden Folgen der Zweier- und Dreierpotenzen und erhielt die Folge: 1 2 3 4 8 9 27. Hierin ist 27 gleich der Summe aller vorangehenden Folgenglieder.

Von C. A. Brown stammt eine Interpretation der Zahlen als Einträge eines magischen Quadrates mit den Abmessungen 27 auf 27. Im zentralen Feld dieses Quadrates steht die Zahl 365, also die Anzahl der Tage in einem Jahr (729 = 364 + 365).*

1/729 hat eine Nachkommaperiode der Länge 81. Deren Ziffern lassen sich in Gruppen zu neun Zahlen zeilenweise anordnen. Das entstehende Muster sieht so aus:**

| | | |
|---|---|---|
| **001** | **371** | **742** |
| **112** | **482** | **853** |
| **223** | **593** | **964** |
| **334** | **705** | **075** |
| **445** | **816** | **186** |
| **556** | **927** | **297** |
| **668** | **638** | **408** |
| **779** | **149** | **519** |
| **890** | **260** | **631** |

## 780

780 und 990 bilden das zweitkleinste Paar von Dreieckszahlen, deren Summe und Differenz wieder Dreieckszahlen sind. Es handelt sich dabei um die Zahlen 1770 und 210.

* W. S. Andrews, »*Magic Squares and Cubes*«, Dover, New York 1960.

** V. Thebault, »Scripta Mathematica«, Band 19.

## 818

Der Sprung zwischen den beiden Semiprimzahlen 818 und 831 ist der größte, der zwischen zwei derartigen Zahlen im Bereich kleiner 1000 auftritt.

## 836

Fast alle Zahlen, deren Quadratzahl palindromisch ist, scheinen eine ungerade Anzahl von Stellen zu besitzen. 836 ist die kleinste Zahl mit palindromischem Quadrat, die eine ungerade Anzahl von Stellen besitzt: $836^2 = 698\,896$. Daneben ist 836 die größte Zahl kleiner als 1000, deren Quadrat palindromisch ist.

## 840

$840 = 2^3 \times 3 \times 5 \times 7$.
840 ist unter 1000 die Zahl mit den meisten Teilern, nämlich $2^5 = 32$.

## 854

$854^2 = 729\,316$. In dieser Gleichung treten alle Ziffern von eins bis neun genau einmal auf.

## 880

Es gibt genau 880 magische Quadrate der Ordnung vier, vorausgesetzt, man zählt alle Quadrate, die durch Drehung und Spiegelung ineinander übergehen, nur einmal.

## 945

945 ist die erste ungerade abundante Zahl. Sie wurde von Bachet entdeckt. Diese Zahl ist auch semivollkommen.
$945 = 3^3 \times 5 \times 7$. Die Summe der Teiler von 945 beläuft sich auf 975.
Ungerade abundante Zahlen sind ziemlich selten. Im Bereich bis 10 000 gibt es nur 23 solcher Zahlen.

**981**

Es sind nur fünf Zahlentripel mit der Eigenschaft bekannt, daß ihre Summen und Produkte alle übereinstimmen. Diese Tripel sind: 6, 480, 495; 11, 160, 810; 12, 144, 825; 20, 81, 880; 33, 48, 900.
Die Summe dieser Tripel ist immer 981, das Produkt 1425600 (Guy).

**999**

Die kleinste Summe von gesamtstelligen dreiziffrigen Primzahlen: $149+263+587=999$. Dabei bedeutet gesamtstellig, daß alle Ziffern zwischen eins und neun genau einmal auftreten.
$999^2=998001$ und $998+001=999$. Also ist 999 wie alle Zahlen, deren Ziffern nur aus der Neun bestehen, eine Kaprekar-Zahl.
Tatsächlich läßt sich jedes Vielfache von 999 so in dreiziffrige Gruppen einteilen (wobei von den Einern auszugehen ist), daß sich als deren Summe 999 ergibt.
Dasselbe gilt für die Vielfachen von 9, 99, 9999 und so weiter.
$999=27\times 37$, weshalb $1/27=0{,}037037\ldots$ und $1/37=0{,}027027\ldots$ gilt.

**1000**

$1000=10^3$ in jedem Zahldarstellungssystem.

**1001**

$1001=7\times 11\times 13$.
Diese Gleichung liefert die Grundlage für einen Teilbarkeitstest, mit dem man die Teilbarkeit durch alle diese drei Zahlen auf einmal testen kann. Man teile die zu testende Zahl, bei den Einern beginnend, in dreiziffrige Gruppen ein. Große Zahlen werden meist schon so geschrieben, zum Beispiel: 68925857.
Dann addiert man die Gruppen, die sich an ungeraden Stellen befinden, und zieht von dieser Summe die Gesamtsumme der Gruppen an geraden Stellen ab. Die Ausgangszahl ist dann durch sieben, elf oder dreizehn teilbar, wenn dies das Resultat der oben geschilderten Rechnung ist. Im Beispiel findet man: $68+857-925=0$.

## 1024

$1024 = 2^{10}$. Deshalb ist 1024 die kleinste Zahl mit zehn Primfaktoren. Obwohl der Vorsatz ›kilo-‹ im metrischen System ›tausend‹ bedeutet (wie zum Beispiel in Kilogramm gleich tausend Gramm), ist 1 K, wenn es um Speicherkapazitäten geht, gleich 1024. Es ist ein schöner Zufall, daß $2^{10}$ so nahe bei $10^3$ liegt.

## 1089

$1089 \times 9 = 9801$.
Dieselbe Eigenschaft besitzen die Zahlen 10 989, 109 989 und so weiter.
$1/1089 = 000\,918\,273\,645\,546\,637\,281\,910\,0091\ldots$ (N. Godwin).
Liest man eine dreistellige Zahl von hinten, zieht das Resultat von der Ausgangszahl ab und addiert man dann hierzu die Kehrzahl der Ausgangszahl, so lautet das Ergebnis stets 1089: $623 - 326 = 297$ und $297 + 972 = 1089$. Man beachte die mittlere Ziffer neun und die Tatsache, daß $1089 = 999 + 90$ gilt.
Die einzige andere Zahl mit bis zu vier Stellen, deren Kehrzahl ein Vielfaches ihrer selbst ist, ist $2178 = 2 \times 1089$. Diese beiden Zahlen hat G. H. Hardy als Beispiele für nicht ernstzunehmende Mathematik zitiert.
$1089 = 33^2 = 65^2 - 56^2$.
Das ist das einzige Beispiel dieser Art, das mit zweiziffrigen Zahlen möglich ist.

## 1093

$2^{1092} - 1$ ist durch $1093^2$ teilbar.
Es ist nur noch eine andere Zahl mit dieser Eigenschaft bekannt, die kleiner als $6 \times 10^9$ ist, nämlich 3511.
Als Wieferich im Jahre 1909 den folgenden Satz bewies, löste dies eine Sensation aus: Besitzt die Fermatsche Gleichung $x^p + y^p = z^p$ eine Lösung, in der $p$ eine ungerade Primzahl ist, die weder $x$ noch $y$ noch $z$ teilt, so ist $2^{p-1} - 1$ durch $p^2$ teilbar.
So wie die Dinge bei der Fermatschen Vermutung liegen, ist dies bemerkenswert einfach. Weil 1093 und 3511 die einzigen Zahlen mit den letztgenannten Eigenschaften unter $6 \times 10^9$ sind, muß man nur diese beiden Fälle der Fermatschen Vermutung unterhalb $6 \times 10^9$ betrachten, falls $p$ nicht das Produkt $xyz$ teilt.

## 1105

$1105 = 5 \times 13 \times 17$. Also ist 1105 gleich dem Produkt der ersten vier Primzahlen mit der Form $4n + 1$. 1105 läßt sich auch auf vier verschiedene Weisen als Summe von zwei Quadraten schreiben.

## 1111

$1111 = 56^2 - 45^2$ nach dem Vorbild $11 = 6^2 - 5^2$. Dieses Muster setzt sich fort: $111111 = 556^2 - 445^2$ und so weiter.
Ähnlich gilt: $7^2 - 4^2 = 33$, $67^2 - 34^2 = 3333$ und so weiter. Ein anderes Muster dieser Art ist $8^2 - 3^2 = 55$, $78^2 - 23^2 = 5555$ (usw.).

## 1127

Thebault hat die Gleichheit $1127^2 = 01270129$ als ein Beispiel dafür angeführt, daß ein Quadrat gleich zwei aufeinanderfolgende Zahlen ist, die man hintereinander schreibt. Die eine Zahl ist natürlich ungerade, die andere gerade.
Thebault gibt auch Beispiele für zusammenpassende Zahlen wie $8874^2 = 78747876$, wobei er auf die Gleichung $1127 + 8874 = 10001$ hinweist.
*Literatur:* V. Thebault, »Scripta Mathematica«, Band 13.

## 1141

$1141^6 = 74^6 + 234^6 + 402^6 + 474^6 + 702^6 + 894^6 + 1077^6$.
1141 ist die kleinste bekannte Zahl, die eine sechste Potenz ist und die sich als Summe von sieben sechsten Potenzen darstellen läßt.

## 1184

1184 bildet zusammen mit 1210 das zweitkleinste Paar befreundeter Zahlen. Dieses wurde 1866 von Nicolò Paganini entdeckt, als er ein sechzehnjähriger Schüler war. Descartes, Fermat, Euler und viele andere hatten dieses Paar nicht gefunden.

## 1201

Die Zahl 1201 scheint die kleinste Primzahl zu sein, die sich in der Form $x^3 + ny^3$ für alle $n$ zwischen 1 und 10 ausdrücken läßt.

*Literatur:* Jakuthiel Ginsberg, »Scripta Mathematica«, Band 8.

## 1210

Bildet zusammen mit 1184 das von Paganini entdeckte Paar befreundeter Zahlen.

## 1225

$1225 = 35^2 = \frac{1}{2} \times 49 \times 50$.
Das ist die zweite Zahl, die sowohl eine Dreiecks- als auch eine Quadratzahl ist.
Die nächsten beiden Zahlen dieser Art sind $204^2$ und $1189^2$.

## 1233

$1233 = 12^2 + 33^2$.
B. S. Rao ist auf diese Zahl gestoßen, als er eine Zahl der Form $n^2 + 1$ als Summe zweier anderer Quadrate darzustellen versuchte.
Ein anderes Beispiel ist $8833 = 88^2 + 33^2$.

*Literatur: »Mathematics Magazine«*, Band 57.

## 1375

Die drei Zahlen 1375, 1376 und 1377 bilden das kleinste Tripel aufeinanderfolgender Zahlen, von denen jede durch eine Kubikzahl ungleich eins teilbar ist.

**1444**

$1444 = 38^2$.
Das ist die kleinste Quadratzahl, die auf 444 endet. Die nächste derartige Zahl ist $462^2 = 213\,444$. Die allgemeine Formel für Zahlen dieser Art lautet: $(500n \pm 38)^2 = \ldots 444$. (Beiler)
1444 ist auch die vierte Quadratzahl, deren Ziffern sich zu zwei anderen Quadratzahlen umordnen lassen: 144 und 4.

**1540**

Eine der fünf Zahlen, die sowohl Dreiecks- als auch Tetraederzahlen sind. 1540 ist die 55. Dreiecks- und die 20. Tetraederzahl.

**1549**

1549 ist die einzige ungerade Zahl unter 10000, die sich nicht als Summe einer Primzahl und einer Potenz darstellen läßt.

**1634**

$1634 = 1^4 + 6^4 + 3^4 + 4^4$.

**1675**

Bildet man die Kehrzahl von 1675 und addiert dann Ausgangs- und Kehrzahl, so entsteht bis zum 4850. Schritt dieser Art keine Palindromzahl. Die Zahl, die im letzten Schritt entsteht, besitzt 2000 Stellen.

**1681**

$1681 = 41^2$.
Die einzigen vierstelligen Quadratzahlen, deren zweistelligen Hälften auch Quadratzahlen sind, sind außer 1681 alle in der trivialen Menge 1600, 2500 ... 8100 enthalten.

## 1728

$1728 = 12^3$. Deshalb ist 1728 im Duodezimalsystem gleich 1000. 1728 ist die Anzahl von Kubikinches in einem Kubikfuß.

## 1729

Diese Zahl gehört zu den bekanntesten Zahlen überhaupt. Schuld daran ist ein Zwischenfall, den G. H. Hardy folgendermaßen beschreibt: »Ramanujan konnte sich die Eigenarten von Zahlen in einer geradezu unheimlichen Weise merken. Littlewood hat einmal gesagt, alle natürlichen Zahlen seien Ramanujans Freunde gewesen. Ich erinnere mich, daß ich einmal Ramanujan einen Krankenbesuch im Hospital abgestattet habe. Ich bin dorthin in einem Taxi gefahren, dessen Nummer 1729 war. Ich machte die Bemerkung, diese Zahl erscheine mir recht uninteressant und ich hoffte, das sei kein schlechtes Omen. ›Nein‹, antwortete Ramanujan, ›das ist eine sehr interessante Zahl. Das ist nämlich die kleinste Zahl, die sich auf zwei verschiedene Weisen als Summe zweier Kuben ausdrücken läßt.‹« *

$1729 = 12^3 + 1^3 = 10^3 + 9^3$.

Hardy fragte anschließend Ramanujan, ob er die Antwort auf das entsprechende Problem für vierte Potenzen kenne. Ramanujan dachte daraufhin einen Moment lang nach und antwortete dann, daß er die Antwort nicht kenne, daß aber die fragliche Zahl sehr groß sein müsse.

Die von Ramanujan genannte Eigenschaft von 1729 ist von Frenicle, einem Rechengenie, gefunden worden als Reaktion auf eine Herausforderung durch Euler. Frenicle gab insgesamt fünf Lösungen an:

$9^3 + 10^3 = 12^3 + 1^3$; $9^3 + 15^3 = 2^3 + 16^3$; $15^3 + 33^3 = 2^3 + 34^3$; $16^3 + 33^3 = 9^3 + 34^3$ und $19^3 + 24^3 = 10^3 + 27^3$.

1729 ist auch eine Harshad-Zahl, also durch die Summe ihrer Ziffern teilbar: $1729 = 19 \times 91$.

1729 ist weiterhin die dritte Carmicheal-Zahl.

* G. H. Hardy, »Ramanujan«, Cambridge University Press, Cambridge 1940.

**1760**

1 Meile = 1760 *Yards*.

**1782**

1782 ist gleich dem Dreifachen der Summe aller zweiziffrigen Zahlen, die man aus den Ziffern 1, 7, 8 und 2 von 1782 bilden kann.

**1854**

1854 ist gleich subfakultät(7) oder !7.

**1980**

$1980 - 0981 = 1089$.
Es gibt fünf Arten, wie man aus der Subtraktion einer vierstelligen Zahl und ihrer Kehrzahl eine Umordnung der Ziffern der ursprünglichen Zahl erhalten kann.
Die anderen Möglichkeiten sehen so aus:
$5823 - 3285 = 2538$; $3870 - 0783 = 3087$; $2961 - 1692 = 1269$ und $9108 - 8019 = 1089$.

**2025**

$2025 = 45^2$ und $20 + 25 = 45$. Also ist 2025 eine Kaprekar-Zahl.
Vergrößert man jede Ziffer um eins, so wird aus 2025 die Zahl 3136. Auch diese ist eine Quadratzahl: $56^2 = 3136$.
Ein Paar von zusammenpassenden zweiziffrigen Quadratzahlen ist 25 und 36.

**2047**

$2047 = 2^{11} - 1$, weshalb 2047 die elfte Mersenne-Zahl ist. Zugleich ist 2047 die erste Mersenne-Zahl, deren Exponent prim ist, die aber selber zusammengesetzt ist: $2047 = 23 \times 89$.

**2178**

$2178 \times 4 = 8712$. Das ist gerade die Kehrzahl von 2178.
Diese Eigenschaft findet sich auch noch bei den Zahlen 21978, 219978 und so weiter.
2178 ist eine gegenüber Ziffernoperationen vierter Stufe invariante Zahl: $2^4 + 1^4 + 7^4 + 8^4 = 6514$ und $6^4 + 5^4 + 1^4 + 4^4 = 2178$.

**2187**

$2187 = 3^7$ oder 10000000 im Ternärsystem.

**2201**

Das ist die kleinste nichtpalindromische Kubikwurzel aus einer palindromischen Zahl: $2201^3 = 10662526601$.

**2240**

Die Anzahl der Pfunde in einer englischen Tonne. In Amerika die Anzahl der Pfunde in einer langen Tonne, wohingegen eine kurze Tonne 2000 Pfund enthält.
1 Tonne = 2240 Pfund = 160 Stones = 80 Quarters = 20 Hundredweight.

**2310**

Primorial(11) $= 2 \times 3 \times 5 \times 7 \times 11$. Deshalb ist 2310 die kleinste Zahl mit fünf verschiedenen Primfaktoren.

**2333**

$2333^2 = 5442889$ gemäß dem Muster $3^2 = 9$, $23^2 = 529$, $233^2 = 54289$ und so weiter.

## 2520

$2520 = 2^3 \times 3^2 \times 5 \times 7$. Damit ist 2520 gleich der Summe von vier seiner Teiler auf sechs verschiedene Arten und Weisen. Das ist die maximal erreichbare Anzahl.
Die sechs Kombinationen der Teiler sehen so aus:
1260, 630, 504, 126; 1260, 630, 420, 210; 1260, 840, 360, 60; 1260, 840, 315, 105; 1260, 840, 280, 140; 1260, 840, 252, 168.
2520 ist die kleinste Zahl mit dieser Eigenschaft. Das oben geschilderte Problem ist äquivalent zu dem Problem, die Eins als Summe von vier Kehrwerten darzustellen.
*Literatur: Journal of Recreational Mathematics*, Band 14.

## 2592

$2592 = 2^5 \times 9^2$. Dieses Muster ist einmalig (Dudeney).

## 2615

$2615 \times 1 = 28765$ und $5162 \times 11 = 56782$, das ist gerade die Kehrzahl. Die Auswahl von 2615 in der obigen Gleichung ist äußerst willkürlich. Dieser Mechanismus funktioniert nämlich immer dann, wenn die benachbarten Ziffern einer Zahl sich nicht zu mehr als neun addieren. Dabei muß man alle Paare benachbarter Ziffern berücksichtigen. Eine andere Zahl, für die der Mechanismus funktioniert, ist beispielsweise 2 363 511 509, ein Gegenbeispiel ist 45 173.

## 2620

Der erste Partner im dritten Paar befreundeter Zahlen. Der andere Partner ist 2924.

## 2821

$2821 = 7 \times 13 \times 31$. Die Zahlen 6, 12 und 30 teilen alle 2820. 2821 ist deshalb eine Carmicheal-Zahl, und zwar die vierte.

## 3003

3003 ist die kleinste Zahl, die achtmal im Pascalschen Dreieck auftritt. Es gibt keine weitere Zahl, die kleiner als $2^{23}$ ist und diese Eigenschaft auch aufweist.

*Literatur:* David Singmaster, in: *American Mathematical Monthly*, April 1971.

## 3333

Der Gregorianische Kalender geht ungefähr in 3333 Jahren um ein Jahr vor.

$67^2 - 34^2 = 3333$.

## 3334

$3334^2 = 11115556$ in Analogie zu dem Muster $4^2 = 16$, $34^2 = 1156$, $324^2 = 111556$ und so weiter.

Geht man zur dritten Potenz über, so findet man

$3334^3 = 037059263704$, wobei die Summe der drei vierstelligen Zahlen $0370 + 5926 + 3704 = 10000$ ist.

*Literatur: Journal of Recreational Mathematics*, Band 14.

## 3367

Diese Zahl läßt sich mit dem zweistelligen Multiplikator $xy$ multiplizieren, indem man $xyxyxy$ durch drei dividiert.

Dieser Trick funktioniert, weil $3367 = 10101/3$ gilt.

*Literatur:* Gardner, 1975.

**3435**

$3435 = 3^3 + 4^4 + 3^3 + 5^5$ (Madachy).

**3511**

Eine der beiden bekannten Zahlen, für die $2^{p-1}$ durch $p^2$ teilbar ist. Die andere derartige Zahl ist 1093.

**3600**

$3600 = 60^2$.
Die Anzahl von Sekunden in einer Stunde oder von Sekunden in einem Grad oder von Minuten in einem Vollkreis.

**4096**

$4096 = 2^{12} = 8^4 = 16^3$.
Folglich ist 4096 im Dualsystem gleich 1 000 000 000 000, im Oktalsystem gleich 10 000 und im Hexadezimalsystem gleich 1000.

**4181**

Die neunzehnte Fibonacci-Zahl. Obwohl neunzehn eine Primzahl, ist 4181 keine Primzahl: $4181 = 37 \times 113$.
Das ist die erste zusammengesetzte Fibonacci-Zahl, deren Index eine Primzahl ist.

**4356**

Multipliziert man 4356 mit 1½, so erhält man 6534, also die Kehrzahl der Ausgangszahl. Man beachte, daß $4356 = 1089 \times 4$ gilt.

## 4840

$4840 = 22 \times 220$ ist die Anzahl der Squareyards in einem Acre.

## 4900

Die einzige quadratische Pyramidenzahl, die zugleich eine Quadratzahl ist.
$4900 = 70^2 = 1^2 + 2^2 + 3^2 + 4^2 + \ldots + 24^2$

## 4913

$4913 = 17^3$. Deshalb ist die Summe der Ziffern von 4913 gleich siebzehn.

## 5040

Sieben Fakultät.
$5040 = 7! = 1 \times 2 \times 3 \times 4 \times 5 \times 6 \times 7$.
Beim Glockenläuten enthält eine komplette Folge von Stedman-Tripeln $7! = 5040$ Änderungen und braucht drei bis vier Stunden.
Im »Staat« stellt Platon die Behauptung auf, eine angemessene Einwohnerzahl für eine ideale Stadt sei eine, die möglichst viele und möglichst aufeinanderfolgende Unterteilungen zulasse.
Er votierte für die Zahl 5040, weil diese Zahl 59 Teiler – sich selbst nicht mitgezählt – besitzt. Damit ist es möglich, sie sowohl im Krieg als auch im Frieden für alle möglichen Zwecke in Gruppen von eins bis zehn Mitgliedern zu unterteilen.

## 5186

$\varphi(5186) = \varphi(5187) = \varphi(5188)$.
Das ist das einzige bekannte Tripel aus aufeinanderfolgenden Zahlen, die alle denselben Wert bei der Funktion $\varphi$ ergeben.

## 5777

Die Vermutung, jede ungerade Zahl lasse sich in der Form $p+2a^2$ mit einer Primzahl $p$ darstellen, ist falsch. Allerdings gibt es nur zwei Gegenbeispiele, die kleiner als 121 000 sind.
Das eine Gegenbeispiel ist 5777, das andere ist 5993.

## 5913

$5913 = 1! + 2! + 3! + \ldots + 6! + 7!$

## 6174

*Das Verfahren von Kaprekar*

6174 ist (sieht man einmal von den Ausnahmefällen von Zahlen ab, deren Ziffern alle gleich sind) die Kaprekar-Konstante, das heißt: 6174 ist die Zahl, die sich ergibt, wenn man das Verfahren von Kaprekar auf eine vierstellige Zahl anwendet.
Man nehme eine vierstellige Zahl, die ungleich 6174 ist. Dann ordne man deren Ziffer einmal in der Größe nach absteigender und einmal in der Größe nach aufsteigender Reihenfolge. Für die Ausgangszahl 4527 ergibt dies die Zahlen 2457 und 7542. Nun bilde man die Differenz dieser beiden Zahlen und fahre fort. Schließlich erhält man irgendwann einmal 6174:

$$\begin{aligned}
7542 - 2457 &= 5085\\
8550 - 0558 &= 7992\\
9972 - 2799 &= 7173\\
7731 - 1377 &= 6354\\
6543 - 3456 &= 3087\\
8730 - 0378 &= 8352\\
8532 - 2358 &= 6174\\
7641 - 1467 &= 6174
\end{aligned}$$

Von dieser Stelle ab wiederholt sich immer dieselbe Rechnung.
6174 ist eine Harshad-Zahl, weil 6174 durch die Summe seiner Ziffern teilbar ist.

## 6578

$6578 = 1^4 + 2^4 + 9^4 = 3^4 + 7^4 + 8^4$.
6578 ist die kleinste Zahl, die sich auf zwei verschiedene Weisen als Summe von drei vierten Potenzen darstellen läßt.

## 6666

$6666^2 = 44435556$. Die beiden Hälften 4443 und 5556 summieren sich zu 9999.
Dieses Muster ergibt sich für jede Ziffernkette, die nur aus Sechsen besteht. Man vergleiche $3333^2 = 11108889$, $1110 + 8889 = 9999$ und $7777^2 = 60481729$, wobei $6048 + 1729 = 7777$, weswegen 7777 eine Kaprekar-Zahl ist.
Allgemeiner gilt: Wird eine Zahl mit einer Zahl multipliziert, die aus *n* gleichen Ziffern besteht, so ergibt sich als Summe der ersten *n* linken und der restlichen rechten Hälfte des Produktes wieder eine Zahl, deren Ziffern alle gleich sind (wenn das Produkt eine gerade Anzahl von Stellen besitzt).
Beispiel: $894 \times 22222 = 19866468$ und $198 + 66468 = 666666$.

## 6667

$6667^2 = 44448889$ und $44448889 \times 3 = 133346667$. Die vier Endziffern dieser Zahl stimmen mit der Ausgangszahl überein. Deshalb nennt man 6667 dreifach-automorph.
Zu jeder vorgegebenen Stellenanzahl lassen sich dreifach-automorphe Zahlen finden. Außer 6667 sind die folgenden beiden vierstelligen Zahlen noch dreifach-automorph: 9792 und 6875.
Es gibt drei zehnstellige dreifach-automorphe Zahlen: 6666666667, 262369792 und 9404296875.*
Die Muster, die in $6667^2$ und ähnlich auch in $3334^2$ und so weiter auftreten, sind Beispiele für einen allgemeineren Sachverhalt. Jede beliebige Zahl, gleich wie viele Stellen sie hat, ergibt ein Muster, wenn man eine genügend große Anzahl von Dreien, Sechsen oder Neunen vor sie schreibt.
Beispiel: $72^2 = 5184$; $672^2 = 451584$, $6672^2 = 44515584$ und so weiter.

* J. A. H. Hunter, in: *Journal of Recreational Mathematics*, Band 5.

## 6729

Das Doppelte von 6729 ist 13458. Zusammen enthalten diese beiden Zahlen alle Ziffern zwischen eins und neun genau einmal.

## 6999

Bildet man die Kehrzahl von 6999 und addiert diese zur Ausgangszahl und wiederholt man diesen Vorgang, so braucht man zwanzig Schritte, um zu einer Palindromzahl zu gelangen. Das Ergebnis ist die längste Palindromzahl, die man für eine Ausgangszahl kleiner als 10000 erhält.

## 7140

Die größte Zahl, die sowohl eine Dreiecks- als auch eine Tetraederzahl ist. 7140 ist die 119. Dreieckszahl und die 34. Tetraederzahl.

## 7560

$7560 = 2^3 \times 3^3 \times 5 \times 7$. Deshalb besitzt diese Zahl 64 Faktoren. Das sind mehr Faktoren als bei irgendeiner anderen Zahl kleiner als 10000, ausgenommen $9240 = 2^3 \times 3 \times 5 \times 7 \times 11$, die ebenfalls 64 Faktoren besitzt.

## 7744

$7744 = 88^2$. Das ist die einzige Quadratzahl, die ein derartiges Ziffernmuster zeigt.

## 8000

$8000 = 20^3$ ist gleich der Summe von vier aufeinanderfolgenden Kuben: $11^3 + 12^3 + 13^3 + 14^3 = 8000$.

**8042**

Das ist vermutlich die größte Zahl, die sich nicht als Summe von weniger als acht Kuben schreiben läßt.

**8128**

$8128 = 2^6(2^7-1)$ ist die vierte vollkommene Zahl.

**8191**

$8191 = 1 + 90 + 90^2 = 1 + 2 + 2^2 + 2^3 + \ldots \times 2^{12}$.
$8191 = 2^{13}-1$ ist eine Mersennesche Primzahl. Man beachte, daß der Index dreizehn ebenfalls prim ist. Man hat vermutet, daß – obwohl die meisten Mersenne-Zahlen zusammengesetzt sind – Mersenne-Zahlen, deren Index eine Primzahl ist, selber Primzahlen wären. Wäre dem so, hätte man eine Formel, die einem unendlich viele Primzahlen liefern würde. Allerdings wachsen die darin auftretenden Zahlen ungeheuer schnell.
Die Vermutung ist jedoch falsch, wie das Gegenbeispiel $2^{8191}-1$ zeigt, das eine zusammengesetzte Zahl ist.

**8208**

$8208 = 8^4 + 2^4 + 0^4 + 8^4$.

**8281**

$8281 = 91^2$ ist eine Quadratzahl, deren Ziffernpaare zwei aufeinanderfolgende Zahlen ergeben. Es handelt sich hierbei um das einzige vierstellige Quadrat mit dieser Eigenschaft.

**8712**

Diese Zahl wurde von G. H. Hardy in seine Sammlung nicht ernstzunehmender mathematischer Sätze aufgenommen, weil sie ein Vielfaches ihrer Kehrzahl 2178 ist (vergleiche 153).

**9240**

Besitzt 64 Teiler.

**9642**

Multipliziert man diese Zahl mit 87531, so erhält man das größte Produkt zweier Zahlen, das alle Ziffern zwischen eins und neun genau einmal verwendet.

**9801**

$9801 = 99^2$ und $98 + 1 = 99$, also ist 99 eine Kaprekar-Zahl.

**9999**

$9999^2 = 99980001$. Die beiden Kaprekar-Hälften dieser Zahl, nämlich 9998 und 0001, summieren sich zu 9999.
Man vergleiche $9999^3 = 999700029999$, wobei sich die drei Drittel dieser Zahl zu $2 \times 9999$ summieren.

**10001**

$10001 = 73 \times 137$.
Man vergleiche hiermit die Primzahl 101 sowie $1001 = 7 \times 11 \times 13$ und $100001 = 11 \times 9091$.

## 10989

$10989 \times 9 = 98901$.

## 11593

Diese Zahl ist das erste Glied einer Folge von neun aufeinanderfolgenden Primzahlen, die alle von der Form $4n + 1$ sind (Guy).

## 11826

$11826^2$ ist die kleinste gesamtstellige Quadratzahl. Sie wurde von John Hill im Jahre 1727 entdeckt.

## 12285

Diese Zahl bildet zusammen mit 14595 das kleinste Paar befreundeter ungerader Zahlen. Es wurde 1939 von B. H. Brown entdeckt.

## 12496

*Gesellige Zahlen*

12496 ist die erste Zahl in einer Kette von fünf geselligen Zahlen, die im Jahre 1918 von Poulet entdeckt worden ist.
Die Summe der Teiler jeder Zahl – unter Ausschluß dieser Zahl selbst – ergibt jedesmal die nachfolgende Zahl, wobei sich die Teiler der letzten Zahl zur ersten Zahl summieren: 12496, 14288, 15472, 14536, 14264, (12496).
Diese Kette sowie die Kette mit 28 Gliedern, die mit der Zahl 14316 beginnt, waren die beiden einzigen bekannten Beispiele, bis Henri Cohen im Jahre 1969 mit Hilfe eines Computers alle möglichen Werte für den kleineren Partner bis hin zu 60 Millionen untersuchte. Dabei fand er sieben neue Ketten, mit jeweils vier Gliedern.
In letzter Zeit sind noch mehr Ketten gefunden worden.
Merkwürdigerweise ist bis heute noch keine dreigliedrige Kette entdeckt

worden trotz intensiver Suche. Es gibt solche Ketten sicher nicht im Bereich bis 50 Millionen. Irgend jemand hat diese hypothetischen Ketten mit drei Gliedern ›Herden‹ getauft. Herden sind, mathematisch gesehen, etwas sehr Unzugängliches – und möglicherweise überhaupt nicht existent.

## 12758

Das ist die größte Zahl, die sich nicht als Summe unterschiedlicher Kuben darstellen läßt.

*Literatur:* R. E. Dressler und T. Parker, in: *Mathematics of Computation*, Band 28 (1974).

## 14316

Das ist das Anfangsglied einer bemerkenswerten Kette von nicht weniger als 28 geselligen Zahlen. Diese wurde im Jahre 1918 von Poulet entdeckt.
Beginnt man oben links und liest von dort nach unten, so summieren sich die echten Teiler jeder Zahl zu der ihr nachfolgenden Zahl, wobei die letzte Zahl 17716 wieder zurück zur Anfangszahl 14316 führt.

| | | | |
|---|---|---|---|
| 14316 | 629072 | 275444 | 97946 |
| 19116 | 589786 | 243760 | 48976 |
| 31704 | 294896 | 376736 | 45946 |
| 47616 | 358336 | 381028 | 22976 |
| 83328 | 418904 | 285778 | 22744 |
| 177792 | 366556 | 152990 | 19916 |
| 295488 | 274924 | 122410 | 17716 |
| | | | (14316) |

Es ist keine andere Kette geselliger Zahlen der gleichen Länge bekannt, trotz des ehrwürdigen Alters dieser Kette.

## 16830

$16830^3$ ist gleich der Summe aller Kuben zwischen $1134^3$ und $2133^3$ (Beiler).

**16843**

Charles Babbage vermutete, daß $\binom{2p-1}{p-1} - 1$ immer dann durch $p^2$ teilbar wäre, wenn $p$ eine Primzahl ist. Diese Vermutung ist falsch. Das kleinste Gegenbeispiel ist $16843^2$.
Alle höheren Potenzen von 16843 sind ebenfalls Gegenbeispiele. Es gibt kein anderes Gegenbeispiel von der Form $n^2$, wenn $n$ kleiner als 150000 ist (David Singmaster).

**17163**

Das ist die größte Zahl, die sich nicht als Summe von Quadraten unterschiedlicher Primzahlen darstellen läßt.

*Literatur:* H. Gupta, »*Selected Topics in Number Theory*«, Tunbridge Wells, 1980.

**17296**

Bildet zusammen mit 18416 das zweite Paar von befreundeten Zahlen, das entdeckt worden ist.

**19600**

Es gibt nur zwei Zahlen, die sowohl Quadrat- als auch Tetraederzahlen sind.
Eine dieser beiden Zahlen ist die uninteressante $4 = 2^2 = 1 + 3$, die andere ist $19600 = 140^2 = 1 + 3 + 6 + 10 + 15 + \ldots + 1176$.

**20161**

Alle Zahlen, die größer als 20161 sind, lassen sich als Summe von zwei abundanten Zahlen schreiben.

## 20736

$12^4$, weshalb sich diese Zahl im Duodezimalsystem als 10000 schreibt.

## 21000

Die erste Zahl, deren Zahlwort im Englischen drei Wörter verwendet: *twenty-one thousand* (Sloane).

## 26861

*Primzahlen der Form $4n+1$ und $4n+3$*

Im Bereich bis 26861 gibt es exakt genauso viele Primzahlen der Form $4n+1$, wie es in diesem Bereich Primzahlen der Form $4n+3$ gibt. Weil 26861 selbst eine Primzahl der Form $4n+1$ ist, verhilft diese Zahl den Primzahlen der Form $4n+1$ erstmals zu einem Vorsprung.

Alle Primzahlen, die größer als zwei sind, sind entweder von der Form $4n+1$ oder $4n+3$. Welche Form ist häufiger? Die Folge der Primzahlen beginnt folgendermaßen (dabei bedeuten kursiv gedruckte Zahlen Primzahlen von der Form $4n+3$):

*3* 5 *7* *11* 13 17 *19* *23* 29 *31*

37 41 *43* *47* 53 *59* 61 *67* *71* 73...

Von den ersten zwanzig Primzahlen sind eine Mehrzahl, nämlich elf, von der Form $4n+3$. Dieses Übergewicht setzt sich fort bis 26849, wo Gleichheit eintritt. Die Zahl 26861 verändert dann die Verhältnisse zugunsten der Primzahlen der Form $4n+1$, allerdings nur zeitweilig. Die nächsten beiden Primzahlen 26863 und 26979 gehören beide zum Typ $4n+3$.

Obwohl die Primzahlen der Form $4n+1$ in der Minderzahl zu sein scheinen, konnte Littlewood beweisen, daß es unendlich viele Stellen gibt, an denen die beiden Folgen hinsichtlich der Mehrheit einander abwechseln.

*Literatur:* Carter Bays und Richard H. Hudson, *»On the Fluctuations of Littlewood for Primes of the Form $4n \pm 1$«*, in: *Mathematics of Computation*, Band 32.

## 27594

Diese Zahl läßt sich auf zwei bemerkenswerte Weisen als Produkt schreiben: $27594 = 73 \times 9 \times 42 = 7 \times 3942$ (Madachy).

## 30739

Für welche Zahlen liegen die Nachkommastellen ihrer Quadrate- und ihrer Kubikwurzel möglichst nahe beisammen?
Im Bereich bis zu 50000 findet man die kleinste Differenz bei der Zahl 30739, deren Quadrat und deren Kubus um 0,0000151 differieren.
Die nächste Zahl, für die sich eine kleinere Differenz ergibt, ist 62324. Die Nachkommastellen der Wurzeln dieser Zahl differieren um nicht mehr als 0,000011576.

*Literatur:* J. H. Baumwell und F. Rubin, in: *Journal of Recreational Mathematics,* Band 9.

## 40311

Mit dieser Zahl beginnt die längste bekannte Folge von Zahlen, deren Teiler übereinstimmen: 40311, 40312, 40313, 40314 und 40315 (Le Lionnais).

## 40320

Acht Fakultät oder 8!

## 40585

Diese Zahl ist gleich der Summe der Fakultäten ihrer Ziffern: $40585 = 4! + 0! + 5! + 8! + 5!$ Diese Tatsache wurde erst im Jahre 1966 von Leigh Janes entdeckt.

**40755**

Das ist nach der trivialen Eins die erste Zahl, die sowohl eine Dreiecks-, eine Fünfecks- als auch eine Sechseckszahl ist.

**45045**

$45045 = 5 \times 7 \times 3^2 \times 11 \times 13$. Das ist die erste ungerade abundante Zahl, die von Carolus Bovillus entdeckt wurde.

**47619**

047619 ist die Periode von 1/21. Die Zahl 21 ist die kleinste Zahl, die zwei Primfaktoren besitzt, die beide nicht zehn teilen. Die beiden Hälften 047 und 619 summieren sich zu 666. Die Zahl 47619 ist ein Vielfaches von 333 (wegen $47619 = 143 \times 333$), aber nicht von 999.
Die drei Drittel 04, 76 und 19 summieren sich zu 99, weshalb die Ausgangszahl ein Vielfaches von 99 ist. Es gilt tatsächlich: $47619 = 143 \times 481$.
$047619^2 = 2267569161$.
Addiert man die beiden sechsstelligen Hälften 569161 und 002267, so erhält man 571428, was die Periode von 4/7 ist.

**50625**

Diese Zahl ist gleich $15^4 = 4^4 + 6^4 + 8^4 + 9^4 + 14^4$.
Das ist das kleinste Beispiel für eine vierte Potenz, die sich als Summe von nur fünf anderen vierten Potenzen darstellen läßt.

**54748**

Diese Zahl ist gleich der Summe der fünften Potenzen ihrer Ziffern: $54748 = 5^5 + 4^5 + 7^5 + 4^5 + 8^5$.

**65536**

$2^{16}$. Ein 64 K-Speicher bei einem Computer enthält 65536 *Bytes*.

**65537**

Diese Zahl ist gleich $2^{2^4}+1$. Somit ist sie die vierte Fermatsche Zahl und die größte bekannte Fermatsche Primzahl. Aus diesem Grunde ist es möglich, ein reguläres 65537-Eck zu konstruieren mit Hilfe von Zirkel und Lineal.
Die 384 quadratischen Gleichungen, die zu dieser Konstruktion erforderlich sind, wurden von J. G. Hermes im Jahre 1894 berechnet.

**69696**

Es gilt: $69696 = 264^2$, weshalb diese Zahl ein Beispiel einer palindromischen Quadratzahl darstellt, deren Wurzel nicht palindromisch ist.

**076923**

Die Null am Anfang taucht hier auf, weil diese Ziffernfolge gleich dem Anfang der Dezimalbruchentwicklung von 1/13 ist: 1/13 = 0,076923076923...
Multipliziert man diese Ziffernfolge mit 3, 4, 9, 10 oder 12, so ist das Resultat eine zyklische Permutation derselben Ziffern, multipliziert man dagegen mit 2, 5, 6, 7, 8 oder 11, so ist das Ergebnis eine zyklische Permutation der Ziffernfolge 153846.

**78557**

Primzahlen der Form $k \times 2^n+1$ sind intensiv untersucht worden. Ein Grund hierfür ist, daß die Faktoren von Fermatschen Zahlen diese Form haben.
Die Folge der Zahlen, die durch die Formel $78557 \times 2^n+1$ beschrieben wird, ist ungewöhnlich, weil diese für keinen natürlichzahligen Wert von $n$ eine Primzahl liefert. Alle Folgenglieder sind durch eine der Primzahlen 3, 5, 7, 13, 19, 37 oder 73 teilbar.

Wahrscheinlich ist 78557 der kleinste Wert, für den Folge $k \times 2^n + 1$ nur zusammengesetzte Zahlen liefert.

*Literatur:* R. Baillie, G. Cormack und H. C. Williams, »*The Problem of Sierpinski concerning* $k \times 2^n + 1$«, in: *Mathematics of Computation*, Band 37.

**99249**

Diese Zahl ist gleich $307^2$ und somit eine palindromische Quadratzahl, deren Wurzel nicht palindromisch ist.

**99954**

Das Verfahren von Kaprekar führt, wenn man es auf vierstellige Zahlen anwendet, deren Ziffern nicht alle übereinstimmen, in einen von drei Zyklen. Der kleinste Zyklus ist 99954 – 95553. Die beiden anderen Zyklen sind: 98532 – 97443 – 96642 – 97731 und 98622 – 97533 – 96543 – 97641 (Kordemsky).

**100001**

Gleich $11 \times 9091$.

**125000**

Der zweite Fall der Fermatschen Vermutung, in dem der Exponent $p$ aus $x^p + y^p = z^p$ eine der Zahlen $x$, $y$ oder $z$ teilt, kann für Werte von $p$ bis zu 125000 nicht auftreten.

## 142857

*Zyklische Zahlen*

Diese Zahl ist bei den Unterhaltungsmathematikern besonders beliebt. Sie kommt als Periode der Dezimalbruchentwicklung von 1/7 vor: 1/7 = 0,142857142857142…

1/7 ist der erste Dezimalbruch, der eine Periode maximaler Länge besitzt, das heißt, daß die Länge der Periode um genau eins kleiner ist als die Zahl selbst.

Multipliziert man die Ziffernfolge 142857 mit einer Zahl zwischen 1 und 6, so ergibt sich eine zyklische Permutation dieser Ziffernfolge:

$$142857 \times 1 = 142857$$
$$142857 \times 2 = 285714$$
$$142857 \times 3 = 428571$$
$$142857 \times 4 = 571428$$
$$142857 \times 5 = 714285$$
$$142857 \times 6 = 857142$$

Die Abfolge der Ziffern liefert ein verblüffendes Muster, wenn man die Ziffer auf einer Kreislinie anordnet:

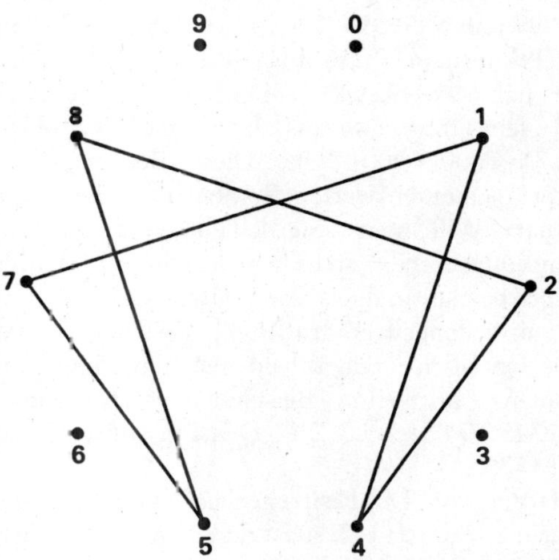


Multipliziert man mit größeren Zahlen, so ergibt sich das gleiche Muster mit ganz geringen Abwandlungen. So ist beispielsweise

$12 \times 142\,857 = 1\,714\,284$, was zu 714285 wird, wenn man die führende Eins wegnimmt und zu der Vier am Ende addiert.

Ein anderes interessantes Beispiel ist die Multiplikation von 142857 mit sich selbst. $142\,857^2 = 20\,408\,122\,449$. Zerlegt man diese Zahl von rechts beginnend in zwei Gruppen mit jeweils sechs Ziffern und addiert man diese, so erhält man: $122\,449 + 020\,408 = 142\,857$. Aus diesem Grunde ist 142857 eine Kaprekar-Zahl. Es gibt nur eine Ausnahme von der oben genannten Gesetzmäßigkeit, nämlich die Multiplikation mit sieben oder einem Vielfachen von sieben: $142\,857 \times 7 = 999\,999$. Diese Eigenschaft haben alle Perioden von periodischen Dezimalbrüchen: Multipliziert man die Periode von $1/n$ mit der Zahl $n$, so besitzt das Resultat so viele Neunen, wie die Zahl $n$ angibt.

Man beachte, daß diese Beziehung symmetrisch ist. Weil $142\,857 \times 7 = 999\,999$ gilt, ist die Periode von 1/7 gleich 142857 und diejenige von 1/142857 ist gleich 7. In der Tat gilt:
$1/142\,857 = 0{,}000\,007\,000\,007\,000\,007\ldots$

Es gibt noch eine andere Beziehung zwischen 142857 und 9. Hierzu spalte man 142857 in seine beiden Hälften auf und addiere: $142 + 857 = 999$.

Nun ist jede Zahl, deren Ziffern sich zu 999 aufsummieren, wenn man diese vom Einerende an zu Dreiergruppen zusammenfaßt, ein Vielfaches von 999. Demzufolge muß 142857 ein Vielfaches von 999 sein. Ist das so? Ja, denn 999 teilt $999\,999 = 7 \times 142\,857$, ohne daß 999 mit 7 einen gemeinsamen Faktor hätte. Tatsächlich gilt: $142\,857 = 999 \times 143$.

Hieraus folgt, daß 999999, was ja gleich $7 \times 142\,857$ ist, auch gleich $7 \times 999 \times 143$ sein muß, woraus folgt, daß $7 \times 143 = 1001$ und $142\,857\,143 \times 7 = 1\,000\,000\,001$ gilt. Diese Beziehungen bilden die Grundlage eines bemerkenswerten Rechentricks, den Martin Gardner beschrieben hat: Will man eine beliebige neunstellige Zahl mit 142857143 multiplizieren, so stellt man sich diese Zahl zweimal hintereinander geschrieben vor und teilt dann durch sieben.

Die Antwort wirkt doppelt eindrucksvoll, weil man sie von links beginnend niederschreiben kann, sobald man die ersten Ziffern der zu multiplizierenden Zahl kennt. Beispiel: Aus der Zahl 577831345 wird 577831345577831345. Die Division durch sieben ergibt: 82547335825473 35.

Die beiden Hälften von 1/7 besitzen noch eine andere schöne Eigenschaft. Teilt man 857 durch 142, so ist deren Quotient gleich 6 $(= 7 - 1)$ und der Rest ist 5 $(= 7 - 2)$: $857 = 142 \times 6 + 5$.

Stellen wir uns vor, die Ziffern der Ausgangszahl seien in Paaren zusammengefaßt, so addieren sich diese zu 99: $14 + 28 + 57 = 99$.

Da die Periodenlänge sechs beträgt, können wir die Ziffern auch in Dreiergruppen anstatt in Paaren zusammenfassen. Wie auch immer die Länge der Periode ist, die Ziffern lassen sich stets in Einergruppen anordnen. Im vorliegenden Falle stellen wir dann fest, daß 142857 durch 9 teilbar ist: $1+4+2+8+5+7=27$ und $2+7=9$.
Diese Tatsache läßt sich auch veranschaulichen, indem man die diametral auf dem Kreis angeordneten Zahlen (siehe oben) addiert. Das Resultat lautet dann immer neun: $1+8=4+5=2+7=9$.
Dieselbe Symmetrie findet sich in der Anordnung der Ziffern auf einem Taschenrechner:

Diese Anordnung ähnelt derjenigen eines magischen Quadrates. Die Zahlen haben auch vergleichbare Eigenschaften. So stehen $8\times 1$, $7\times 2$ und $4\times 5$ in einer arithmetischen Progression. Das gilt auch für $4^2+5^2$, $2^2+7^2$ und $8^2+1^2$ (Kaprekar und Khatri).
Das Verfahren, Hälften oder Drittel zu addieren, funktioniert für alle Vielfachen von 142857 (mit Ausnahme des nullten ›Vielfachen‹) ebenfalls, vorausgesetzt, man führt das Verfahren so lange fort, bis eine drei- beziehungsweise zweiziffrige Zahl erreicht ist.

$$142857\times 361=51571377:\ 51+571+377=999 \text{ und}$$
$$51+57+13+77=198, \text{ was 99 ergibt.}$$
$$142857\times 74=10571418:\ 10+571+418=999 \text{ und}$$
$$10+57+14+18=99.$$

Alle periodischen Dezimalbrüche sind letzten Endes geometrische Reihen mit dem Verhältnis 1/10, weshalb es nicht so erstaunlich ist, daß man die Periode von 1/7 auf vielerlei Weisen als ›Diagonalsumme‹ erhalten kann, was wiederum gleichwertig damit ist, eine geometrische Reihe zu summieren. Fängt man beispielsweise vorne an, so ergibt sich:

```
142,857
1
 3
  9
   27
    81
     243
      729
       .....
142857...
```

Beginnt man am Ende, so sieht das Resultat so aus:

```
               7
              35
             175
            875
           4375
          21875
         109375
...............
...857142857142857
```

Ist es überraschend, daß sich 142857 beinahe durch fortgesetzte Verdoppelung (14 – 28 – 56 – ...) erhalten läßt? Das ist kein Zufall:

```
14
  28
    56
     112
       224
         448
           896
            1792
              ....
142857142857142...
```

Alle genannten Eigenschaften von 142857 besitzen auch die Perioden

anderer Zahlen, vorausgesetzt, sie haben die maximal mögliche Länge. Gewisse Änderungen wie beispielsweise bei der Auswahl des Multiplikators im letzten Beispiel sind manchmal notwendig.
Zahlen mit maximaler Länge müssen prim sein. Überraschenderweise gibt es aber keine Methode, mit der man voraussagen könnte, welche Primzahlen zu Perioden maximaler Länge führen.
17 führt zu einer Periode maximaler Länge, weshalb die Eigenschaften von 1/17 denen von 1/7 sehr ähnlich sind. Dasselbe gilt für 1/19, dessen Periode genau 18 Stellen umfaßt. 1/13 jedoch besitzt nur eine Periode der Länge sechs, weshalb seine Eigenschaften komplexerer Natur sind.
Ist die Periode von $1/n$ nicht gleich $n-1$, so ist sie doch immer ein Teiler von $n-1$. Die Periode von 1/13 ist 6, was genau die Hälfte von 12 ist.
Die ersten Werte von $n$, für die $1/n$ eine Periode maximaler Länge besitzt, sind: 7, 17, 19, 23, 29, 47, 59, 61, dann erst wieder 99, gefolgt von 109, 113 und 131.
Das sind recht wenige Zahlen. Wie groß ist der Anteil der Primzahlen, die zu Perioden maximaler Länge führen, an der Gesamtzahl der Primzahlen? Shanks hat den Wert 3/8 angenommen. Trifft eine Vermutung von Artin zu, so lautet dieser Wert 0,373 96...
Um eine hiermit zusammenhängende Frage zu beantworten, hat Shanks gezeigt, daß es genau doppelt so viele Primzahlen gibt, deren Periode eine geradzahlige Länge besitzt, wie solche, deren Perioden von ungerader Länge sind.
Welche sechsstellige Zahl wird mit fünf multipliziert, wenn man die Ziffer, die an ihrer Einerstelle steht, wegnimmt und vor die Zahl schreibt? Natürlich lautet die Antwort 142 857...
Dieses Verfahren wird gelegentlich als Transmultiplikation bezeichnet. Man könnte das gleiche Problem auch anders formulieren, indem man die führende Ziffer wegnimmt und am Ende der Zahl anhängt. Man könnte auch ganze Blöcke von Ziffern verschieben. Als Lösung findet man immer die Periode derselben Dezimalzahl.
Die Kehrwerte zusammengesetzter Zahlen, wie beispielsweise 21, haben kompliziertere Eigenschaften. Die einfachste von ihnen lautet: Die Länge der Periode ist gleich dem kleinsten gemeinsamen Vielfachen der Längen der Perioden ihrer Primfaktoren, sofern diese nur einfach auftreten. So hat 1/21 die Periodenlänge sechs, da die Periodenlängen seiner Primfaktoren eins und sechs betragen. Man beachte, daß sechs kein Teiler von zwanzig ist.
142 857 ist durch die Repunitzahlen 11 und 111 teilbar.

**147852**

Diese Zahl ist gleich dem Produkt 333 × 444.
Die Ziffern von 147852 treten in verschiedenen Anordnungen und verschiedenen Produkten auf, die keine Permutationen der Periode von 1/7 sind.
Beispiele: 666 × 777 = 517482 und 333 × 777 = 258741.

**148349**

Das ist die einzige bekannte Zahl, die gleich der Summe der Subfakultäten ihrer Ziffern ist: 148349 = !1 + !4 + !8 + !3 + !4 + !9.

**161038**

161038 = 2 × 73 × 1103.
Das ist die kleinste gerade Pseudoprimzahl zur Basis zwei. Sie wurde von D. H. Lehmer entdeckt.
Gerade Pseudoprimzahlen sind relativ selten, obwohl es unendlich viele Pseudoprimzahlen gibt. Die nächste Zahl dieser Art ist 251326.

**183184**

Das ist gleich $428^2$ und somit eine Quadratzahl, deren Ziffern zwei aufeinanderfolgende Zahlen bilden.
Es gibt noch zwei weitere sechsstellige Zahlen, die diese Eigenschaft besitzen: $528529 = 727^2$ und $715716 = 846^2$.

**196560**

Das ist die Anzahl von Sphären, die in einem 24-dimensionalen Leech-Gitter eine feste Sphäre berühren.

**208135**

Das ist die größte bekannte Zahl, die sowohl eine Dreieckszahl als auch eine quadratische Pyramidenzahl ist. Sie ist die 85. quadratische Pyramidenzahl und die 645. Dreieckszahl.
Es ist weder bekannt, ob es eine größere Zahl gibt, die diese Eigenschaft auch besitzt, noch weiß man, ob es unendlich viele derartiger Zahlen gibt.

**248832**

$248\,832 = 12^5 = 4^5 + 5^5 + 6^5 + 7^5 + 9^5 + 11^5$.
Das ist die kleinste fünfte Potenz, die sich als Summe von nur sechs fünften Potenzen darstellen läßt.

**278886**

Das Quadrat dieser Zahl beginnt mit fünf Sieben:
$278\,886^2 = 77\,777\,400\,996$.

**333667**

$333667 \times 296 = 98\,765\,432$, worin die Ziffern von zwei bis neun in umgekehrter Anordnung auftreten.
Das ist der Anfang einer Gesetzmäßigkeit:

$$33\,336\,667 \times 2\,996 = 99\,876\,654\,332;$$
$$333\,336\,667 \times 29\,996 = 99\,987\,666\,543\,332 \text{ und so weiter.}$$

Derselbe Autor weist auch noch auf folgende Gesetzmäßigkeit hin:

$$333\,667 \times 1113 = 371\,371\,371$$
$$333\,336\,667 \times 11\,133 = 371\,137\,113\,711$$
$$33\,333\,366\,667 \times 1\,111\,333 = 371\,113\,711\,137\,111$$

Man vergleiche auch $333\,667 \times 2223 = 741\,741\,741$.

*Literatur:* H. Grunbaum, in: Scripta Mathematica, Band 18 und Band 21.

**351120**

Die dritte Potenz dieser Zahl läßt sich als Summe von drei, vier, fünf, sechs, sieben und acht Kuben darstellen.

**362880**

Gleich $9! = 7!\,3!\,2!$

**369119**

Die Summe der Primzahlen, die kleiner als 369119 sind, beträgt 5537154119. Diese Zahl ist durch 369119 teilbar.

**396733**

Bildet zusammen mit 396833 das erste Paar von Primzahlen, deren Differenz genau zehn beträgt.

**510510**

Diese Zahl ist gleich dem Produkt der ersten sieben Primzahlen $2 \times 3 \times 5 \times 7 \times 11 \times 13 \times 17$ und auch gleich dem Produkt von vier aufeinanderfolgenden Fibonacci-Zahlen: $13 \times 21 \times 34 \times 55$.

*Literatur:* Monte Zerger, in: *Journal of Recreational Mathematics,* Band 12.

**523776**

$523776 = 2^9 \times 3 \times 11 \times 31$.

Die dritte dreifach-vollkommene Zahl. Die Summe der Teiler dieser Zahl, sie selbst eingeschlossen, ist gleich $3 \times 523776 = 1571328$.

**548834**

Gleich $5^6 + 4^6 + 8^6 + 8^6 + 3^6 + 4^6$.

**666666**

Zur großen Freude der Numerologen weist das altbekannte pythagoräische Dreieck mit den Kantenlängen 693, 1924 und 2045 einen Flächeninhalt von 666666 auf.

**739397**

Die größte zweiseitige Primzahl. Welche Ziffern auch immer von einem der beiden Enden weggenommen werden, das Übriggebliebene ist stets eine Primzahl.

**798644**

Die zweitkleinste Zahl, deren Quadrat palindromisch ist und eine gerade Anzahl von Stellen hat: $798644^2 = 637832238736$.

**828828**

Außer 55, 66 und 666 die einzige palindromische Dreieckszahl.

**1000000**

$1000000 = 10^6$.

**1048576**

$1048576 = 16^5 = 2^{20}$.
100000 im Hexadezimalsystem.

**1122659**

Eine Cunningham-Kette von Primzahlen ist eine Folge von Primzahlen, in der jedes Glied gleich dem um eins vergrößerten Doppelten des vorangehenden Gliedes ist. D. H. Lehmer hat herausgefunden, daß es nur drei

dieser Ketten mit sieben Gliedern gibt, deren erstes Glied kleiner als $10^7$ ist.
Die Kette mit dem kleinsten Anfangsglied sieht so aus:
1122659 2243319 4490639 8981279 17962559 35925119 71850239.

**1175265**

Bildet zusammen mit 1438983 das erste Paar von befreundeten ungeraden Zahlen. Es wurde im 18. Jahrhundert von G. W. Kraft entdeckt.

**1234321**

Gleich $1111^2$ und folglich gleich der vierten Zeile im nachfolgenden Schema:

$$121 \times (1 + 2 + 1) = 22^2$$
$$12321 \times (1 + 2 + 3 + 2 + 1) = 333^2$$
$$1234321 \times (1 + 2 + 3 + 4 + 3 + 2 + 1) = 4444^2$$

und so weiter.

**1741725**

Gleich $1^7 + 7^7 + 4^7 + 1^7 + 7^7 + 2^7 + 5^7$.

**1747515**

Diese Zahl bildet zusammen mit 2185095 das dritte Paar von Dreieckszahlen, deren Summe und Differenz wieder Dreieckszahlen sind.

**2300000**

Die älteste europäische Inschrift, in der eine sehr große Zahl genannt wird, findet sich auf der Columna Rostrata, einem Monument, das auf dem römischen Forum errichtet worden ist, um an den Sieg über die Karthager im Jahre 260 v. Chr. zu erinnern. Das Symbol für 100000 wird dort 23mal wiederholt, was insgesamt 2300000 ergibt.

## 3628800

Diese Zahl ist gleich 10! Sie ist auch die einzige Fakultät, die sich als Produkt von anderen Fakultäten darstellen läßt (sieht man einmal von trivialen Fällen wie $1! = 0! \times 1!$, $2! = 0! \times 1! \times 2!$ oder $1! \times 2! = 2!$ ab).

$10! = 6! \times 7!$

$10! = 3! \times 5! \times 7!$

## 4478976

Die kleinste bekannte nicht-triviale Lösung der Gleichung $p^p \times q^q = r^r$ lautet $p = 12^6 = 2985984$, $q = 6^8 = 1679616$ und $r = 2^{11} \times 3^7 = 4478976$ (Le Lionnais).

## 4729494

*Das Rinderproblem*

Die Zahl 4729494 taucht als Koeffizient im berühmten ›Rinderproblem‹ auf, das Archimedes zugeschrieben wird. Es betrifft die Anzahl der Rinder, die der Sonne gehören. Diese Rinder sind in vier Herden aufgeteilt, die sich durch ihre Farben unterscheiden: weiß, schwarz, braun und gescheckt. Dann werden acht Bedingungen genannt, die die Anzahl der Bullen und der Kühe jeder Herde festlegen. Allerdings ist der Text nicht eindeutig, es bleibt unklar, ob eine bestimmte Zahl eine Quadratzahl sein muß oder ob sie beliebig sein kann.

Soll diese Zahl ein Quadrat sein, so lautet die entsprechende Gleichung:

$t^2 - 4279494\, u^2 = 1.$

Gleichungen, die diese Form haben, werden nach John Pell als Pellsche Gleichungen bezeichnet. Euler selbst nahm an, daß schon Pell derartige Gleichungen studiert habe. Es gibt in der Tat einige Anhaltspunkte für diese Vermutung. Es könnte aber auch sein, daß Euler Pell mit Lord Brouncker verwechselt hat.

Amthor hat die kleinsten Lösungen dieser Gleichung ausgerechnet. Sie lauten:

$t = 109931986732829734979866232821433543901088049$

$u = 50\,549\,485\,234\,315\,033\,074\,477\,819\,735\,540\,408\,986\,340.$

In diesem Falle ergibt sich für die Anzahl der Rinder eine Zahl mit 206545 Stellen, die mit 7766... beginnt. Diese Zahl wurde kürzlich von einem Computer vollständig ausgerechnet. Sie füllte etwas mehr als 46 Seiten des Computerausdruckes.

Es ist unwahrscheinlich, daß Archimedes eine derartige Lösung gefunden haben könnte. Allerdings könnte er sehr wohl gewußt haben, wie man prinzipiell Gleichungen dieses Typs löst.

## 4937775

*Smith-Zahlen*

Die Definition einer Smith-Zahl, wie sie auf A. Wilansky zurückgeht, lautet: Eine Smith-Zahl ist eine zusammengesetzte Zahl, bei der sich ihre Ziffern zur selben Summe addieren wie die Ziffern ihrer Primfaktorzerlegung (unter Ausschluß der Eins).

$4937775 = 3 \times 5 \times 5 \times 65837$. Die Ziffern der Ausgangszahl wie auch diejenigen ihrer Primfaktorzerlegung summieren sich zu 42.

Smith-Zahlen lassen sich aus Repunitzahlen, die prim sind, konstruieren. Es bezeichne $R_n$ die Repunitzahl mit $n$ Stellen. Ist dann $R_n$ prim, so ist $3304 \times R_n$ eine Smith-Zahl. Dabei ist 3304 nicht der einzige Multiplikator, der zum Ziel führt, sondern nur der kleinste. Man weiß nicht, ob es unendlich viele Multiplikatoren gibt. In der Praxis ist auf jeden Fall ihre Verwendung beschränkt, da Repunitzahlen, die prim sind, ziemlich selten zu sein scheinen.

Ebensowenig ist es bekannt, ob es unendlich viele Smith-Zahlen gibt. Es gibt mit Sicherheit unendlich viele Smith-Zahlen, wenn es unendlich viele Primzahlen gibt, deren Ziffern nur aus Nullen und Einsen bestehen. Das ist ein anderes interessantes Problem.

*Literatur:* S. Oltikar und K. Wayland, »*Construction of Smith Numbers*«, in: *Mathematics Magazine*, Band 56.

## 9999999

Die Logarithmen, die Napier ursprünglich eingeführt hat, waren keine ›natürlichen‹, das heißt, sie waren keine Logarithmen zur Basis e. Diese Logarithmen hatten auch keinen expliziten Bezug zu Exponenten. Na-

pier ordnete der Zahl 10000000 den Logarithmus 0 und der Zahl 9999999 den Logarithmus 1 zu. Indem er wiederholt mit 9999999/10000000 multiplizierte, konstruierte er eine Folge von Zahlen, deren Logarithmen 2, 3 und so weiter waren.
Im Anhang zu der englischen Übersetzung von Napiers Werk findet sich eine Tafel mit natürlichen Logarithmen, die vermutlich von William Oughtred stammt, der auch den Rechenschieber (sowohl in gerader als auch in kreisförmiger Form) erfunden hat.
John Wallis (im Jahre 1685) und Johann Bernoulli (im Jahre 1694) haben dann erkannt, daß man Logarithmen als Exponenten interpretieren kann.

## 12345679

| | | |
|---|---|---|
| 12345679 × 1 = | 12345679 | (es fehlt die Ziffer acht) |
| 12345679 × 2 = | 24691358 | (es fehlt die Ziffer sieben) |
| 12345679 × 3 = | 37037037 | |
| 12345679 × 4 = | 49382716 | (es fehlt die Ziffer fünf) |
| 12345679 × 5 = | 61728395 | (es fehlt die Ziffer vier) |
| 12345679 × 6 = | 74074074 | |
| 12345679 × 7 = | 86419753 | (es fehlt die Ziffer zwei) |
| 12345679 × 8 = | 98765432 | (es fehlt die Ziffer eins) |
| 12345679 × 9 = | 111111111 | |

Man beachte, daß man die Ziffernfolge eins bis neun – jeweils unter Auslassung einer Ziffer – in jeder der obigen Zahlen wiederfinden kann, wenn man entsprechende Sprünge macht. So läßt sich 61728395 folgendermaßen lesen:

1 2 3 5
und noch einmal von vorne 6 7 8 9.

## 12960000

Das ist die zweite geometrische Zahl von Platon, die nach Auffassung vieler Kommentatoren mit der Zahl 216 zusammenhängt. Die obige Zahl wurde auf verschiedene Art und Weise hergeleitet, so beispielsweise als $60^4$ und als 4800 × 2700.
Es gab eine Überlieferung, die Platon ein sogenanntes Großes Jahr zuschrieb. Allerdings hat Platon selbst nie davon gesprochen. Das Große Jahr soll aus 36000 gewöhnlichen Jahren bestehen. Nimmt man jedes

gewöhnliche Jahr mit 360 Tagen an, so enthalten 36000 Jahre 12960000 Tage.

**24678050**

Diese Zahl ist gleich der Summe $2^8 + 4^8 + 6^8 + 7^8 + 8^8 + 0^8 + 5^8 + 0^8$.

**33550336**

Gleich $2^{12}(2^{13} - 1)$.
Das ist die fünfte vollkommene Zahl. Von ihr wird ohne Nennung eines Entdeckers erstmals in einem mittelalterlichen Manuskript berichtet.

**60996100**

Diese Zahl ist gleich $7810^2$. Sie ist eine Quadratzahl, die aus den beiden aufeinanderfolgenden Zahlen 6099 und 6100 zusammengesetzt ist.
Die einzigen anderen achtstelligen Zahlen mit dieser Eigenschaft sind $9079^2 = 82428241$ und $9901^2 = 98029801$ (Kraitchik).

**87539319**

Das ist die kleinste Zahl, die sich auf drei verschiedene Weisen als Summe von zwei Kuben darstellen läßt:
$87539 = 167^3 + 436^3 = 228^3 + 423^3 = 255^3 + 414^3$.

**123456789**

Multipliziert man diese Zahl mit 8, so ergibt sich 987654312 (wobei die letzten beiden Ziffern vertauscht sind). Diese Zahl bleibt auch gesamtziffrig, wenn man sie mit 2, 4, 5 und 7 multipliziert.
Es gibt einige gesamtziffrige Zahlen (unter Einschluß der Ziffer Null), die diese Eigenschaft behalten, wenn man sie mit bestimmten Zahlen multipliziert. Ein Beispiel hierfür ist 1098765432, wenn man sie mit 2, 4, 5 oder 7 multipliziert.

**139854276**

Gleich $11826^2$.
Die kleinste gesamtziffrige Quadratzahl.

**160426514**

Die kleinste Zahl, die man auf zwei Weisen als Summe von drei sechsten Potenzen darstellen kann:
$160426514 = 3^6 + 19^6 + 22^6 = 10^6 + 15^6 + 23^6$.
Es ist bekannt, daß unendlich viele Zahlen diese Eigenschaft besitzen.

**253747889**

Der erste Fall der Fermatschen Vermutung, in dem der Exponent $p$ die Zahlen $x$, $y$ und $z$ nicht teilt, ist für alle Werte von $p$ bis zu 253747889 gelöst worden.

**272400600**

Die Summe der harmonischen Reihe $1 + 1/2 + 1/3 + 1/4 + 1/5 + \ldots$ strebt gegen unendlich, allerdings ungewöhnlich langsam.
Sie braucht 272400600 Glieder, um den Wert zwanzig zu überschreiten.
Genaugenommen beträgt die Summe der ersten 272400599 Glieder ungefähr 19,9999999979... Addiert man hierzu den Wert 1/272400600, so erhält man die Summe 20,0000000016.
Man braucht $1{,}5 \times 10^{43}$ Glieder, um über 100 zu kommen.

*Literatur:* R. P. Boas und J. W. Wrench, in: *American Mathematics Monthly*, Band 78, 1971.

**275305224**

Die Anzahl der magischen Quadrate der Ordnung fünf, die im Jahre 1973 endgültig von Richard Schroeppel mit Computerunterstützung bestimmt werden konnte. Dabei wurden Drehungen und Spiegelungen nicht berücksichtigt.

*Literatur:* Martin Gardner, in: *Scientific American*, Januar 1976.

**0 429 315 678**

Diese gesamtziffrige Zahl ist gleich drei gesamtziffrigen Produkten: $04\,926 \times 87\,153$, $07\,923 \times 54\,186$ und $15\,846 \times 27\,093$.

*Literatur:* A. Gouffe, in: *Journal of Recreational Mathematics*, Band 6.

**438 579 088**

Diese Zahl ist gleich der folgenden Summe:
$4^4 + 3^3 + 8^8 + 5^5 + 7^7 + 9^9 + 0^0 + 8^8 + 8^8$.
Die einzige weitere Zahl mit dieser Eigenschaft ist 3435.

**455 052 511**

Das ist die Anzahl der Primzahlen im Bereich bis $10^{10}$. Sie wurde von D. H. Lehmer berechnet.
In der folgenden Tabelle findet man die Anzahlen der Primzahlen in Zehnerpotenzschritten bis $10^{10}$:

| | |
|---|---|
| 10 | 4 |
| $10^2$ | 25 |
| $10^3$ | 168 |
| $10^4$ | 1 229 |
| $10^5$ | 9 592 |
| $10^6$ | 78 498 |
| $10^7$ | 664 579 |
| $10^8$ | 5 761 455 |
| $10^9$ | 50 847 534 |
| $10^{10}$ | 455 052 511 |

**635 318 657**

Das ist die kleinste derzeit bekannte Zahl, die sich auf zweierlei Weisen als Summe von zwei vierten Potenzen darstellen läßt: $59^4 + 158^4$ und $133^4 + 134^4$. Sie wurde von Euler gefunden.

**739 391 133**

Das ist im Dezimalsystem die größte Primzahl mit der folgenden Eigenschaft: Nimmt man jeweils die letzte Ziffer von dieser Zahl weg, so ergeben sich immer wieder Primzahlen. Die Folge dieser Primzahlen hört mit 739, 73, 7 auf.

**923 187 456**

Die größte gesamtziffrige Quadratzahl unter Ausschluß der Null. Sie ist gleich $30\,384^2$.

**987 654 321**

Multipliziert man diese Zahl mit 1, 2, 4, 5, 7 oder 9, so ist das Resultat wieder gesamtziffrig (wobei die Null eingeschlossen sein soll).
Man beachte auch: 987 654 321 − 123 456 789 = 864 197 532.

**1 111 111 111**

Die kleinste zehnstellige Kaprekar-Zahl. Deren Quadrat sieht so aus: 1 234 567 900 987 654 321.

**1 234 567 891**

Eine der insgesamt drei bekannten Primzahlen, deren Ziffern in aufsteigender Weise angeordnet sind, wobei mit eins begonnen und von neun zu eins oder – falls erforderlich – null zurückgegangen wird. Die beiden anderen Zahlen mit dieser Eigenschaft sind: 12 345 678 901 234 567 891 und 1 234 567 891 234 567 891 234 567 891.

*Literatur:* Joseph Madachy, in: *Journal of Recreational Mathematics*, Band 10.

**1375298099**

Diese Zahl läßt sich zweifach als Summe von drei fünften Potenzen darstellen:

$24^5 + 28^5 + 67^5 = 3^5 + 54^5 + 62^5 = 1375298099$ (R. Alter).

Es ist nicht bekannt, ob es eine Zahl gibt, die sich auf mehr als eine Art und Weise als Summe zweier fünfter Potenzen darstellen läßt.

**1533776801**

Die dritte Zahl, die zugleich eine Dreiecks-, Fünfecks- und Sechseckszahl ist.

**1787109376**

Eine der beiden zehnstelligen automorphen Zahlen, was bedeutet, daß das Quadrat dieser Zahl mit den Ziffern ... 1787109376 endet.

Daraus folgt, daß jede Zahl, die aus dieser Zahl durch Wegnehmen der führenden Ziffer entsteht, ebenfalls automorph sein wird. Beispielsweise endet $109376^2$ mit den Ziffern ... 109376.

Die andere zehnstellige automorphe Zahl ist 8212890625.

**1857437604**

Das ist eine Quadratzahl (gleich $43098^2$), deren Teiler sich zu einem Kubus (nämlich $1729^3$) aufsummieren (Bieler).

**1979339339**

Die größte Primzahl mit der folgenden Eigenschaft: Nimmt man von ihr Ziffern am rechten Ende weg, so ergeben sich immer wieder Primzahlen. Dabei soll eins als Primzahl gelten.

Eine Zahl, die nur wenig kleiner ist und dieselbe Eigenschaft besitzt, ist 1979339333.

**2236133941**

Das erste Glied einer Folge von sechzehn Primzahlen, die in arithmetischer Progression stehen. Die Differenz zweier aufeinanderfolgender Glieder ist jeweils 223092870.

**2438195760**

Das ist eine gesamtziffrige Zahl, die zudem noch durch alle Zahlen zwischen zwei und achtzehn teilbar ist. Von Kordemsky stammen noch drei weitere Beispiele mit dieser Eigenschaft: 4753869120, 3785942160 und 4867391520.

**3430751869**

Die zweitlängste bekannte Folge von Primzahlen, die in arithmetischer Progression stehen, und die siebzehn Zahlen umfaßt, beginnt mit dieser Zahl. Die Differenz zweier aufeinanderfolgender Glieder beträgt stets 87297210. Die letzte Primzahl in dieser Folge ist 4827507229 (Guy).

**4294967297**

Die fünfte Fermatsche Zahl, die gleich $2^{2^5} + 1$ ist. Euler bewies, daß diese Zahl zusammengesetzt ist, und widerlegte so die Vermutung Fermats, alle Zahlen von der Form $2^{2^n}$ seien prim.
Es gilt: $4679967297 = 641 \times 6700417$.

**4679307774**

Die einzige bekannte zehnstellige Zahl, die gleich der Summe der zehnten Potenzen ihrer Ziffern ist. Harry A. Nelson hat diese Zahl entdeckt (Madachy).

**8212890625**

Eine der beiden automorphen zehnstelligen Zahlen. Die andere ist 1787109376.

**9814072356**

Die größte Quadratzahl, die gesamtziffrig unter Einschluß der Null ist. Es ist $9814072356 = 99066^2$.

**9876543210**

Subtrahiert man von dieser Zahl 0123456789, so erhält man 9753086421. Diese drei Zahlen sind alle gesamtziffrig unter Einschluß von Null.

**10662526601**

Der einzige bekannte palindromische Kubus, dessen Wurzel nicht palindromisch ist. Es gilt: $10662526601 = 2201^3$.
Alle palindromischen vierten Potenzen, die man kennt, besitzen vierte Wurzeln, die ebenfalls palindromisch sind. Dasselbe gilt für die palindromischen Potenzen.

**15527402881**

Das ist die einzige bekannte vierte Potenz, die sich als Summe von nur vier vierten Potenzen darstellen läßt.
Es ist: $353^4 = 30^4 + 120^4 + 272^4 + 315^4$.

**18465126293**

Die Anzahl der Primzahlen, die die Form $4n+3$ haben, übertrifft die Anzahl der Primzahlen der Form $4n+1$ bis in den Bereich der ersten Milliarden.

Der sechste und größte bekannte Bereich, für den das nicht der Fall ist, erstreckt sich von 18465126293 bis hin zu 19033524538.

**36363636364**

Das Quadrat 1322314049613223140496 dieser Zahl besteht aus zwei identischen Hälften.

*Literatur: Journal of Recreational Mathematics,* Band 14.

**61917364224**

Diese Zahl ist gleich $144^5$ und läßt sich als Summe von vier fünften Potenzen darstellen (vergleiche 144).

**100895598169**

In einem Brief an Fermat warf Mersenne die Frage auf, welches Verhältnis die Zahl

$2^{36} \times 3^8 \times 5^5 \times 11 \times 13^2 \times 19 \times 31^2 \times 43 \times 61 \times 83 \times 223 \times 331 \times 379 \times 601 \times 757 \times 1201 \times 7019 \times 823543 \times 616318177 \times 100895598169$

zur Summe ihrer echten Teiler habe.

Fermat antwortete, daß sich die Teiler zum Sechsfachen der Ausgangszahlen aufsummieren und daß die Primfaktoren der letzten Zahl 100895598169 die Zahlen 112303 und 898423 seien. Das war eine Großtat im Faktorisieren von Zahlen, insbesondere in Anbetracht der Tatsache, daß damals keine Computer verfügbar waren.

Es sind mehrere Erklärungsansätze vorgeschlagen worden, wie Fermat zu diesem Resultat gelangt sein könnte. Die Mathematiker nachfolgender Generationen haben Verfahren entwickelt, mit deren Hilfe man die beiden Faktoren finden kann. Aber keine Erklärung überzeugt vollständig.

**107928278317**

*Primzahlen in arithmetischer Progression*

Diese Primzahl ist das erste Glied einer Folge von achtzehn Primzahlen, die in arithmetischer Progression stehen und die somit den ›Rekord von siebzehn Gliedern brechen, den Weintraub aufgestellt hat‹ (Paul Pritchard).
Die Zahlen der Form $107928278317 + k \times 9922782870$ sind für alle Werte von $k$ zwischen null und siebzehn prim.
Stehen $k$ Primzahlen in einer arithmetischen Progression, so besitzen sie eine konstante Differenz, die durch das Produkt aller Primzahlen, die kleiner/gleich $k$ sind, teilbar ist. Eine Ausnahme hiervon bildet nur der Fall, daß das erste Folgenglied selbst die $k$-te Primzahl ist.
Im obigen Beispiel gilt:
$9922782870 = 2 \times 3^2 \times 5 \times 7 \times 11^2 \times 13 \times 17 \times 19 \times 31$.

*Literatur:* P. A. Pritchard, »*Eighteen Primes in Arithmetical Progression*«, in: *Mathematics of Computation*, Band 41.

**158753389900**

Der Kehrwert dieser Zahl drückt die Wahrscheinlichkeit aus, mit der man im Bridge eine komplette Straße bekommt.

**608981813029**

Für alle kleinen natürlichen Zahlen $N$ gilt, daß die Anzahl der Primzahlen, die die Form $3n+2$ haben und die kleiner als $N$ sind, kleiner ist als die Anzahl der Primzahlen der Form $3n+1$, die kleiner sind als $N$.
Andererseits ist bekannt, daß es unendlich viele Werte von $N$ gibt, so daß die Primzahlen $3n+1$ in der Mehrzahl sind.
Wie groß muß $N$ sein, daß dieser Fall eintritt?
(Die Antwort auf diese Frage wurde Weihnachten 1976 von Carter Bays und Richard H. Hudson entdeckt. Vielleicht stand ihnen nur an diesem Tag genügend Rechenzeit zur Verfügung?)
Der fragliche Bereich erstreckt sich von 608981813029 bis 610968213796.

*Literatur:* »*Details of the First Region of Integers x with $\pi_{3,2}(x)$ less than $\pi_{3,2}(x)$*«, in: *Mathematics of Computation*, Band 32.

**619737131179**

Die größte Zahl mit der Eigenschaft, daß jedes Paar von aufeinanderfolgenden Ziffern eine Primzahl bildet, die alle verschieden voneinander sind.

**637832238736**

Die zweitgrößte palindromische Quadratzahl, die eine gerade Anzahl von Ziffern besitzt.

**1000000000061** (13 Stellen)

Diese Zahl bildet zusammen mit 1000000000063 ein Paar von Primzahlzwillingen, das man sich einfach merken kann. Allerdings ist dieses Paar bei weitem nicht das größte Paar, das man kennt.

**1002000000000** (13 Stellen)

Nach Plutarch hat Xenokrates behauptet, diese Zahl sei gleich der Anzahl der Silben, die man im Griechischen mit Hilfe der Buchstaben bilden könne.
Sollte diese Behauptung wahr sein, so hätten wir hier den ersten Versuch vor uns, ein schwieriges kombinatorisches Problem zu lösen.

**22222222222222** (14 Stellen)

Eine Kaprekar-Zahl.

**555555555555555** (15 Stellen)

Auch eine Kaprekar-Zahl.

**0588235294117647** (15 Stellen)

Die Periode von 1/17. Da diese maximale Länge (sechzehn Ziffern, die Null mit gerechnet) hat, stimmen ihre Eigenschaften mit denen von 1/7 überein. So beginnt beispielsweise die Periode von 2/17 mit 117647...

**11000001446613353** (17 Stellen)

Die 653 Zahlen, die auf diese Primzahl folgen, sind alle zusammengesetzt. Die nächste Primzahl ist 11000001446614007.
Zwischen den Primzahlen 2614941710559 und 2614941711211 liegen 651 zusammengesetzte Zahlen. Das ist die größte vorangehende Lücke.

*Literatur:* S. Weintraub, in: *Mathematics of Computation,* Band 36.

**052631578947368421** (17 Stellen)

Die Periode, die sich ergibt, wenn man 1/19 als Dezimalbruch schreibt. Man kann diese Ziffernfolge durch fortgesetzte rückwärts gerichtete Addition der Potenzen von zwei finden:

```
            1
           2
          4
         8
       16
      32
     64
   128
  256
  ...

.......947368421
```

Besitzt die Periode eines Dezimalbruches maximale Länge – wie im vorliegenden Fall –, so kann man immer die Dezimalbrüche von $1/p$, $2/p$, ... $(p-1)/p$ quadratförmig auflisten, wobei die Summe der Spalten und der Zeilen übereinstimmen.

1/19 hat die seltsame Eigenschaft, daß in seinem Falle auch entlang der Diagonalen die Summe 81 ergibt, weshalb man 1/19 mit Recht als magisch bezeichnen darf.

*Literatur:* W. A. Andrews, »*Magic Squares and Cubes*«, New York, 1960.

| | | | | | | | | | | | | | | | | | | |
|---|---|---|---|---|---|---|---|---|---|---|---|---|---|---|---|---|---|---|
| 1/19 | ,0 | 5 | 2 | 6 | 3 | 1 | 5 | 7 | 8 | 9 | 4 | 7 | 3 | 6 | 8 | 4 | 2 | 1 |
| 2/19 | ,1 | 0 | 5 | 2 | 6 | 3 | 1 | 5 | 7 | 8 | 9 | 4 | 7 | 3 | 6 | 8 | 4 | 2 |
| 3/19 | ,1 | 5 | 7 | 8 | 9 | 4 | 7 | 3 | 6 | 8 | 4 | 2 | 1 | 0 | 5 | 2 | 6 | 3 |
| 4/19 | ,2 | 1 | 0 | 5 | 2 | 6 | 3 | 1 | 5 | 7 | 8 | 9 | 4 | 7 | 3 | 6 | 8 | 4 |
| 5/19 | ,2 | 6 | 3 | 1 | 5 | 7 | 8 | 9 | 4 | 7 | 3 | 6 | 8 | 4 | 2 | 1 | 0 | 5 |
| 6/19 | ,3 | 1 | 5 | 7 | 8 | 9 | 4 | 7 | 3 | 6 | 8 | 4 | 2 | 1 | 0 | 5 | 2 | 6 |
| 7/19 | ,3 | 6 | 8 | 4 | 2 | 1 | 0 | 5 | 2 | 6 | 3 | 1 | 5 | 7 | 8 | 9 | 4 | 7 |
| 8/19 | ,4 | 2 | 1 | 0 | 5 | 2 | 6 | 3 | 1 | 5 | 7 | 8 | 9 | 4 | 7 | 3 | 6 | 8 |
| 9/19 | ,4 | 7 | 3 | 6 | 8 | 4 | 2 | 1 | 0 | 5 | 2 | 6 | 3 | 1 | 5 | 7 | 8 | 9 |
| 10/19 | ,5 | 2 | 6 | 3 | 1 | 5 | 7 | 8 | 9 | 4 | 7 | 3 | 6 | 8 | 4 | 2 | 1 | 0 |
| 11/19 | ,5 | 7 | 8 | 9 | 4 | 7 | 3 | 6 | 8 | 4 | 2 | 1 | 0 | 5 | 2 | 6 | 3 | 1 |
| 12/19 | ,6 | 3 | 1 | 5 | 7 | 8 | 9 | 4 | 7 | 3 | 6 | 8 | 4 | 2 | 1 | 0 | 5 | 2 |
| 13/19 | ,6 | 8 | 4 | 2 | 1 | 0 | 5 | 2 | 6 | 3 | 1 | 5 | 7 | 8 | 9 | 4 | 7 | 3 |
| 14/19 | ,7 | 3 | 6 | 8 | 4 | 2 | 1 | 0 | 5 | 2 | 6 | 3 | 1 | 5 | 7 | 8 | 9 | 4 |
| 15/19 | ,7 | 8 | 9 | 4 | 7 | 3 | 6 | 8 | 4 | 2 | 1 | 0 | 5 | 2 | 6 | 3 | 1 | 5 |
| 16/19 | ,8 | 4 | 2 | 1 | 0 | 5 | 2 | 6 | 3 | 1 | 5 | 7 | 8 | 9 | 4 | 7 | 3 | 6 |
| 17/19 | ,8 | 9 | 4 | 7 | 3 | 6 | 8 | 4 | 2 | 1 | 0 | 5 | 2 | 6 | 3 | 1 | 5 | 7 |
| 18/19 | ,9 | 4 | 7 | 3 | 6 | 8 | 4 | 2 | 1 | 0 | 5 | 2 | 6 | 3 | 1 | 5 | 7 | 8 |

## $2^{58}+1$ (18 Stellen)

Diese Zahl wurde im Jahre 1869 von Landry faktorisiert. Er schrieb dazu:

›Keine unserer Faktorisierungen von Zahlen der Form $2^n+1$ hat uns soviel Schwierigkeiten und Arbeit gemacht wie diejenige von $2^{58}+1$. Diese Zahl ist durch fünf teilbar. Kürzen wir diesen Faktor heraus, so bleibt eine siebzehnstellige Zahl übrig, deren Faktoren beide jeweils neun Stellen

besitzen. Sollten wir uns geirrt haben, so wird kaum jemand bereit sein, genügend Geduld und Fleiß aufzubringen, alle unsere Rechnungen zu wiederholen, und es könnte sein, daß viele Jahre vergehen, ehe jemand anderes die Faktorisierung von $2^{58}+1$ findet.‹
Weniger als zehn Jahre später wies Aurifeuille darauf hin, daß man $2^{58}+1$ algebraisch faktorisieren kann als $(2^{29}-2^{15}+1)(2^{29}+2^{15}+1)$.
Lucas verallgemeinerte dieses Resultat zu der Formel
$2^{4n+2}+1=(2^{2n+1}-2^{n+1}+1)(2^{2n+1}+2^{n+1}+1)$.
Derartige Faktorisierungen werden heute nach Aurifeuille benannt.
*Literatur:* Scripta Mathematica, Band 128.

## 1111111111111111111 (19 Stellen)

*Repunitzahlen*

Eine Zahl, deren Ziffern sämtlich gleich eins sind, wird Repunitzahl genannt. Diese Bezeichnung wurde von Albert Beiler eingeführt; sie ist eine Verkürzung von ›*repeated unit*‹ (wiederholte Einheit). Die Repunitzahl, die aus $n$ Einsen besteht, wird mit $R_n$ symbolisiert.
Also ist $R_1=1$ und $R_2=11$. Damit ist $R_2$ die kleinste Repunitprimzahl. Die zweitkleinste Repunitprimzahl ist $R_{19}$, welche mit der oben stehenden Zahl identisch ist, wie man durch sorgfältiges Nachzählen der Einsen prüfen kann. Diese Zahl wurde im Jahre 1918 von einem Leser der Rätselecke gefunden, die H. E. Dudeney in einer Zeitung betreute.
Die einzigen anderen bekannten Repunitprimzahlen sind $R_{23}$ und $R_{317}$ sowie (sehr wahrscheinlich) $R_{1031}$. $R_{317}$ wurde 1978 von H. C. Williams als Primzahl nachgewiesen, nachdem John Brillhart zuvor fälschlicherweise behauptet hatte, diese Zahl sei zusammengesetzt.
Williams arbeitet gegenwärtig an einem Beweis dafür, daß $R_{1031}$ prim ist, nachdem wahrscheinlichkeitstheoretische Tests gezeigt haben, daß es sich hierbei ›mit an Sicherheit grenzender Wahrscheinlichkeit‹ um eine Primzahl handelt. Allerdings ist das noch keine vollkommene Sicherheit, wie man sie in der Mathematik erwartet.
Repunitzahlen hängen auf einfache Art und Weise mit den Potenzen von zehn zusammen: $R_n=(10^n-1)/9$. Aus diesem Grunde hängt das Problem zu entscheiden, welche Repunitzahlen prim sind (beziehungsweise deren Faktoren zu finden), eng mit dem analogen Problem für Mersenne-Zahlen $(2^n-1)$ zusammen.
Eine Aufstellung wie Tabelle 6 (siehe Anhang) wurde erstmals 1874 von William Shanks, der auch $\pi$ berechnet hat, veröffentlicht. Diese sollte

eine Hilfe sein, mit der man aufgrund der Periode des Kehrwertes einer Zahl herausfinden kann, ob eine Zahl prim ist oder nicht.
Alle Repunitzahlen zwischen $R_1$ und $R_{66}$ sind vollständig in Primzahlen zerlegt worden. $R_{67}$, $R_{71}$ und $R_{79}$ sind die ersten Repunitzahlen, über deren Faktorisierung noch keine Klarheit besteht. $R_{67}$ ist durch 493121 teilbar. Von $R_{71}$ kennt man noch keine Faktoren, $R_{79}$ besitzt den Faktor $317 \times 6163 \times 10271 \times 307627$.
Gelegentlich treten eigenartige Muster in den Faktoren auf:
$R_{38} = 11 \times 909090909090909091 \times 1111111111111111111$.
Dieses Muster ergibt sich auf einfache Art und Weise. Es ist $38 = 2 \times 19$. Deshalb gilt:
$10000000000000000001 \times 1111111111111111111 = R_{38}$.
Weil neunzehn eine ungerade Zahl ist, ergibt sich:
$10000000000000000001 = 11 \times 909090909090909091$.
Dieses und ähnliche Muster kann man dazu verwenden, alle Repunitzahlen mit geradem Index zu zerlegen. Die Frage ist nur: Sind diese gigantischen Faktoren selbst Primzahlen oder nicht?
Das hängt von der Anzahl der Stellen ab. Der Zwerg 9901 ist ein Faktor der Zahl $R_{10}$, die Zahl 909091 teilt die Zahl $R_{14}$ und 909090909090909090909090909091 teilt $R_{62}$.
Eine Variation hiervon ist das folgende Muster: 9901 teilt $R_{12}$, und 9901 sowie 909091 teilen die Zahl $R_{14}$, während die Zahl $R_{39}$ von 900900900900990990990991 geteilt wird.
Der Zusammenhang zu Kehrwerten in Dezimalschreibweise liegt in der folgenden Tatsache: Die Periode von 1/7, das wir hier als Beispiel wählen wollen, ist gleich der Ziffernfolge 142857. Deshalb gilt $142857 \times 7 = 999999 = 9 \times 111111 = 9 \times R_6$.
Geht man von der Tabelle aus, so ist sieben ein Faktor von $R_6$. Seine Periode ist deshalb neunmal das Produkt der anderen Faktoren: $9 \times 3 \times 11 \times 13 \times 37 = 142857$.
Es gibt überraschend viele große Zahlen, deren Kehrwerte erstaunlich kurze Perioden haben. So ist die Periode von 4649 unter Absehung von den führenden Nullen nur $3 \times 3 \times 239 = 2151$ Ziffern lang. Weil 4649 ein Teiler von $R_7$ ist, sieht 1/4649 so aus: 0,00021510002151...
Repunitzahlen haben noch andere Eigenschaften, beispielsweise sind sie niemals Quadratzahlen. Es ist nicht bekannt, ob es eine Repunitzahl gibt, die ein Kubus ist, noch weiß man, ob es unendlich viele Repunitprimzahlen gibt.
$R_p$ und $R_q$ sind teilerfremd, wenn $p$ und $q$ teilerfremd sind.
Bezüglich der Basis Neun sind alle Repunitzahlen Dreieckszahlen (G. W. Wishard).

Die Quadrate von Repunitzahlen ergeben ansprechende Muster:

$$1111^2 = 1234321$$

$$1111111111111^2 = 12345678900987654321.$$

J. A. H. Hunter erwähnt, daß das nächste Quadrat, das mit denselben Ziffern endet, so aussieht:

$$2380642361^2 = 5667458050987654321.$$

**18446744073709551615** (20 Stellen)

Gleich $2^{64}-1$.

Der Legende nach soll der indische König Shirham dem Sissa ben Dahir ein Geschenk angeboten haben, um diesen für die Erfindung des Schachspieles zu belohnen. Die listige Antwort von Sissa wird von Kasner und Newman folgendermaßen geschildert: *

»›Majestät, geben Sie mir ein Weizenkorn, das ich auf das erste Feld legen will, zwei für das zweite Feld, vier Weizenkörner für das dritte, acht Körner für das vierte und so weiter. Laß mich, o König, alle vierundsechzig Felder des Schachspieles auf diese Weise bedecken.‹

›Und das ist alles, was du dir wünschst, du einfältiger Sissa?‹ fragte der König.

›O Herr‹, antwortete Sissa, ›ich habe mehr Weizen verlangt, als es in deinem ganzen Königreich gibt, sogar mehr, als es in der ganzen Welt gibt. Die von mir gewünschte Menge würde ausreichen, um die gesamte Erdoberfläche mit einer Weizenschicht zu bedecken, die eine Zwanzigstel Elle dick ist.‹«

Der zwanzigste Teil einer Elle ist ungefähr drei Zentimeter groß. Sissa verlangte $2^{64}-1$ Weizenkörner insgesamt. Zufällig ist das gleich der Anzahl von Zügen, welche die Priester des Tempels von Benares brauchen, um gemäß der Legende die goldenen Scheiben des Turmes von Hanoi umzulegen.

**43252003274489856000** (20 Stellen)

Gleich $\dfrac{8! \times 12! \times 3^8 \times 2^{12}}{2 \times 3 \times 2}$.

Das ist die Gesamtzahl von Positionen, die auf dem Original-Rubickwürfel der Abmessung drei auf drei auf drei auftreten können.

* »*Mathematics and the Imagination*«, Bell, 1959.

**109 418 989 131 512 359 209** (21 Stellen)

Diese Zahl ist gleich $9^{21}$. Zugleich ist sie die größte *n*-stellige Zahl, die eine *n*-te Potenz ist (Friedlander).

**$2^{67}-1$** (21 Stellen)

Die 67. Mersenne-Zahl, von der Mersenne annahm, sie sei eine Primzahl. F. N. Cole hat im Jahre 1903 bewiesen, daß diese Zahl zusammengesetzt ist.
E. T. Bell schreibt hierzu: *
»Das Programm des Oktobertreffens der *American Mathematical Society* im Oktober 1903 enthielt einen Vortrag von Cole, dem dieser den bescheidenen Titel ›*On the Factorisation of Large Numbers*‹ (Über die Faktorisierung großer Zahlen) gegeben hatte. Als der Vorsitzende den Vortrag von Cole aufrief, trat dieser – der stets ein Mann weniger Worte gewesen ist – an die Tafel und begann, ohne ein Wort zu sagen, den Wert von zwei hoch siebenundsechzig auszurechnen. Dann zog er sorgfältig eins ab. Wiederum ohne ein Wort zu sagen, suchte er sich ein freies Plätzchen an der Tafel und fing an, schriftlich die Multiplikation

$$193\,707\,721 \times 761\,838\,257\,287$$

auszuführen.
Die beiden Ergebnisse stimmten überein. Zum ersten und einzigen Mal brach das Publikum einer Versammlung der American Mathematical Society in Applaus aus. Cole nahm seinen Platz wieder ein, ohne irgend etwas zu sagen. Niemand stellte eine Frage.«
Bell fragte später Cole, wie lange er dafür gebraucht habe, diese Faktorisierung zu finden. Cole antwortete: »Drei Jahre, jeden Sonntag.«

**0 434 782 608 695 652 173 913** (21 Stellen)

Die Periode von 1/23, die folglich maximale Länge besitzt.

* »*Mathematics: Queen and Servant of Science*«, London, 1952.

**11111111111111111111111** (23 Stellen)

Die 23. Repunitzahl, aber erst die dritte Repunitprimzahl.

**357686312646216567629137** (24 Stellen)

Die größte Primzahl im Dezimalsystem mit der folgenden Eigenschaft: Nimmt man von vorne beginnend Ziffern von dieser Zahl weg, so entstehen immer wieder Primzahlen. Die Folge dieser Primzahlen endet mit: 9137, 137, 37 und 7. (Null wird hier als führende Ziffer ausgeschlossen, weil es beispielsweise fast sicher beliebig große Primzahlen der Form $10^n + 3$ gibt.)

*Literatur:* I. O. Angell und H. J. Godwin, »*On Truncatable Primes*«, in: *Mathematics of Computation*, Band 31.

**2235197406895366368301560000** (28 Stellen)

Der Kehrwert hiervon ist die Wahrscheinlichkeit, daß alle vier Spieler beim Bridge eine volle Straße bekommen. Martin Gardner hat darauf hingewiesen, daß man viel öfter die Behauptung hört, vier Spieler hätten beim Bridge eine volle Straße bekommen, als daß man hört, zwei hätten eine bekommen. Ersteres ist aber viel unwahrscheinlicher.

**1786772701928802632268715130455793** (34 Stellen)

Die oben genannte Zahl bildet zusammen mit der Zahl 1059683225053915111058165141686995 den Anfang einer verallgemeinerten Fibonacci-Folge, in der jedes Glied zusammengesetzt ist, obwohl die beiden ersten Glieder keinen gemeinsamen Faktor besitzen.
Diese Folge kommt also zustande, indem man diese beiden Startwerte $u_1$ und $u_2$ nimmt und dann die Summen $u_3 = u_1 + u_2$, $u_4 = u_3 + u_2$, $u_5 = u_4 + u_3$ und so weiter bildet.
Das ergibt die kleinste verallgemeinerte Fibonacci-Folge mit der oben genannten Eigenschaft (Guy).

**115 132 219 018 763 992 565 095 597 973 971 522 401** (39 Stellen)

Die größte derzeit bekannte mehrfach-vollkommene Zahl im Dezimalsystem. Sie ist gleich der Summe der 39. Potenzen ihrer Ziffern.

**$2^{127}-1$** (39 Stellen)

Die 127. Mersenne-Zahl.
Lucas behauptete im Jahre 1876 unter Berufung auf neue Methoden, die er angewandt habe, daß
$M_{127} = 170\,141\,183\,460\,469\,231\,731\,687\,303\,715\,884\,105\,727$
eine Primzahl sei. Später kamen ihm einige Zweifel hinsichtlich seines Ergebnisses. Dieses wurde aber 1914 von Fauquembergue bestätigt.
Diese Zahl war die größte bekannte Primzahl in den Jahren zwischen 1876 und 1951. Sie ist die größte Primzahl geblieben, die man ohne die Hilfe von modernen Geräten gefunden hat.

**$180 \times (2^{17}-1)+1$** (41 Stellen)

Die größte (im Juli 1951 gefundene) Primzahl, von J. C. P. Miller und D. J. Wheeler an der Universität Cambridge mit Hilfe ihres EDSAC entdeckt. Die Autoren verwandten einen Test für Zahlen der Form $k \times M_{127}+1$, wobei $M_{127}$ die 127. Mersenne-Zahl ist. Die obige Zahl war die größte Primzahl, die sie fanden.
Im selben Monat konnte A. Ferrier nur mit Hilfe eines Tischrechners nachweisen, daß $(2^{143}+1)/17$ prim ist.

**802 359 150 003 121 605 557 551 380 867 519 560 344 356 971**
(45 Stellen)

Die erste Zahl, die in der größten bekannten Folge von Primzahlen mit dem Bildungsgesetz $p$, $p+2$, $p+6$, $p+8$ auftritt.
*Literatur: Journal of Recreational Mathematics,* Band 14,3.

*Die Sandrechnung*

Archimedes beschreibt in seinem Buch »Die Sandrechnung«, das er Gelon, dem König von Syrakus, widmete, ein eigenes System zur Darstellung großer Zahlen. Archimedes beginnt mit der Myriade, was soviel wie 10000 bedeutete, und zählt dann weiter zu einer Myriade von Myriaden. Diese Zahlen nennt er Zahlen erster Ordnung. Dann nimmt er Myriaden Myriaden (oder modern geschrieben: 100000000) als Einheit für die Zahlen zweiter Ordnung. So fährt er fort, bis er die myriaden-myriadste Ordnung von Zahlen erreicht. Archimedes ist aber keineswegs schon fertig. Alle die konstruierten Zahlen gehören erst zur ersten Periode. Er macht mit seiner gigantischen Konstruktion so lange weiter, bis er »eine myriaden-myriadste Einheit der myriaden-myriadsten Ordnung in der myriaden-myriadsten Periode« erreicht.
Die größte in diesem System darstellbare Zahl schreibt sich: $10^{80\,000\,000\,000\,000\,000}$.
Als nächstes nimmt er sich vor, nicht etwa die Anzahl der Sandkörner an der Meeresküste oder auf der ganzen Erde zu berechnen, sondern die Anzahl von Sandkörnern, mit der man das Weltall ausfüllen kann.
Unter der Annahme, daß eine Mohnblüte nicht mehr als 10000 Sandkörner faßt und daß deren Durchmesser nicht kleiner als 1/40 der Breite eines Fingers beträgt sowie den weiteren Annahmen, daß die Fixsternsphäre – die für Archimedes das Ende des Universums bedeutete – kleiner als das $10^7$fache der als kreisförmig vorgestellten Sonnenbahn sei, fand er für die Anzahl von Sandkörnern, mit denen man das Universum ausfüllen kann, einen Wert, der in moderner Schreibweise kleiner als $10^{51}$ ist.
Zum Vergleich: Als Edward Kasner und James Newman die Zahl Googol ($= 10^{100}$) diskutierten, schätzten sie die Anzahl der Sandkörner auf Coney Island auf $10^{20}$.
Diese außerordentliche Leistung von Archimedes ist in der griechischen Mathematik einmalig. Im allgemeinen interessierten sich die Griechen außerhalb geometrischer Kontexte nicht für Zahlen. Im Unterschied hierzu haben im Osten die indischen Mathematiker, die ja Buddhisten waren, große ›Türme‹ von Zahlen konstruiert, die mit den Vielfachen von 10 oder 100 anwuchsen und mit denen sie die »Atome in den dreitausend Tausend Welten, die es im Universum« gibt, zählen wollten. Vielleicht wurde Archimedes zu seinem System von den Indern angeregt.

*Literatur:* T. L. Heath, »*Works of Archimedes*«, Dover, New York (ohne Jahreszahl).

## $10^{63}$ (64 Stellen)

Eine Vingintilliarde. Manche Autoren meinen, dies sei die größte Zahl, die Archimedes in seiner ›Sandrechnung‹ betrachtet habe.
Die Bezeichnung ergibt sich aus der Beziehung $63 = 20 \times 3 + 3$, wobei ›+ 3‹ im Deutschen die ›illiarde‹ ergibt.
Analog heißt $10^{103}$ eine Centilliarde. Durch geeignete Kombinationen von lateinisch klingenden Wörtern lassen sich noch größere Zahlen benennen. So wäre eine Milli-Millimillion gleich $10^{3000000}$.
Milli-Millimillion gehört sicherlich zu den am wenigsten gebräuchlichen Wörtern der deutschen Sprache.
In den oben angesprochenen indischen Werken bedeutete ›koti‹ hunderthunderttausend, und hundert-hunderttausend koti hießen ›pakoti‹. So ging das weiter bis zu ›asankheyeya‹, was soviel wie $10^{140}$ meinte.

## $2^{229} - 1$ (69 Stellen)

Euler hat bewiesen, daß $2^{31} - 1$ prim ist. Die Mersenne-Zahlen $M_{32}$ bis $M_{257}$ – das ist der größte Wert, von dem Mersenne behauptet hat, er sei eine Primzahl – wurden endgültig erst im Jahre 1947 von H. S. Uhler mit Hilfe eines Tischrechners untersucht. Er bewies, daß alle Mersenne-Zahlen aus dem fraglichen Bereich außer $M_{157}$, $M_{167}$, $M_{199}$, $M_{227}$ und $M_{229}$ zusammengesetzt sind.
Die nächste Mersenne-Zahl, die prim ist, findet sich in $2^{521} - 1$. Uhler hat bemerkt, daß er zu Beginn seiner Arbeit keine Ahnung davon hatte, wie weit diese Mersennesche Primzahl entfernt war.

## $2^{257} - 1$ (78 Stellen)

Mersenne hatte vermutet, diese Zahl sei prim. Im Jahre 1922 hat M. Kraitchik bewiesen, daß sie zusammengesetzt ist, allerdings ohne explizit Faktoren angeben zu können.

*Das Faktorisieren von großen zufälligen Zahlen*

Wie groß darf eine zufällig ausgewählte Zahl sein, daß man sie mit einem vertretbaren Zeitaufwand (ein paar Stunden oder Tage) noch faktorisieren kann?
Im Jahre 1659 erschien eine Tafel von Johann Rahn mit den Faktoren der Zahlen bis 24000.
J. P. Kulik (1773–1863) verbrachte zwanzig Jahre seines Lebens damit, eine Faktorentafel der Zahlen bis 100000000 aufzustellen. Das war eine Tafel mit höchstens achtstelligen Zahlen. Jede zusätzliche Stelle bedeutet rund zehnmal mehr Zahlen, die in Betracht zu ziehen sind. Mit jeder zusätzlichen Stelle nimmt die Zeit, die man braucht, um die Faktoren einer Zahl ohne besondere Gesetzmäßigkeit zu finden, um ein Mehrfaches zu. Nur Zahlen mit einer speziellen Form, wie die Mersenne-Zahlen $2^n - 1$ und die Fermatschen Zahlen $2^{2^n} + 1$, lassen sich bis zu wesentlich größeren Werten hin testen.
Noch im Jahre 1943 schrieb ein Autor: »... Im Falle von Zahlen, die fünfzehn oder mehr Stellen haben, würde ein Primzahltest Jahre dauern, selbst dann, wenn wir alle bekannten Rechenvorteile ausnützen würden.«
Die besten damals bekannten Hilfsmittel umfaßten mechanische Tischrechner und das elektromechanische Sieb von Lehmer, aber noch keine elektronischen Computer. Im Jahre 1974 waren effiziente Computer leicht zur Hand und auch wirksamere Tests, weshalb man mit Leichtigkeit Zahlen mit zwanzig bis fünfundzwanzig Stellen testen konnte.
Adleman und Runely haben 1980 einen Test entwickelt, der die Primzahleigenschaft einer zufälligen Zahl mit bis zu hundert Stellen in vier bis zwölf Stunden entscheidet.
Cohen und Lenstra gelang es, diesen Test noch etwa hundertmal schneller zu machen. Heute kann man eine hundertstellige Zahl auf einem Supercomputer (etwa einem CRAY oder einem von Control Data) innerhalb von 40 Sekunden testen.
Das Problem der Faktorisierung großer Zahlen fand öffentliches Interesse und militärische Bedeutung, als im Jahre 1975 Whitfield Diffie und Martin Hellman die Drapdoorfunktion einführten und diese kurz danach von Rivest, Shamir und Adleman für praktische Zwecke genutzt wurde.
Die Drapdoorfunktion ist eine mathematische Funktion, die jede Zahl *A*

in ihre Codezahl $B$ umwandelt. Diese Funktion besitzt eine Umkehrfunktion, mit deren Hilfe man $A$ aus der Kenntnis von $B$ ermitteln kann. Die Schönheit der Idee von Rivest, Shamir und Adleman liegt im Zusammenhang zwischen diesen beiden Funktionen. Die inverse Funktion läßt sich in der Praxis nicht aus der Ausgangsfunktion berechnen.
Hat Mata Hari ihr Geheimschriftenbuch verloren? Besitzt es nun ein gegnerischer Spion? Hat er alle ihre Nachrichten entziffert? Hat er alle ihre Botschaften mitgehört? Nein! Das Wissen über die Geheimschrift nützt ihm gar nichts.
Den Kern der einfachsten dieser Funktionen bildet eine Zahl, die Produkt zweier großer Primzahlen ist. Rivest hat ein Beispiel mit zwei 63stelligen Primzahlen konstruiert. Diese werden miteinander multipliziert und ergeben eine 125- oder 126stellige Zahl. Will der feindliche Spion Mata Haris Botschaft entziffern, muß er diese 125/6stellige Zahl wieder in das Produkt der beiden 63stelligen Zahlen zerlegen. Rivest schätzte 1977, daß hierfür ein großer Computer $4 \times 10^{16}$ Jahre benötigen würde.
Das Problem der Faktorisierung großer Zahlen ist nur eines von vielen Verfahren, die auf dem beruhen, was man NP-Probleme nennt, weil sie alle ein gemeinsames Merkmal aufweisen. Sie haben unterschiedliche Größen – abhängig davon, wie groß die zu faktorisierenden Zahlen sind –, und die zu ihrer Lösung erforderliche Rechenzeit wächst schnell mit der Größe des Problems.
Die Arbeit von Lenstra und Cohen wird dazu führen, daß die Primzahlen in Zukunft etwas größer sein müssen.

*Literatur:* Martin Gardner, »*Mathematical Games*«, in: *Scientific American*, August 1977; Martin E. Hellman, »*The Mathemctics of Public-key Crypotography*«, in: *Scientific American*, August 1979.

## $10^{100}$ (101 Stellen)

*Ein Googol*

Edward Kasner und James Newman haben diese Zahl in ihrem Buch »*Mathematics and the Imagination*« folgendermaßen beschrieben:
»Ein Googol ist die nachfolgende Zahl, die ein Kind im Kindergarten an die Tafel geschrieben hat:
10 000 000 000 000 000 000 000 000 000 000 000 000 000 000 000 000 000 000
000 000 000 000 000 000 000 000 000 000 000 000 000 000 000 000 000 000.
Der Googol ist so definiert: Ein Googol ist eine Eins, auf die hundert

Nullen folgen. Nach sorgfältigen mathematischen Untersuchungen im Kindergarten wurde beschlossen, daß die Anzahl von Regentropfen, die an einem Tag, einem Jahr oder sogar in einem Jahrhundert auf New York fallen, sehr viel kleiner als Googol ist.«
Das Kind, das Kasner auf den Namen Googol gebracht hat, war dessen neunjähriger Neffe. Dieser schlug auch die Bezeichnung Googolplex für die noch größere Zahl vor, die entsteht, wenn man hinter eine Eins googol Nullen schreibt. Das ist nichts anderes als $10^{\mathrm{googol}}$.
Die Autoren haben schon vor einem Vierteljahrhundert mit bemerkenswertem Weitblick prophezeit, daß derartige Zahlen bei kombinatorischen Problemen von Nutzen sein könnten.
Die Gesamtzahl der Partikel, die es im Universum gibt, wird auf unterschiedliche Werte zwischen $10^{80}$ und $10^{87}$ geschätzt.

## $2^{521}-1$ (157 Stellen)

Die dreizehnte Mersennesche Primzahl, die auch die dreizehnte vollkommene Zahl ergibt.
Lehmer hat 1952 innerhalb weniger Stunden mit Hilfe eines SWAC-Computers bewiesen, daß die Zahlen $2^{521}-1$ und $2^{607}-1$ (letztere besitzt 183 Stellen) beide Mersennesche Primzahlen sind. Dazu verwendet Lehmer einen Satz, der auf Ideen von Lucas beruht. Man konstruiere die nachstehende Folge:
4, 14, 194, 37634, ..., welche durch die Bedingungen $s(1)=4$ und $s(n+1)=s(n)^2-2$ beschrieben werden kann.
Die $p$-te Mersenne-Zahl ist dann und nur dann prim, wenn sie $s(p-1)$ teilt.

## 11111111111...111111 (317 Einsen)

Die vierte und größte bekannte Repunitprimzahl.

## $2^{2281}-1$ (687 Stellen)

Die zwölfte Mersennesche Primzahl $2^{127}-1$, die von Lucas entdeckt worden ist, blieb in den Jahren von 1876 bis 1951 die größte bekannte Primzahl. In diesem Jahr wurde von M. Ferrier bewiesen, daß die nicht-mersennesche Zahl $(2^{148}+1)/17$ eine Primzahl ist.

Schließlich wurden im Jahre 1952 fünf größere Mersennesche Primzahlen gefunden, von denen die obige Zahl die größte gewesen ist.

**$1159142985 \times 2^{2304} \pm 1$** (703 Stellen)

Das ist das größte derzeit bekannte Paar von Primzahlzwillingen. Es wurde von Guy mitgeteilt und von Atkin und Rickert im Jahre 1979 gefunden. Gleichzeitig entdeckten sie auch das folgende Paar: $694513810 \times 2^{2304} \pm 1$.

**$2^{4253} - 1$** (1281 Stellen)

Das ist die neunzehnte Mersennesche Primzahl und zugleich die erste bekannte Primzahl, die mehr als 1000 Stellen besitzt. Sie wurde im Jahre 1961 von Hurwitz mit Hilfe eines IBM 7090 gefunden.

**$2^{8191} - 1$** (2466 Stellen)

$M_{8191}$, die 8191. Mersenne-Zahl.
Catalan hat folgende Vermutung aufgestellt: Ist $p$ eine Primzahl, so ist $M_p$ ebenfalls prim. $M_3$, $M_7$, $M_{21}$ $M_{127}$ sind tatsächlich Primzahlen. Aber es gilt: $8191 = M_{13}$ und $M_{8191}$ ist zusammengesetzt. Das hat Wheeler 1953 auf dem ILLIAC bewiesen. Er brauchte hierfür hundert Stunden.
Es scheint so, als gehörten derartige Vermutungen zu denjenigen, die am einfachsten aufzustellen sind und die wenigsten Aussichten auf Erfolg haben.

**$2^{11213} - 1$** (3376 Stellen)

Die 23. Mersennesche Primzahl, die im Jahre 1963 von Gilles, Universität Illinois, gefunden wurde. Die Universität feierte diese Entdeckung durch die auf Seite 246 wiedergegebenen Sonderstempel.

**$2^{19937}-1$** (6002 Stellen)

Die 24. Mersennesche Primzahl, die 1971 von Bryant Tuckerman entdeckt wurde.

**$2^{21701}-1$** (6533 Stellen)

Die 25. Mersennesche Primzahl, die zur großen Freude der amerikanischen Öffentlichkeit von den beiden achtzehnjährigen Schülern Laura Nickel und Curt Noll im Jahre 1978 entdeckt worden ist.

**$2^{23209}-1$** (6987 Stellen)

Die 26. Mersennesche Primzahl. Sie wurde von Curt Noll im Jahre 1979 mit Hilfe eines CDC-CYBER-174 gefunden. Mit dieser Maschine hatten er und Laura Nickel auch die eben genannte Rekordprimzahl gefunden.

Noll hat mehr als acht Stunden gebraucht, um die obige Zahl mit der CDC zu prüfen. Zwei Wochen später verwendete Slowinski einen CRAY-1 Supercomputer, um Nolls Ergebnis zu überprüfen. Dieser brauchte nur sieben Minuten Rechenzeit.

*Literatur:* Keith Devlin, *Microchip Mathematics*, Shiva Publications, 1984.

**$2^{44497}-1$** (13 395 Stellen)

Die 27. Mersennesche Primzahl, von Harry Nelson und David Slowinski im April 1979 mit Hilfe des CRAY-1 gefunden.

## $2^{65536}$ (19729 Stellen)

Diese Zahl ist gleich $2^{2^{2^{2^2}}}$.
Im Rahmen kombinatorischer Probleme sind in den letzten Jahren mehrere Funktionen in natürlicher Weise aufgetaucht, die astronomisch schnell anwachsen.
Die Ackermannsche Funktion wird durch folgende Vorschrift definiert: $P(a,b) = f((a-1), f(a,b-1))$ mit den Startwerten $f(1,b) = 2b$ und $f(a,1) = a$ für $a$ größer als eins.
$f(3,4) = 2^{65536}$ ist eine Zahl mit mehr als 19000 Stellen. Man versuche einmal, sich vorzustellen, wie groß $f(10,10)$ oder gar $f(100,100)$ ist!
Über eine andere buchstäblich explodierende Funktion hat R. L. Graham gesagt: »Es fällt schwer zu begreifen, wie schnell sie wächst. Sie wächst so schnell, daß die Zahlen in gewisser Weise ihre Bedeutung verlieren.«

*Literatur:* Gina Kolata, *»Does Gödel's Theorem Matter to Mathematics?«*, in: *Science*, 218.

## $2^{86243}-1$ (25962 Stellen)

Wahrscheinlich, aber nicht sicher, die 28. Mersennesche Primzahl, von David Slowinski im Jahre 1983 mit seinem zuverlässigen CRAY erlegt.
Diese Zahl benötigt die bescheidene Anzahl von 25962 Dezimalstellen.
Der Supercomputer brauchte zu ihrer Überprüfung eine Stunde, drei Minuten und dreiundzwanzig Sekunden. Vorangegangen waren monatelange Vorbereitungsarbeiten, um diese Zahl als vermutlich prim nachzuweisen.
Um eine Vorstellung davon zu vermitteln, wie umfangreich die erforderlichen Rechnungen waren, sei daran erinnert, daß ein Apple II mehr als 250000 Befehle pro Sekunde ausführt. Die CRAY-Supercomputer bearbeiten wesentlich komplexere Befehle als der Apple, weil sie nur Gleitpunktoperationen ausführen. Gleitpunktdarstellung im Computer bedeutet, daß dieser die übliche wissenschaftliche Notationsweise für die Zahl dual codiert. So schreibt sich beispielsweise die Lichtgeschwindigkeit 299796 Kilometer pro Sekunde als $10^5 \times 2{,}99796$ Kilometer pro Sekunde.
Der CRAY benutzt 64 Bits, um eine Zahl darzustellen. Von diesen können fünfzehn den Exponenten umfassen.
Jede Addition, Subtraktion, Multiplikation und Division zählt als ein Befehl. Ein Megaflop umfaßt eine Million Gleitpunktbefehle in der Sekunde.

Der ältere CRAY-1 schafft 150 Megaflops. Neuere Modelle bringen es auf 250, 500 oder sogar 1000 Megaflops. Seymour Cray hofft mit seiner CRAY-3-Serie 10 Gigaflops zu schaffen, das sind 10000 Megapflops oder 10000000000 Befehle pro Sekunde.
*Literatur: Mathematical Inteligencer,* Band 5.

**$2^{133949} - 1$** (39751 Stellen)

Die zweitgrößte bekannte Primzahl und vermutlich die 29. Mersennesche Primzahl. David Slowinski fand sie am 19. September 1983 mit Hilfe zweier zusammengeschalteter CRAY-1-Computer.

**$2^{216091} - 1$** (65050 Stellen)

Die derzeit größte bekannte Primzahl. Sie wurde von Forschern am Chevron-Zentrum für Geowissenschaften in Houston, Texas, gefunden, als sie ihren neuen CRAY X-MP probelaufen ließen. Dieser soll zur Erdölsuche eingesetzt werden.
Der X-MP schafft 400000000 Rechnungen in der Sekunde. Er brauchte drei Stunden, um herauszufinden, daß die obige Zahl tatsächlich prim ist. Vorausgegangen waren auch hier monatelange Vorarbeiten mit dem Ergebnis, daß diese Zahl ein erfolgversprechender Kandidat ist.

**$9^{9^9}$** (369693100 Stellen)

Das ist die größte Zahl, die man im Dezimalsystem mit nicht mehr als drei Ziffern und ohne weitere Symbole darstellen kann.
C. A. Laisant hat im Jahre 1906 gezeigt, daß diese Zahl 369693100 Stellen besitzt. Im Jahre 1947 berechnete H. S. Uhler 250 Stellen von $\log 9^{9^9}$.
Horace Scuder Uhler, ein Physikprofessor an der Universität Yale, hat einen großen Teil seiner Zeit dazu verwandt, eine ungewöhnliche Vielfalt mathematischer Zahlen, wie beispielsweise Logarithmen, Kehrwerte, Wurzeln auf ungeheuer viele Stellen genau zu berechnen. Für ihn war das eine Erholung. Die Berechnung von $\log 9^{9^9}$ fand er doppelt erholsam. Er führte sie zwischen der Suche nach Faktoren von Mersenne-Zahlen wie $M_{157}$ durch. Die letztgenannte Zahl ist nach Uhler zusammengesetzt.
*Literatur: Mathematics Teacher,* April 1953.

## $10^{10^{10^{34}}}$

*Skewes' Zahl*

Die Anzahl der Primzahlen, die kleiner / gleich $n$ sind, ist ungefähr gleich $\int_0^n \frac{dx}{\log x}$. Für Kleine Werte von $n$ (bis in den Bereich einiger zehn Millionen), liefert die Formel einen zu großen Wert für die Anzahl der Primzahlen. Das ist aber nicht immer so. J. E. Littlewood bewies 1914 sein berühmtes Theorem, das besagt, daß die Formel unendlich oft zwischen einem zu großen und einem zu kleinen Wert hin- und herschwankt. Das gilt natürlich nur, wenn man genügend große Zahlen verwendet.
Wie groß? 1933 bewies Skewes, daß der erste Wechsel stattfindet, bevor $n$ den Wert $10^{10^{10^{34}}}$ erreicht. Allerdings mußte er bei seinem Beweis voraussetzen, daß die Riemannsche Vermutung richtig ist.
Zu jener Zeit war das eine außerordentlich große Zahl. Hardy meinte, diese sei ›die größte Zahl, die jemals in der Mathematik zu einem ernsthaften Zwecke Verwendung gefunden hätte‹. Er schlug folgendes Gedankenexperiment vor: Wird mit allen Partikeln, die das Universum enthält, eine Partie Schach gespielt, wobei die Partikel die Steine sein sollen, und gilt das Austauschen eines Paares von Partikeln als Zug, und ist weiter die Partie beendet, wenn dieselbe Position zum drittenmal auftritt, dann gibt es ungefähr so viele mögliche Partien, wie Skewes' Zahl angibt.
Die Anzahl der Partikel im Universum wurde in den letzten Jahren auf einen atemberaubenden Wert zwischen $10^{80}$ und $10^{87}$ geschätzt.
Im Vergleich zu vielen Zahlen, die heute im Zusammenhang mit kombinatorischen Problemen auftauchen, erscheint Skewes' Zahl wie ein Zwerg.

*Literatur:* J. E. Littlewood, »*A Mathematician's Miscellany*«, London, 1963; R. P. Boas, »*The Skewes Number*«, in: R. Honsberger, »*Mathematical Plums*«, *Mathematical Association of America*, 1979.

## $3\uparrow\uparrow3$ usw., usw.

*Grahams Zahlen*

Weltmeister unter den großen Zahlen (laut dem »Guiness-Buch der Rekorde«) ist eine obere Schranke, die R. L. Graham für ein Teilgebiet der Kombinatorik aufgestellt hat, das man Ramsay-Theorie nennt.
Grahams Zahl läßt sich mit herkömmlichen Mitteln wie Potenzen und

Potenzen von Potenzen nicht darstellen. Würde man alle im Universum enthaltene Materie in einen Füllhalter und in Tinte für diesen umwandeln, so würde das Resultat nicht ausreichen, um Grahams Zahl schreiben zu können. Folglich ist die oben angegebene von Donald Knuth erfundene, spezielle Notationsweise erforderlich.

$3\uparrow 3$ bedeutet »3 kubiert«, wie man das oft in Computerausdrucken findet.

$3\uparrow\uparrow 3$ ist dasselbe wie $3\uparrow(3\uparrow 3)$, was schon eine ziemliche große Zahl ergibt: $3\uparrow 27 = 7\,625\,597\,484\,987$. Das läßt sich aber immer noch mit einem Turm von Dreiern schreiben: $33^3$.

$3\uparrow\uparrow\uparrow 3 = 3\uparrow\uparrow(3\uparrow\uparrow 3)$. Das ist schon gleich $3\uparrow\uparrow 7\,625\,597\,484\,987 = 3\uparrow(7\,625\,597\,484\,987\uparrow 7\,625\,597\,484\,987)$.

Natürlich ist $3\uparrow\uparrow\uparrow\uparrow 3 = 3\uparrow\uparrow\uparrow(3\uparrow\uparrow\uparrow 3)$. Selbst der entsprechende Turm mit Dreiern in der üblichen Notationsweise ist jetzt unvorstellbar groß. Aber Grahams Zahl fängt hier erst an.

Man betrachte die Zahl $3\uparrow\uparrow\uparrow\ldots\uparrow\uparrow\uparrow 3$, in der es $3\uparrow\uparrow\uparrow 3$ Pfeile geben soll. Eine riesige Zahl!

Nun konstruiere man die Zahl $3\uparrow\uparrow\uparrow\ldots\uparrow\uparrow\uparrow 3$, in der die Anzahl der Pfeile gleich der vorangegangenen Zahl $3\uparrow\uparrow\uparrow\ldots\uparrow\uparrow\uparrow 3$ ist.

Eine unbegreifliche und unglaubliche Zahl! Und dennoch haben wir uns nur um zwei Schritte von unserem ursprünglichen Ausdruck $3\uparrow\uparrow\uparrow\uparrow 3$ entfernt. Nun fährt man mit dieser Vorgehensweise fort: In jedem Schritt wird die Anzahl der Pfeile gerade so groß gemacht, wie das die unmittelbar vorangehende Zahl angibt. Das mache man so lange, bis man 63 – in Worten dreiundsechzig – Schritte von $3\uparrow\uparrow\uparrow\uparrow 3$ entfernt ist. Dann hat man Grahams Zahl erreicht.

An dieser Geschichte ist ein Haken. Man erinnere sich daran, daß Grahams Zahl als eine obere Schranke eingeführt worden ist, ebenso wie Skewes' Zahl. Wie aber lautet die wirkliche Antwort auf Grahams Problem? Gardner zitiert die Antwort der Experten der Ramsay-Theorie. Diese meinen, die Antwort müsse sechs heißen!

*Literatur: »Mathematical Games«*, in: *Scientific American*, November 1977.

# Tabellen

# 1. Die ersten 100 Dreieckszahlen, Quadrate und Kuben

| | Dreiecks-zahlen | Quadrate | Kuben |
|---|---|---|---|
| 1 | 1 | 1 | 1 |
| 2 | 3 | 4 | 8 |
| 3 | 6 | 9 | 27 |
| 4 | 10 | 16 | 64 |
| 5 | 15 | 25 | 125 |
| 6 | 21 | 36 | 216 |
| 7 | 28 | 49 | 343 |
| 8 | 36 | 64 | 512 |
| 9 | 45 | 81 | 729 |
| 10 | 55 | 100 | 1000 |
| 11 | 66 | 121 | 1331 |
| 12 | 78 | 144 | 1728 |
| 13 | 91 | 169 | 2197 |
| 14 | 105 | 196 | 2744 |
| 15 | 120 | 225 | 3375 |
| 16 | 136 | 256 | 4096 |
| 17 | 153 | 289 | 4913 |
| 18 | 171 | 324 | 5832 |
| 19 | 190 | 361 | 6859 |
| 20 | 210 | 400 | 8000 |
| 21 | 231 | 441 | 9261 |
| 22 | 253 | 484 | 10648 |
| 23 | 276 | 529 | 12167 |
| 24 | 300 | 576 | 13824 |
| 25 | 325 | 625 | 15625 |
| 26 | 351 | 676 | 17576 |
| 27 | 378 | 729 | 19683 |
| 28 | 406 | 784 | 21952 |
| 29 | 435 | 841 | 24389 |
| 30 | 465 | 900 | 27000 |
| 31 | 496 | 961 | 29791 |
| 32 | 528 | 1024 | 32768 |
| 33 | 561 | 1089 | 35937 |
| 34 | 595 | 1156 | 39304 |
| 35 | 630 | 1225 | 42875 |
| 36 | 666 | 1296 | 46656 |
| 37 | 703 | 1369 | 50653 |
| 38 | 741 | 1444 | 54872 |
| 39 | 780 | 1521 | 59319 |
| 40 | 820 | 1600 | 64000 |
| 41 | 861 | 1681 | 68921 |
| 42 | 903 | 1764 | 74088 |
| 43 | 946 | 1849 | 79507 |
| 44 | 990 | 1936 | 85184 |
| 45 | 1035 | 2025 | 91125 |
| 46 | 1081 | 2116 | 97336 |

| | Dreieckszahlen | Quadrate | Kuben |
|---|---|---|---|
| 47 | 1128 | 2209 | 103823 |
| 48 | 1176 | 2304 | 110592 |
| 49 | 1125 | 2401 | 117649 |
| 50 | 1275 | 2500 | 125000 |
| 51 | 1326 | 2601 | 132651 |
| 52 | 1378 | 2704 | 140608 |
| 53 | 1431 | 2809 | 148877 |
| 54 | 1485 | 2916 | 157464 |
| 55 | 1540 | 3025 | 166375 |
| 56 | 1596 | 3136 | 175616 |
| 57 | 1653 | 3249 | 185193 |
| 58 | 1711 | 3364 | 195112 |
| 59 | 1770 | 3481 | 205379 |
| 60 | 1830 | 3600 | 216000 |
| 61 | 1891 | 3721 | 226981 |
| 62 | 1953 | 3844 | 238328 |
| 63 | 2016 | 3969 | 250047 |
| 64 | 2080 | 4096 | 262144 |
| 65 | 2145 | 4225 | 274625 |
| 66 | 2211 | 4356 | 287496 |
| 67 | 2278 | 4489 | 300763 |
| 68 | 2346 | 4624 | 314432 |
| 69 | 2415 | 4761 | 328509 |
| 70 | 2485 | 4900 | 343000 |
| 71 | 2556 | 5041 | 357911 |
| 72 | 2628 | 5184 | 373248 |
| 73 | 2701 | 5329 | 389017 |
| 74 | 2775 | 5476 | 405224 |
| 75 | 2850 | 5625 | 421875 |
| 76 | 2926 | 5776 | 438976 |
| 77 | 3003 | 5929 | 456533 |
| 78 | 3081 | 6084 | 474552 |
| 79 | 3160 | 6241 | 493039 |
| 80 | 3240 | 6400 | 512000 |
| 81 | 3321 | 6561 | 531441 |
| 82 | 3403 | 6724 | 551368 |
| 83 | 3486 | 6889 | 571787 |
| 84 | 3570 | 7056 | 592704 |
| 85 | 3655 | 7225 | 614125 |
| 86 | 3741 | 7396 | 636056 |
| 87 | 3828 | 7569 | 658503 |
| 88 | 3916 | 7744 | 681472 |
| 89 | 4005 | 7921 | 704969 |
| 90 | 4095 | 8100 | 729000 |
| 91 | 4186 | 8281 | 753571 |
| 92 | 4278 | 8464 | 778688 |
| 93 | 4371 | 8649 | 804357 |
| 94 | 4465 | 8836 | 830584 |
| 95 | 4560 | 9025 | 857375 |
| 96 | 4656 | 9216 | 884736 |

| | Dreiecks-zahlen | Quadrate | Kuben |
|---|---|---|---|
| 97 | 4753 | 9409 | 921673 |
| 98 | 4851 | 9604 | 941192 |
| 99 | 4950 | 9801 | 970299 |
| 100 | 5050 | 10000 | 1000000 |

## 2. Die ersten 20 Fünfecks-, Sechsecks-, Siebenecks- und Achteckszahlen

| | Fünfecks-zahlen | Sechsecks-zahlen | Siebenecks-zahlen | Achtecks-zahlen |
|---|---|---|---|---|
| 1 | 1 | 1 | 1 | 1 |
| 2 | 5 | 6 | 7 | 8 |
| 3 | 12 | 15 | 18 | 21 |
| 4 | 22 | 28 | 34 | 40 |
| 5 | 35 | 45 | 55 | 65 |
| 6 | 51 | 66 | 81 | 96 |
| 7 | 70 | 91 | 112 | 133 |
| 8 | 92 | 120 | 148 | 176 |
| 9 | 117 | 153 | 189 | 225 |
| 10 | 145 | 190 | 235 | 280 |
| 11 | 176 | 231 | 286 | 341 |
| 12 | 210 | 276 | 342 | 408 |
| 13 | 247 | 325 | 403 | 481 |
| 14 | 287 | 378 | 469 | 560 |
| 15 | 330 | 435 | 540 | 645 |
| 16 | 376 | 496 | 616 | 736 |
| 17 | 425 | 561 | 697 | 833 |
| 18 | 477 | 630 | 783 | 936 |
| 19 | 532 | 703 | 874 | 1045 |
| 20 | 590 | 780 | 970 | 1160 |

## 3. Die ersten 40 Fibonacci-Zahlen

| | Fibonacci-zahlen |
|---|---|
| 1 | 1 |
| 2 | 1 |
| 3 | 2 |
| 4 | 3 |
| 5 | 5 |
| 6 | 8 |
| 7 | 13 |
| 8 | 21 |
| 9 | 34 |
| 10 | 55 |
| 11 | 89 |
| 12 | 144 |
| 13 | 233 |
| 14 | 377 |
| 15 | 610 |
| 16 | 987 |
| 17 | 1597 |
| 18 | 2584 |
| 19 | 4181 |
| 20 | 6765 |
| 21 | 10946 |
| 22 | 17711 |
| 23 | 28657 |
| 24 | 46368 |
| 25 | 75025 |
| 26 | 121393 |
| 27 | 196418 |
| 28 | 317811 |
| 29 | 514229 |
| 30 | 832040 |
| 31 | 1346269 |
| 32 | 2178309 |
| 33 | 3524578 |
| 34 | 5702887 |
| 35 | 9227465 |
| 36 | 14930352 |
| 37 | 24157817 |
| 38 | 39088169 |
| 39 | 63245986 |
| 40 | 102334155 |

## 4. Alle Primzahlen kleiner als 1000

| | | | | | | | | | | | |
|---|---|---|---|---|---|---|---|---|---|---|---|
| 2 | 3 | 5 | 7 | 11 | 13 | 17 | 19 | 23 | 29 | 31 | 37 |
| 41 | 43 | 47 | 53 | 59 | 61 | 67 | 71 | 73 | 79 | 83 | 89 |
| 97 | 101 | 103 | 107 | 109 | 113 | 127 | 131 | 137 | 139 | 149 | 151 |
| 157 | 163 | 167 | 173 | 179 | 181 | 191 | 193 | 197 | 199 | 211 | 223 |
| 227 | 229 | 233 | 239 | 241 | 251 | 257 | 263 | 269 | 271 | 277 | 281 |
| 283 | 293 | 307 | 311 | 313 | 317 | 331 | 337 | 347 | 349 | 353 | 359 |
| 367 | 373 | 379 | 383 | 389 | 397 | 401 | 409 | 419 | 421 | 431 | 433 |
| 439 | 443 | 449 | 457 | 461 | 463 | 467 | 479 | 487 | 491 | 499 | 503 |
| 509 | 521 | 523 | 541 | 547 | 557 | 563 | 569 | 571 | 577 | 587 | 593 |
| 599 | 601 | 607 | 613 | 617 | 619 | 631 | 641 | 643 | 647 | 653 | 659 |
| 661 | 673 | 677 | 683 | 691 | 701 | 709 | 719 | 727 | 733 | 739 | 743 |
| 751 | 757 | 761 | 769 | 773 | 787 | 797 | 809 | 811 | 821 | 823 | 827 |
| 829 | 839 | 853 | 857 | 859 | 863 | 877 | 881 | 883 | 887 | 907 | 911 |
| 919 | 929 | 937 | 941 | 947 | 953 | 967 | 971 | 977 | 983 | 991 | 997 |

## 5. Die Fakultäten der Zahlen von 1 bis 20

| | |
|---|---|
| 0! | 1 |
| 1! | 1 |
| 2! | 2 |
| 3! | 6 |
| 4! | 24 |
| 5! | 120 |
| 6! | 720 |
| 7! | 5,040 |
| 8! | 40,320 |
| 9! | 362,880 |
| 10! | 3,628,800 |
| 11! | 39,916,800 |
| 12! | 479,001,600 |
| 13! | 6,227,020,800 |
| 14! | 87,178,291,200 |
| 15! | 1,307,674,368,000 |
| 16! | 20,922,789,888,000 |
| 17! | 355,687,428,096,000 |
| 18! | 6,402,373,705,728,000 |
| 19! | 121,645,100,408,832,000 |
| 20! | 2,432,902,008,176,640,000 |

# 6. Die Kehrwerte der Primzahlen von 7 bis 97 (in Dezimalbruchdarstellung)

$1/7 = 0{,}\dot{1}4285\dot{7}$

$1/11 = 0{,}\dot{0}\dot{9}$

$1/13 = 0{,}\dot{0}7692\dot{3}$

$1/17 = 0{,}\dot{0}58823529411764\dot{7}$

$1/19 = 0{,}\dot{0}5263157894736842\dot{1}$

$1/23 = 0{,}\dot{0}43478260869565217391\dot{3}$

$1/29 = 0{,}\dot{0}344827586206896551724137931\dot{1}$

$1/31 = 0{,}\dot{0}3225806451612\dot{9}$

$1/37 = 0{,}\dot{0}2\dot{7}$

$1/41 = 0{,}\dot{0}243\dot{9}$

$1/43 = 0{,}\dot{0}2325581395348837209\dot{3}$

$1/47 = 0{,}\dot{0}21276595744680851063829787234042553191489361\dot{7}$

$1/53 = 0{,}\dot{0}18867924528\dot{3}$

$1/59 = 0{,}\dot{0}16949152542372881355932203389830508474576271186440677966\dot{1}$

$1/61 = 0{,}\dot{0}16393442622950819672131147540983606557377049180327868852245\dot{9}$

$1/67 = 0{,}\dot{0}1492537313432835820895522388059701492537313432835820895522388059\dot{7}$

$1/71 = 0{,}\dot{0}140845070422535211267605633802816\dot{9}$

$1/73 = 0{,}\dot{0}136986\dot{3}$

$1/79 = 0{,}\dot{0}126582278481\dot{1}$

$1/83 = 0{,}\dot{0}120481927710843373493975903614457831325\dot{3}$

$1/89 = 0{,}\dot{0}112359550561797752808988764044943820224719\dot{1}$

$1/97 = 0{,}\dot{0}1030927835051546391752577319587628865979381443298969072164948$
$\quad 45360824742268041237113402061855\dot{6}\dot{7}$

*Anmerkung:* Anfang und Ende der Periode sind jeweils durch einen über die Ziffer gestellten Punkt angedeutet.

## 7. Primfaktorzerlegung der Repunitzahlen zwischen 11 und $R_{40}$

| $R_i$ | Faktoren |
|---|---|
| 2 | 11 |
| 3 | 3·37 |
| 4 | 11·101 |
| 5 | 41·271 |
| 6 | 3·7·11·13·37 |
| 7 | 239·4649 |
| 8 | 11·73·101·137 |
| 9 | 3·3·37·333667 |
| 10 | 11·41·271·9091 |
| 11 | 21649·513239 |
| 12 | 3·7·11·13·37·101·9901 |
| 13 | 53·79·265371653 |
| 14 | 11·239·4649·909091 |
| 15 | 3·31·37·41·271·2906161 |
| 16 | 11·17·73·101·137·5882353 |
| 17 | 2071723·5363222357 |
| 18 | 3·3·7·11·13·19·37·52579·333667 |
| 19 | 1111111111111111111 |
| 20 | 11·41·101·271·3541·9091·27961 |
| 21 | 3·37·43·239·1933·4649·10838689 |
| 22 | 11·11·23·4093·8779·21649·513239 |
| 23 | 11111111111111111111111 |
| 24 | 3·7·11·13·37·73·101·137·9901·99990001 |
| 25 | 41·271·21401·25601·182521213001 |
| 26 | 11·53·79·859·265371653·1058313049 |
| 27 | 3·3·3·37·757·333667·440334654777631 |
| 28 | 11·29·101·239·281·4649·909091·121499449 |
| 29 | 3191·16763·43037·62003·77843839397 |
| 30 | 3·7·11·13·31·37·41·211·241·271·2161·9091·2906161 |
| 31 | 2791·6943319·57336415063790604359 |
| 32 | 11·17·73·101·137·353·449·641·1409·69857·5882353 |
| 33 | 3·37·67·21649·513239·1344628210313298373 |
| 34 | 11·103·4013·2071723·5363222357·21993833369 |
| 35 | 41·71·239·271·4649·123551·102598800232111471 |
| 36 | 3·3·7·11·13·19·37·101·9901·52579·333667·999999000001 |
| 37 | 2028119·247629013·2212394296770203368013 |
| 38 | 11·909090909090909091·1111111111111111111 |
| 39 | 3·37·53·79·265371653·900900900900990990990991 |
| 40 | 11·41·73·101·137·271·3541·9091·27961·1676321·5964848081 |

## 8. Die echten Teiler von *n*, sofern *n* zusammengesetzt ist, sowie die Werte der Funktionen $\varphi(n)$, $d(n)$ und $\sigma(n)$

| $n$ | Teiler | $\varphi(n)$ | $d(n)$ | $\sigma(n)$ |
|---|---|---|---|---|
| 1 | – | 1 | 1 | 1 |
| 2 | – | 1 | 2 | 3 |
| 3 | – | 2 | 2 | 4 |
| 4 | $2^2$ | 2 | 3 | 7 |
| 5 | – | 4 | 2 | 6 |
| 6 | $2 \cdot 3$ | 2 | 4 | 12 |
| 7 | – | 6 | 2 | 8 |
| 8 | $2^3$ | 4 | 4 | 15 |
| 9 | $3^2$ | 6 | 3 | 13 |
| 10 | $2 \cdot 5$ | 4 | 4 | 18 |
| 11 | – | 10 | 2 | 12 |
| 12 | $2^2 \cdot 3$ | 4 | 6 | 28 |
| 13 | – | 12 | 2 | 14 |
| 14 | $2 \cdot 7$ | 6 | 4 | 24 |
| 15 | $3 \cdot 5$ | 8 | 4 | 24 |
| 16 | $2^4$ | 8 | 5 | 31 |
| 17 | – | 16 | 2 | 18 |
| 18 | $2 \cdot 3^2$ | 6 | 6 | 39 |
| 19 | – | 18 | 2 | 20 |
| 20 | $2^2 \cdot 5$ | 8 | 6 | 42 |
| 21 | $3 \cdot 7$ | 12 | 4 | 32 |
| 22 | $2 \cdot 11$ | 10 | 4 | 36 |
| 23 | – | 22 | 2 | 24 |
| 24 | $2^3 \cdot 3$ | 8 | 8 | 60 |
| 25 | $5^2$ | 20 | 3 | 31 |
| 26 | $2 \cdot 13$ | 12 | 4 | 42 |
| 27 | $3^3$ | 18 | 4 | 40 |
| 28 | $2^2 \cdot 7$ | 12 | 6 | 56 |
| 29 | – | 28 | 2 | 30 |
| 30 | $2 \cdot 3 \cdot 5$ | 8 | 8 | 72 |
| 31 | – | 30 | 2 | 32 |
| 32 | $2^5$ | 16 | 6 | 63 |
| 33 | $3 \cdot 11$ | 20 | 4 | 48 |
| 34 | $2 \cdot 17$ | 16 | 4 | 54 |
| 35 | $5 \cdot 7$ | 24 | 4 | 48 |
| 36 | $2^2 \cdot 3^2$ | 12 | 9 | 91 |
| 37 | – | 36 | 2 | 38 |
| 38 | $2 \cdot 19$ | 18 | 4 | 60 |
| 39 | $3 \cdot 13$ | 24 | 4 | 56 |
| 40 | $2^3 \cdot 5$ | 16 | 8 | 90 |
| 41 | – | 40 | 2 | 42 |
| 42 | $2 \cdot 3 \cdot 7$ | 12 | 8 | 96 |
| 43 | – | 42 | 2 | 44 |
| 44 | $2^2 \cdot 11$ | 20 | 6 | 84 |
| 45 | $3^2 \cdot 5$ | 24 | 6 | 78 |
| 46 | $2 \cdot 23$ | 22 | 4 | 72 |
| 47 | – | 46 | 2 | 48 |
| 48 | $2^4 \cdot 3$ | 16 | 10 | 124 |
| 49 | $7^2$ | 42 | 3 | 57 |

| $n$ | Teiler | $\varphi(n)$ | $d(n)$ | $\sigma(n)$ |
|---|---|---|---|---|
| 50 | $2 \cdot 5^2$ | 20 | 6 | 93 |
| 51 | $3 \cdot 17$ | 32 | 4 | 72 |
| 52 | $2^2 \cdot 13$ | 24 | 6 | 98 |
| 53 | – | 52 | 2 | 54 |
| 54 | $2 \cdot 3^2$ | 18 | 8 | 120 |
| 55 | $5 \cdot 11$ | 40 | 4 | 72 |
| 56 | $2^3 \cdot 7$ | 24 | 8 | 120 |
| 57 | $3 \cdot 19$ | 36 | 4 | 80 |
| 58 | $2 \cdot 29$ | 28 | 4 | 90 |
| 59 | – | 58 | 2 | 60 |
| 60 | $2^2 \cdot 3 \cdot 5$ | 16 | 12 | 168 |
| 61 | – | 60 | 2 | 62 |
| 62 | $2 \cdot 31$ | 30 | 4 | 96 |
| 63 | $3^2 \cdot 7$ | 36 | 6 | 104 |
| 64 | $2^6$ | 32 | 7 | 127 |
| 65 | $5 \cdot 13$ | 48 | 4 | 84 |
| 66 | $2 \cdot 3 \cdot 11$ | 20 | 8 | 144 |
| 67 | – | 66 | 2 | 68 |
| 68 | $2^2 \cdot 17$ | 32 | 6 | 126 |
| 69 | $3 \cdot 23$ | 44 | 4 | 96 |
| 70 | $2 \cdot 5 \cdot 7$ | 24 | 8 | 144 |
| 71 | – | 70 | 2 | 72 |
| 72 | $2^3 \cdot 3^2$ | 24 | 12 | 195 |
| 73 | – | 72 | 2 | 74 |
| 74 | $2 \cdot 37$ | 36 | 4 | 114 |
| 75 | $3 \cdot 5^2$ | 40 | 6 | 124 |
| 76 | $2^2 \cdot 19$ | 36 | 6 | 140 |
| 77 | $7 \cdot 11$ | 60 | 4 | 96 |
| 78 | $2 \cdot 3 \cdot 13$ | 24 | 8 | 168 |
| 79 | – | 78 | 2 | 80 |
| 80 | $2^4 \cdot 5$ | 32 | 10 | 186 |
| 81 | $3^4$ | 54 | 5 | 121 |
| 82 | $2 \cdot 41$ | 40 | 4 | 126 |
| 83 | – | 82 | 2 | 84 |
| 84 | $2^2 \cdot 3 \cdot 7$ | 24 | 12 | 224 |
| 85 | $5 \cdot 17$ | 64 | 4 | 108 |
| 86 | $2 \cdot 43$ | 42 | 4 | 132 |
| 87 | $3 \cdot 29$ | 56 | 4 | 120 |
| 88 | $2^3 \cdot 11$ | 40 | 8 | 180 |
| 89 | – | 88 | 2 | 90 |
| 90 | $2 \cdot 3^2 \cdot 5$ | 24 | 12 | 234 |
| 91 | $7 \cdot 13$ | 72 | 4 | 112 |
| 92 | $2^2 \cdot 23$ | 44 | 6 | 168 |
| 93 | $3 \cdot 31$ | 60 | 4 | 128 |
| 94 | $2 \cdot 47$ | 46 | 4 | 144 |
| 95 | $5 \cdot 19$ | 72 | 4 | 120 |
| 96 | $2^5 \cdot 3$ | 32 | 12 | 252 |
| 97 | – | 96 | 2 | 98 |
| 98 | $2 \cdot 7^2$ | 42 | 6 | 171 |
| 99 | $3^2 \cdot 11$ | 60 | 6 | 156 |
| 100 | $2^2 \cdot 5^2$ | 40 | 9 | 217 |

# Glossar

*biquadratisch:* Altertümliche Ausdrucksweise für ›vierte Potenz‹, das heißt für eine Zahl, die viermal mit sich selbst multipliziert wird. Wegen $10 \times 10 \times 10 \times 10 = 10000$ ist 10000 biquadratisch.

*zusammengesetzt:* Eine natürliche Zahl heißt zusammengesetzt, wenn sie mindestens einen echten Teiler besitzt. 14 ist zusammengesetzt, weil die Gleichungen $14 = 2 \times 7$ und $14 = 1 \times 14$ gelten. 13 ist dagegen nicht zusammengesetzt, da für 13 nur die Gleichung $13 = 1 \times 13$ gilt. Deshalb ist 13 eine Primzahl.

*Kubus:* Eine Zahl, die gleich dem dreifachen Produkt einer anderen Zahl mit sich selbst ist. So gilt beispielsweise $216 = 6 \times 6 \times 6$, weshalb 216 ein Kubus ist.

*Ziffer:* Die Ziffern der Zahl 142857 sind die Zahlen 1, 4, 2, 8, 5 und 7. Gelegentlich schreibt man eine Zahl mit führenden Nullen: z. B. 07923. In diesem Falle werden die führenden Nullen ignoriert, wenn die Anzahl der Stellen der Zahl ermittelt werden soll. Also hat 07923 nur vier Stellen.

*Teiler:* Eine natürliche Zahl, die eine andere natürliche Zahl ohne Rest teilt. Die Teiler von 10 sind 10, 5, 2 und 1. Die Begriffe Teiler und Faktor werden im vorliegenden Lexikon synonym gebraucht.

*echter Teiler* (oder echter Faktor): Ein Teiler einer Zahl, der ungleich dieser Zahl und ungleich 1 ist. Die echten Teiler von 10 sind 2 und 5.

*Faktor:* siehe Teiler.

*Fakultät:* n Fakultät (geschrieben: n!) steht abkürzend für das Produkt $1 \times 2 \times 3 \times 4 \times 5 \times \ldots \times (n-1) \times n$. Beispiel: $6! = 1 \times 2 \times 3 \times 4 \times 5 \times 6 = 720$.

*Hypotenuse:* Die aus dem Griechischen stammende Bezeichnung für die längste Seite im rechtwinkligen Dreieck. In dem allseits bekannten rechtwinkligen Dreieck mit den Seitenlängen 3, 4 und 5 ist 5 die Hypotenuse.

*irrational:* Jede reelle Zahl, die nicht rational ist. Irrational ist somit jede Zahl, die sich nicht als abbrechender und nicht als periodischer Dezimalbruch schreiben läßt. Beispiele für irrationale Zahlen sind $\pi = 3{,}14159265\ldots$, $e = 2{,}7182818\ldots$ und $\sqrt{2} = 1{,}41421\ldots$

*Vielfaches:* Ein Vielfaches einer natürlichen Zahl ist jede andere natürliche Zahl, die von der Ausgangszahl ohne Rest geteilt wird. Ist $P$ ein Vielfaches von $Q$, so ist $Q$ ein Teiler von $P$. Jede natürliche Zahl besitzt unendlich viele Vielfache. Das liegt daran, daß man diese Zahl mit jeder anderen natürlichen Zahl multiplizieren kann.

*... hat die Form ...:* Diese Formulierung drückt ebenso wie ›läßt sich darstellen als‹ die Tatsache aus, daß eine Zahl gleich einem Ausdruck ist, der einem bestimmten Typus angehört. Beispielsweise sind alle Primzahlen, die ungleich 2 und ungleich 3 sind, von der Form $6n \pm 1$. Das bedeutet, daß jede Primzahl entweder um 1 größer oder um 1 kleiner ist als ein bestimmtes Vielfaches von 6. So ist 17 von der Form $6n \pm 1$, denn es gilt: $17 = 3 \times 6 - 1$.

*Quadratzahl:* Jede natürliche Zahl, die gleich der zweiten Potenz einer anderen natürlichen Zahl ist. Anders gesagt: Die Quadratwurzel aus einer Quadratzahl ist wieder eine natürliche Zahl. $25 = 5^2$ und $144 = 12^2$ sind Quadratzahlen.

*Permutation:* Eine Permutation einer Menge ist nichts anderes als eine Umordnung ihrer Elemente. So ist beispielsweise EBDCA eine Permutation von ABCDE.

*zyklische Permutation:* Eine Permutation heißt zyklisch, wenn sie Elemente von dem einen Ende nimmt und diese, ohne ihre Anordnung zu verändern, am andern Ende wieder anfügt. CDEAB ist eine zyklische Permutation von ABCDE.

*Potenz:* Dient in diesem Buch als Oberbegriff zu Quadratzahl, Kubikzahl und höheren Potenzen.

*Primzahl:* Eine Primzahl ist eine natürliche Zahl größer als 1, die außer 1 und sich selbst keine Teiler besitzt. 17 ist eine Primzahl, weil die einzigen Zahlen, die 17 ohne Rest teilen, 17 und 1 sind.

*Produkt:* Das Ergebnis einer Multiplikation mehrerer Zahlen. Das Produkt der ersten fünf Primzahlen ist gleich $2 \times 3 \times 5 \times 7 \times 11 = 2310$.

*rational:* Jede Zahl, die entweder eine ganze Zahl ist oder ein Bruch (das heißt gleich dem Quotienten zweier ganzer Zahlen). Alle rationalen Zahlen lassen sich als Dezimalbrüche schreiben, die entweder abbrechen oder aber periodisch werden. Beispielsweise ist $1/7 = 0{,}142857142857\ldots$ und $1/8 = 0{,}125$. Vergleiche auch *irrational.*

*Kehrwert:* In diesem Buch wird nur auf die Kehrwerte natürlicher Zahlen Bezug genommen. Der Kehrwert einer natürlichen Zahl $n$ ist $1/n$.

*...läßt sich darstellen als...:* Diese Formulierung drückt ebenso wie ›hat die Form‹ die Tatsache aus, daß eine Zahl gleich einem Ausdruck von einem bestimmten Typus ist. So läßt sich beispielsweise 25 darstellen als Summe zweier Quadratzahlen, denn es ist $25 = 16 + 9$, wobei 16 und 9 beides Quadratzahlen sind. Vergleiche auch *...hat die Form...*

*Wurzel:* Die Quadratwurzel aus einer Zahl $n$, die als $\sqrt{n}$ geschrieben wird, ist diejenige Zahl, die man mit sich selbst multiplizieren muß, um $n$ zu erhalten. Weil $7 \times 7 = 49$ ist, gilt: $\sqrt{49} = 7$. Die Kubikwurzel aus einer Zahl $n$, die als $\sqrt[3]{n}$ geschrieben wird, ist diejenige Zahl, die man dreimal mit sich selbst multiplizieren muß, um $n$ zu erhalten. Weil $5 \times 5 \times 5 = 125$ ist, gilt $\sqrt[3]{125} = 5$. Vierte und höhere Wurzeln (fünfte, sechste Wurzeln und so weiter) werden in genau derselben Weise definiert. Weil $2 \times 2 \times 2 \times 2 \times 2 = 32$ gilt, ist die fünfte Wurzel aus 32 gleich 2: $\sqrt[5]{32} = 2$.

*Quadrat:* Das Quadrat einer Zahl ist das Produkt dieser Zahl mit sich selbst. Also ist 12 Quadrat, wofür man $12^2$ schreibt, gleich $144: 12^2 = 144$.

*transzendente Zahl:* Eine reelle Zahl, die *keiner* ganzrationalen Gleichung mit ganzzahligen Koeffizienten genügt (Beispiel für eine derartige Gleichung: $x^3 - 5x + 11 = 0$). Alle transzendenten Zahlen sind irrational. Deshalb lassen sie sich theoretisch als nicht abbrechende, nicht periodisch werdende Dezimalbrüche schreiben. Die meisten Irrationalzahlen sind transzendent.

*Stammbruch:* Der Kehrwert einer natürlichen Zahl. $1/13$ und $1/28$ sind Stammbrüche, $2/3$ dagegen nicht.

$\varphi(n)$: ausgesprochen »phi von $n$«; die Anzahl aller natürlichen Zahlen, die kleiner als $n$ sind, und keinen gemeinsamen Teiler mit $n$ haben. So ist beispielsweise $\varphi(13) = 12$, da 13 eine Primzahl ist und $\varphi(6) = 2$, weil die einzigen Zahlen, die kleiner als 6 sind und die mit 6 keinen gemeinsamen Teiler haben, 1 und 5 sind.

*d(n):* die Anzahl der Teiler von $n$, wobei 1 und $n$ selbst mitgezählt werden.

*σ(n):* ausgesprochen »sigma von $n$«; die Summe aller Teiler von $n$, wobei 1 und $n$ selbst mitgezählt werden. Beispiel: $\sigma(6) = 1 \times 2 \times 3 \times 6 = 12$

Die *Funktionen* $\varphi(n)$ und $\sigma(n)$ tauchen gelegentlich im Text auf. Ihre Werte sind im Anhang in Tabelle 8 aufgeführt.

# Index

## *Griechische Buchstaben*

## Bibliographie

### *Bücher*

Die nachfolgend genannten Bücher enthalten alle ausführliches Material über Zahlen und sind über Bibliotheken erhältlich. Die mit * markierten Titel sind eher wissenschaftliche Werke.
Ein anderes Lexikon der vorliegenden Art, allerdings nicht leicht zu beschaffen und anspruchsvoller, ist »*Les nombres remarquables*« von François Le Lionnais (Hermann, Paris, 1983).
Ein außerordentlich informativer Führer durch alle Bereiche der Mathematik ist »*A Bibliography of Recreational Mathematics*« von William L. Schaaf. Dieses Buch wurde in den USA vom *National Council of Teachers of Mathematics* herausgegeben. Mein Exemplar dieses Buches trägt keine ISBN-Nummer. Es gibt jedoch eine Anschrift darin: 1906 *Association Drive, Reston, Virginia* 22091, *USA*.


BALL, W. W. R. und COXETER, H. S. M.: Mathematical Recreations and Essays; University of Toronto Press, 1974
BEILER, ALBERT H.: Recreations in the Theory of Numbers; Dover, New York, 1964
* DICKSON, L. E.: A History of the Theory of Numbers; 3 Bände, Chelsea Publishing Company, New York, 1952
DUDENEY, H. E.: Amusements in Mathematics; Nelson, London, 1951 (Auch andere Rätselbücher von Dudeney enthalten einiges Material zur Zahlentheorie.)
GARDNER, MARTIN: Mathematical Puzzles and Diversions; Penguin, Harmondsworth, 1965
– More Mathematical Puzzles and Diversions; Penguin, Harmondsworth, 1966
– Martin Gardner's Sixth Book of Games from Scientific American; W. H. Freeman, San Francisco, 1971
– Mathematical Carnival; Penguin, Harmondsworth, 1975
– Mathematical Circus; Penguin, Harmondsworth, 1975
– Further Mathematical Diversions; Penguin, Harmondsworth, 1981
– New Mathematical Diversions from Scientific American University of Chicago Press; Chicago, 1984
– Die magischen Zahlen des Dr. Matrix; W. Krüger u. Fischer TB, Frankfurt 1987
– Bacons Geheimnis und andere numerische Merkwürdigkeiten; W. Krüger, Frankfurt 1989
(Der Leser sollte sich darauf gefaßt machen, daß Gardners Bücher oftmals ihren Titel verändern, wenn sie den großen Teich überqueren.)
*GUY, RICHARD K.: Unsolved Problems in Number Theory; Springer, New York, 1981
HUNTER, J. A. H. und MADACHY, JOSEPH S.: Mathematical Diversions; D. van Nostrand Co., New York, 1963
KORDEMSKY, BORIS A.: The Moscow Puzzles; Penguin, Harmondsworth, 1976
KRAITCHIK, MAURICE: Mathematical Recreations; George Allen & Unwin, London, 1960
MADACHY, JOSEPH S.: Mathematics on Vacation; Charles Scribner, New York, 1966
*SLOANE, N. J. A.: Handbook of Integer Sequences; Academic Press, New York, 1970

*Zeitschriften*

Es gibt mehrere Zeitschriften, die eine mathematische Rubrik enthalten, so zum Beispiel der *Guardian* (Autor: Keith Devlin) und die *Personal Computer World* (Autor: Mike Mudge). *Scientific American* hat gegenwärtig eine Rubrik namens »Computer-Kurzweil«.
Leser, die über einen mathematischen Hintergrund verfügen, können das in professionellen Mathematikerzeitschriften gelegentlich enthaltene Material zur Unterhaltungsmathematik studieren. Gute Chancen, etwas Derartiges zu finden, hat man bei den folgenden Zeitschriften:
*Fibonacci Quaterly,*
*Journal of Recreational Mathematics,*
*Mathematics of Computation.*
In Bibliotheken kann man vielleicht noch Bände der folgenden beiden, heute eingestellten Zeitschriften finden: *Recreational Mathematics* und *Scripta Mathematica.* Letztere ist nicht so obskur, wie man vielleicht aufgrund des Namens erwarten würde.
Auch Zeitschriften für Mathematiklehrer sind eine Fundgrube für Ideen. Viele Schulen und Universitäten produzieren eigene kleinere Zeitschriften. So geben die Studenten der Universität Cambridge die Zeitschriften *Eureka* und *Quarch* heraus, die es sich zum Ziel gesetzt haben, die Diskussion über berühmte, interessante und ungelöste Probleme aus dem Bereich der Unterhaltungsmathematik zu fördern.